中国经济转型七问

两岸财经意见领袖眼中的中国经济

谭保罗 池薇 编著

长江出版传媒
湖北人民出版社

图书在版编目(CIP)数据

中国经济转型七问:两岸财经意见领袖眼中的中国经济/谭保罗,池薇编著.
武汉:湖北人民出版社,2014.8
ISBN 978-7-216-07998-3
Ⅰ.中… Ⅱ.①谭…②池… Ⅲ.中国经济—经济发展—研究 Ⅳ.F124
中国版本图书馆 CIP 数据核字(2014)第 004650 号

出 品 人:袁定坤
责任部门:大众纪实分社
选题策划:马　骏
责任编辑:赵世蕾　丁　雪
封面设计:天行健
责任校对:万山红
责任印制:王铁兵
法律顾问:王在刚

出版发行:湖北人民出版社	地址:武汉市雄楚大道 268 号
印刷:湖北新华印务有限公司	邮编:430070
开本:787 毫米×1092 毫米 1/16	印张:17.5
字数:318 千字	插页:3
版次:2014 年 8 月第 1 版	印次:2014 年 8 月第 1 次印刷
书号:ISBN 978-7-216-07998-3	定价:39.80 元

本社网址:http://www.hbpp.com.cn
本社旗舰店:http://hbrmcbs.tmall.com
读者服务部电话:027-87679656
投诉举报电话:027-87679757
(图书如出现印装质量问题,由本社负责调换)

卷首语

最近这些年，中国人从未如此自信过，也从未如此迷茫过。

过去的30多年，中国人的自信来自好看的经济数据，也来自对方向和路径的笃定，知道自己朝哪里走，怎么走。

回溯大约20年，那是朱镕基的改革。政府和银行分离，中国人开始懂得"财政"和"金融"的差别；推行两税制，让中央和地方明白在财政上应该如何互惠互利；改革国企，让国有部门"龟缩"到利润丰厚的上游，把下游的赚钱机会放给民间。

再回溯30多年，那是邓小平的改革。小岗村、经济特区、温州模式横空出世，中国人重新认识到创造新的财富远比反复分配那点仅有的财富重要。

两次改革都让中国人得到了好处，但在方向上却截然相反。邓小平的改革是从上到下"放权"，金融财政大权向地方下放；朱镕基的改革则是从下到上的"收权"，金融财政大权向中央积聚。"收"和"放"并无对错之判，但"一收一放"则衍生出当今中国经济诸多"迷局"。

一直以来，我们在思考经济问题的时候，习惯从国际大势、国家竞争这类宏大背景去横向思考，容易忽视纵向的"经济史"。本书旨在打通中国经济的"横轴"和"纵轴"，把问题放置在30多年经济衍变的历史脉络中，和海峡两岸的财经意见领袖激辩中国经济最受关注的7个议题，从而寻找解开迷局的"密码"。

前言
中国经济的三块"石头"

在中国的传统典籍中,《论语》是对中国人影响最深远的一本。可以说,它奠定了中华民族两千多年来治国安邦和修身立德的法则。和"四书五经"中的其他几本较为典范的编排方式不同,《论语》只是一部孔子及其弟子对话的辑录。这种形式上的简洁和通俗,提高了这本智慧之书的传播效率,也决定了它影响的深远。

笔者比不上孔门先贤们的万分之一,但对这种"约其辞文,去其繁重"的表达风格却一直高山仰止。于是,从2011年至今,经过3年多的采访和修改,笔者也效颦而编著了这样一本对话集———一本关于中国金融和经济的"大白话"。

什么是"大白话"?除了简洁易读的对话形式之外,更重要的是,不绕弯子,直指问题的病灶;同时,力求站在多数人利益的立场之上,不为尊者讳,把那些悄悄拿走普通人财富的"隐形集团"昭告天下。在这方面,台湾经济学家那种特有的直率,尤其让人印象深刻。很多有关大陆金融问题的迷惑,全都被软软的"台北腔"一枪打烂。

当然,这并不是本书的全部。

从内容上看,全书有7个篇章,每篇只谈1个议题,7个议题基本涵盖了当前金融、经济领域最热门的内容。每篇之下的几个对话则分别从不同角度阐释这个议题,全书共有33场对话。这种布局旨在既把具体问题谈得更深,也希望不丧失对中国经济转型大局的整体把握。

转型大局，势必要以改革来推动。在2014年的中国，"改革"几乎成为一种举国范围内的"政治正确"（politic correct）。所有人都在高呼"改革"，这两个字既成为了利益受损者的安慰剂，也成为了利益既得者的护身符。不过，对改革的激情歌唱和对改革的理性认知，两者往往存在着不匹配。

比如说，不少朋友都会认为经济改革的当务之急是扩大"民营资本"的准入，但这种想法很可能忽略了中国已经形成的财富分配格局。当今中国，所谓"民营资本"其实早已被"异化"。"你懂的"儿子周滨投到石油行业的钱，不是"民营资本"吗？"房姐"在煤矿的投资，同样也是"民营资本"，对不对？实际上，与其让作为权贵阶层代理人的"伪民资"获得特许经营的权力，倒不如研究如何完善国企利润上缴和充实国家社保基金这些问题。

当然，笔者也同意：要真正提升中国经济的质量和中国企业的效率，一场产权改革在所难免。但改革也必须考虑在过去的30多年之中，这个世界第二大经济体的内部，究竟形成了怎样的利益格局，而这个格局又将如何影响今后的改革。很多时候，改革不是"另起炉灶"，而是"继往开来"。回头审视在"摸石头过河"的过程中，我们究竟摸到了哪些"石头"，往往比规划未来的蓝图更为重要。

在转型的节点，我们应该把这些"石头"亮出来，推敲它们的品质，探寻其对中国经济新一轮发展的意义，敲敲打打，有所扬弃，然后逐步完善。唯有如此，才能推演出更有操作价值的改革策略，也才能把改革的成本最小化，成果最大化。那么，"石头"在哪里？

简而言之，就经济层面的改革而言，这30多年来，我们其实主要摸到了三块"石头"。

"石头"之一：充分就业

2014年，两件大事牵动着全球经济的神经。一是美联储对QE规模的调整，二是中国把GDP增速的目标从"保8"调至"7.5%"。两件事其实共同指向了同一个议题，即充分就业的问题。

自从美联储建立以来，降低失业率便是其"法定职责"。从某种程度上来讲，这个国家就业问题的解决靠的是两个系统，一是美联储，另一个则是全球最发达的监狱体系。就中国而言，地方官对GDP的崇拜，其背后根源也是中央政府对就业问题的担忧。而"挖坑填坑"的GDP即是创造就业的最便捷方式。

就业问题即"吃饭问题"。1980年代，中国通过对家庭联产承包责任制的推广，第一次解决了中国人的"吃饭问题";但在联产承包责任制提高了生产力之后,之前放纵生育导致的"婴儿潮"又开始让农村出现了新的危机,即剩余劳动力不断出现。上世纪八九十年代曾家喻户晓的"治安严打",很重要的原因便是城乡隐性失业的加剧,一度影响了社会治安。随后,中国选择了新的战略,即全面接收被亚洲"四小龙"淘汰的加工业,同时加入WTO。于是,中国第二次解决了"吃饭问题"。

但如今,加工业或者说制造业的根基正在被侵蚀,"饭碗"可能不保。一直以来,全球金融海啸被认为是"制造业危机"的首要因素,但事实并非如此。"内因"比"外因"更为重要:长期的金融抑制和利率体系的扭曲,正从根本上瓦解"中国制造"的金融基础。

"中国制造"始于70年代末,浙江人"鸡毛换糖"和香港人北上广东建厂是开端。这些制造业中的中小企业,绝大多数都没有和银行发生过借贷关系,民间借贷才是其融资的主流渠道。但这个渠道,正被冲毁。

一方面是楼市的疯狂,让资金大量进入房地产行业逐利,很多制造业企业关厂炒房。同时,这种行业"错配",也使得提供给制造业的民间借贷资金供给减少,资金价格必然上升。

另一方面,权力逐渐让民间借贷体系长出了毒瘤。在很多地方,民间借贷的债主都有权力背景,它们其实可以称为"伪民资",比如那些借钱给吴英的公职人员。权力的介入带来两个问题:一是资金在权力帮助下从银行体系流出,几经转手,必然层层加价,抬高企业的融资成本;二是权力使得借贷关系的约束机制逐渐"黑社会化",负债企业家从"跑路"变成"跳楼"。

从以上这个金融运行体系的截面可以看出,重振"中国制造",必须要改革,但改革并不仅仅是放宽民营银行准入这么简单。对那些"伪民资"放宽准入,必然导致更严重的寻租行为,并形成新的"食利集团"。最终,钱还会在虚拟的投机领域空转。要重振实体经济,让"充分就业"这个改革成果坚如磐石,我们既要对金融体系"动手术",同时还必须把改革引入"更深层面"。

"石头"之二:中央集权

如果说解决"吃饭问题"是目标,那么中央集权便是快速实现这个目标的手段。

在秦朝之后,中国社会产生太平盛世的前提,一定是国家拥有稳定的中央集权体系。而所有王朝崩塌的根源,无不是因为中央权威的丧失,导致了国家的衰弱,最终被来自底层的怒火烧成灰烬或被异族攻灭。几千年来,中央集权对于国家治理和社会经济发展的重要性，远远胜过所有西方政治理论中的"流行词汇"。

中央集权的形成是自然选择的结果，因为我们是世界上"内部不均衡"最严重的大国。比如，在明朝末年，陕西饥民已经"易子而食"，而江南却莺歌燕舞，东林党坐而论道。更严重的是，江南富商富得流油，而国家却财政困窘，只能向西北的贫苦大众摊派"三饷"，酿成民变。再看清末，华北平原的饥馑从未中断，这是义和团兴起的重要因素。而在工商业勃兴的东南地区，各省早已不听中央号令，八国联军入侵，竟抛弃慈禧太后搞"东南自保"。最终，清朝亡于地方独立。

对古代中国来说，"内部不均衡"的缓解有赖于中央来调配资源，而伦理和民心的稳固，也要依靠中央集权的支撑；同样，现代中国的经济增长，也离不开中央集权的推动。上世纪90年代初，中国面临物价飞涨、地产泡沫和银行坏账等多重困境，而这一系列问题的解决，正是通过90年代中期那次财税和金融领域的中央集权来完成的。但这次改革的影响也是双面的。

首先，财税改革重新划分了中央和地方资金分配的界限，建立了"地方竞争"格局，从而奠定了中国经济高速增长的宏观架构。1994年的分税制改革后，中国GDP增速再也没有低于7%。但改革遗留的问题也显而易见。一方面，财政资源高度集中，增强了中央政府对经济的调控能力，但也使政府容易形成以财政扩张支撑经济增长的"路径依赖"；另一方面，地方政府变成"公司"，"土地财政"成为主营业务，而由此衍生的高地价、高房价问题既拉大了各阶层的经济差距，也不断撕裂着各阶层的社会认同。

其次，该轮金融改革的正面意义重大，可以说为中国构建起了现代意义上的银行体系。但金融资源通过巨型国有银行过度向上收拢，其后果必然是向下分配时的效率失衡和不公平。巨型央企坐享低廉的银行贷款，银行本身也有可观的利差收益，而留给普通储户和中小企业的则是财富的贬值和融资空间的逼仄。"影子银行"体系便由此而生。

此外，在直接融资领域，金融审批权也实现了向上的集中，股票发行"核准制"即是典型。"核准制"的本质，是把"决定谁上市"的权力从地方交易所收归中央部委。在这个制度之下，股市的市场机制被严重削弱。当"场外利率"飙升，股市的钱便会被迅速抽空，任何拉抬股市的努力都会徒劳无功。

因此，完全可以说，上世纪90年代的那一次改革已经到了必须重新审视的时候。资源的集中可以提高体系的安全性，但也会降低体系的效率，最终再次危及体系的安全。"过犹不及"，这句老话一点也不过时。

"石头"之三：海外资源

除了内部的两块"石头"之外，我们还摸到了另一块外部的"石头"，即对外部资源的获取。

中国对国外资源的引进，远远早于对外资的引进。改革开放之前，红色资本家霍英东和华润这样的驻港"窗口央企"便开始为解决内地的资源短缺而努力着。埃及、巴基斯坦的棉花，泰国的大米，新马的橡胶，中东的石油多数都通过这些特定渠道流入内地，缓解中国人的资源之困。

可以看一个数据。1998年亚洲金融危机的时候，中国石油进口依存度不到20%。但从2008金融海啸到2013年这几年，这个数字已在50%～60%之间浮动，超过60%也指日可待。而中国铁矿石的对外依存度，早已超过60%。大宗商品超高的对外依存度，其实折射了中国经济的另一种风险：海外资源的可得性。

不难发现，中国并不缺钱，关键问题是能否用适当的价格买到该买的东西。而这个问题的解决，往往和更深层面的因素相关。不妨举个日本的例子。日本是出名的资源穷国，70年前和美国开战的原因很大程度便是后者的资源封锁，而其不到4年就迅速战败的原因，同样是因为资源的短缺。战后的经济发展中，日本找到了出路。当制造业积累了大量的外汇后，日本人迅速在全球下单，四处买矿山，买农田，如今已成为"海外资源大国"。

不过，值得注意的是，日本人在买资源时遇到的阻力远比如今的中国小。比如，就在各大资源类央企对海外矿商的并购频频受阻之时，我们却蓦然发现这些目标公司早已有着强大的日资股权背景。澳大利亚人曾抵抗过日本人的侵略，为什么他们的铁矿还会让日本人入股？很多人发出这样的疑问。

事实上，日本人对自我形象的革新历程被我们忽略了。

"一个日本兵，看上去活像用牛皮纸胡乱卷起来的包裹，又脏又皱，随时有可能散开来。他的绑腿不整，军衣肥大，裤筒宽松，罗圈腿短得可笑。"太平洋战争初期，美国作家威廉·曼彻斯特在《光荣与梦想》中这样描述欧美人眼中的日本人。在他们眼中，日本人丑陋、奸诈、残暴，而且不守信用，只会偷袭。但战后呢？日本人似乎成为了各国人民心中的谦谦君子，包括很多中国人也是这么认为。BBC近年的一项调查中，日本的国际形象甚至排名全球第二，仅次于德国。

日本怎么做到的？美国日裔学者涩泽尚子认为，战后初期，出于政治需要，美国政府开始在民众心中重塑日本形象。盟军统帅部抓住了两点，一是日本人的女性气质，二是日本人的孩童形象。于是，美国传媒开始不遗余力地宣传温柔的"蝴蝶夫人"和"追逐美军吉普车索取糖果的小孩"这类形象。另一方面，则号召美国人对日本表现出负责任的"丈夫"态度和宽容大度的"慈父"作风。宣传上的独辟蹊径，效果好极了。

更重要的是，日本人更懂得主动迎合国际社会的需要。比方说，在"日本制造"横扫世界的上世纪六七十年代，日本的文化输出也主要是"阴性的"，艺伎、奥特曼、阿童木……这些形象或温柔，或可爱。几十年来，通过这种一以贯之的形象强化，日本"好战者"和"侵略者"的本性被掩盖，留给人们的此种印象似乎烟消云散，取而代之的是一种"女子般温柔"和"孩童般单纯"的国家气质表象。这种气质，是海外资源获取过程中最好的"政治通行证"。

对中国来说，作为一个能源、矿产乃至水资源都不充裕的大国，未来的持续发展，必定也越来越离不开对海外资源的依赖。要让资源的"买卖"更顺畅，我们也必须考虑"形象问题"了。

而遗憾的是，中国目前的形象经营主要是零散、自发的企业或民间行为，而其营造的多是"山寨仿冒者"和"土豪"的形象。这两种形象既会殃及中国企业的品牌打造之路，也会让中国变成跨国交易的"冤大头"。台湾著名投资银行家黄齐元说，国际并购领域已经开始流行"中国溢价"的说法：中国企业的收购价格，往往比他国的买家要高。这是因为卖家除了知道中国人有钱外，还善于利用海外对中国的误解来抬价。

营造具有亲和力的国家形象，不能光靠撒钱，这有赖于很多层面的改革和进步。可喜的是，高层已经意识到了这一点。

抛开那些学术化的金融和经济理论，从某种程度上来说，以上三块"石头"可以看作是中国经济 30 多年的发展过程中最值得珍惜的经验。本书的 33 场访谈，尽管涉及面广，但从思想主线上来看，也是围绕着这三个特别是前面两个方面来展开的。朋友们在阅读每一个访谈时，如果都能围绕这三个维度来思考，很可能会有一些不一样的收获。

【致谢】

本书能够最终完成，笔者必须感谢这 33 位接受采访的经济学家和财经界的前辈。如果您认为本书有大量"网上查不到"的内容，或有诸多可取的观点，甚至还启发了您对中国现实和历史问题的重新思考，那么一定不是笔者的功劳，而应归功于这些睿智而敢言的人。他们是领域内最权威的人士，而且都正当盛年。未来 20 年内，他们仍会是中国财经意见领域的主流力量。若有更深入了解相关议题的需要，各位可访问他们的微博和博客，继续"跟踪"他们。这种求索一定功不唐捐。

必须对那些在背后支持笔者，但未能在书中有所体现的人致以敬意。尤其需要提及的是，笔者之所以能够当面采访如此多的台湾财经界"牛人"，主要得益于深圳报业集团陈寅社长，《深圳特区报》张宝兴编委、刘众主任，深圳广电集团苏荣才编委、陈红艳总监的支持。此外，还应当感谢王欣、李焱、谢微微、王平、上官文复等领导的指导，还有徐皓、熊元俊、迟宇红、吴晓燕等同事的帮助。总之，没有以上这些人，本书将大大逊色，甚至根本不会存在。

还必须感谢《南风窗》杂志社的领导和同事们，在本书后期修改的过程中，他们的支持和理解功不可没。

在本书的出版过程中，必须感谢湖北人民出版社的马骏、丁雪和赵世蕾三位编辑付出的辛勤劳动，而总编辑王建槐更在百忙之中对本书提出了大量关键而宝贵的意见。谢谢你们！

最后向各位禀明：本书部分访谈的定稿并未经受访者最后审阅，如有贻笑大方之处，其原因必定是笔者的驽钝或记录上的偏差，和受访者无关。请朋友们见谅。

目录 / CONTENTS

卷首语
前言：中国经济的三块"石头"

第一篇　大而不强之痛

这个世界从未发生过依靠 GDP 数字来保证经济长久繁荣的事。在乾隆时代，中国 GDP 已经是世界第一，但这一点用都没有。

企业的壮大和产业的发展，这才是发展中国家和地区崛起的不二法则。

篇章首语：东亚邻国的启示 / 2

货币、凯恩斯和国家兴衰漫谈 / 5

——台湾"清华大学"经济系主任　赖建诚

中国历史上的内部动乱有个特点，就是不存在政治和宗教问题，只有温饱问题，简单说就是"马尔萨斯陷阱"严重化。

日本金融强国"大跃进"的教训 / 17

——复旦大学经济学院副院长　孙立坚

我们的 GDP 已经达到世界第二，很容易像当年的日本人那样盲目自大。研究日本的泡沫是如何形成的，你会发现和我们今天有很多相似之处。

大国崛起不靠空话靠产业 / 25

——台湾新竹科技园管理局前局长　王弓

万一公营的资金赖皮怎么办？高新产业不都变成公营企业了吗？公营企业没效率，高新产业的竞争又比一般产业要激烈，它们怎么去国际上竞争呢？

财团模式为何让后发国家聪明崛起 / 37

——台湾大学副校长　汤明哲

大陆最终的目标是必须解决生产力的提升问题。大陆在改革开放之初曾有"科技是第一生产力"的说法，如果让土地变成"第一生产力"，那么经济肯定会出事。

第二篇　房地产之怪

　　通过投资制造业和基础设施，香港富豪推动了内地经济最初的勃兴，但他们也带来了土地资本化的"香港模式"。

　　对一座城市的资产价值暴增而言，"香港模式"是个好东西，但对一个大国的长期繁荣来说，这却是一剂毒药。

篇章首语："香港模式"之弊　／　52

华人富豪为何都与房地产有关　／　56
——世界华人不动产学会创始人之一　张金鹗

　　开发商越养越大，它的势力也就越来越大。当局不敢动它，你动它，它就死给你看。台湾要"选举"，"选举"就要政治献金，对不对？

房地产拉动经济增长犯逻辑错误　／　64
——台湾政治大学教授　林祖嘉

　　假如台湾地区也像美国对房屋持有课税，台北市随便一栋房就三五千万台币，课税1%就等于每年交30万、50万，恐怕每一个人都会跳起来反对。

政府没有收取房产税的理由　／　71
——华东师范大学房地产系主任　华　伟

　　城市土地为国有，购房者拥有的是70年连续使用权，不具有法律意义上的产权。没有真正意义的房产，你如何去征房产税呢？

解决楼市问题的根本是金融和税收　／　74
——中国社会科学院金融研究所研究员　易宪容

　　暴利的本质在于利用全国人民公有的土地资源，让住房成了极少数人赚钱谋取暴利的工具，掠夺与损害了全国大多数人的利益。

中国应重新审视财税体制改革　／　78
——中央财经大学财政系主任　曾康华

　　一些地方政府有时会出来辟谣，但我认为房产税推行肯定是不可避免的，地方政府的财力总要找个途径去填补。

第三篇　资本市场之困

在中国的帝制时代，国家政权会积极保护自耕农不被大地主兼并，只要他们有独立的财产（土地），就可以直接向国家交税，从而确保王朝的繁荣。

在现代的中国，监管部门却很难保护好普通投资者在资本市场的财产，所以中国人都去买楼，而置"国家号召"于不顾。

篇章首语：股市不应再做"小三" / 84

百部法律为何管不好股市 / 88
——中国政法大学教授、证监会发审委委员　李曙光

一些案件不但判罚轻，而且缓刑也用得太多。你想想，坐一年牢就能出来了，还怕什么？

资本市场的边缘地位应改变 / 94
——中国人民大学校长助理、证监会发审委前委员　吴晓求

寻租者成了股东，并不一定能使企业上市，他们常说有打通关系的能力，实际上并非如此。但他们的确有能力让企业上不了市。

中国人距离价值投资还有距离 / 99
——台湾元大宝来投信总经理　刘宗圣

在大陆，上市企业老板在外面有公司，然后和上市公司有业务往来，这再正常不过。但在台湾，可能要蹲好多年监狱。

大中华资本市场的可能性在哪里 / 108
——台湾并购与私募股权协会理事长　黄齐元

大陆的机构法人不发达，根本没人去捧你的蓝筹股。小股民的兴趣是创业板，因为那里有暴富的希望，买蓝筹股还不如买楼，对不对？

第四篇　银行凶猛之罪

局部试点，然后全面推广，这似乎是中国经济发展的最宝贵经验。尤其对那些用常识就能解决的简单变革来说，这种循序渐进的模式非常有效，可以把阻力减少到最小。

但世易时移，金融市场的改革却很难通过这个模式去解决。让农民承包土地安心种地和改革金融市场是截然不同的两回事。

篇章首语：金融改革没有"小岗村" / 118

企业的钱为什么让银行赚了 / 122
——兴业银行首席经济学家 鲁政委

对银行来说，只要能海量放贷，外加利差保护，它就能赚个够，自然也没有改变的动力。因此，如果宏观融资结构不改变，银行转型就是天方夜谭。

银行改革的方向是主体多元化 / 126
——中央财经大学中国银行业研究中心主任 郭田勇

有一位地方银监局的官员问我，20年来中国银行业的最大变化是什么？我告诉他，20年前，到银行借钱不一定要还，但现在，借钱不还已经不行了。

推进利率市场化不要再搞"双轨制" / 131
——国务院发展研究中心金融研究所副所长 巴曙松

不同市场主体如果面对不同的资金价格，则意味着不公平的市场环境。部分主体可以在管制的利率条件下获得低成本资金，比如一些大型国企和地方融资平台；另一些主体，比如中小企业，则不得不承受较高资金价格。

过分城市化不如力推金融改革 / 134
——海通证券副总经理 李迅雷

金融体系本身的问题也是企业高杠杆率的原因。比如，在很多人看来"银行是国家的"，这就很容易想到民企高杠杆率的背后，必然有银行内部人员拿了"好处"。

终结银行暴利的"台湾经验" / 143
——台湾大学金融研究中心主任 黄达业

大陆银行业的利润是以牺牲民众的利益为代价的，为什么要把钱让外国人赚呢？你居然给外国人，你卖给台湾嘛，至少利润还是让我们中国人自己赚了。对不对？

第五篇 金融风险之危

· 现在很多人都在谈金融风险，但热钱、坏账、影子银行和债务这些都不是主要问题。

最大的风险在人心，即社会的信用基础。

篇章首语：最大的风险是信用风险 / 154

中国不可忽略"僵尸银行"的风险 / 158

——广东金融学院院长　陆　磊

为什么我们发了这么多货币，但却没有出现危机？这是因为我们有一个外部保险，那就是人民币有一个升值预期。

"中国特色"债务问题的危险和契机 / 165

——上海交通大学高级金融学院常务副院长　朱　宁

中国的债券交易其实就是银行之间互相买卖对方的贷款，风险最终仍然停留在银行系统里面，没有分散和传递出去。

热钱，你想把中国怎么样 / 170

——广东省社会科学综合开发研究中心主任　黎友焕

还有人把人民币升值和房价上涨的双重收益作为诱惑，来鼓励一些境外热钱投机房地产市场。

富人的钱为何时常危害经济 / 174

——西南财经大学信托与理财中心主任　翟立宏

长期以来的实际情况是：中国信托业除了信托业务不做之外，其他什么都做。

第六篇　企业变革之惑

中国的企业为何不如它的GDP那样出色？很多人必然会说到产权问题。但除开产权问题，针对商业本身的探讨更具有操作层面的价值。

篇章首语：中国企业的"后发劣势" / 180

"中国制造"为何撑不起"中国内需" / 185

——首都经贸大学市场营销系主任　陈立平

在美国西尔斯百货只要200美金的普通西服，在中国的售价高达2500元。如果按购买力计算，这个价格大约是美国的10倍。

钱多了为何让企业做"傻事" / 191

——中欧国际工商学院会计系主任　丁　远

作为北京、广东当地的明星企业，遇到很多问题，政府会主动给你"熨平"。问题在于，把跟政府的默契当成核心竞争力，到了国外必然"两眼一抹黑"。

传统民企模式搞不成现代化 / 196
——浙江大学民营经济研究中心主任 史晋川

从国务院这个层面来看,发展民营经济是大原则和方向,问题在于部分掌握"生杀大权"的部门并未严格执行。

索尼盛衰留给中国企业的管理学七问 / 199
——复旦大学企业管理系主任 苏 勇

在信息化时代,很多行业物理意义上的"核心技术"概念正在消亡,因为技术在被标准化和模块化之后,很容易从市场上买到。技术的壁垒正在不断地降低,这对企业竞争提出了新要求。

华人企业给世界带来什么 / 206
——台湾大学管理学院副院长 李吉仁

有些问题是历史原因造成的,国家和政府的手终究会慢慢抽出来,关键是在抽出的过程里不断保持平衡。

第七篇 经济弱势群体之艰

中国经济领域的弱势群体一是中小企业,二是农民阶层,他们时常因无法享受"国民待遇"而赢得同情。

实际上,他们本身的力量却并未得到发挥,根本原因是他们都缺乏足够的"社群化"。

篇章首语:弱势群体需"社群化"发展 / 220

中小企业需要的不是"官话" / 224
——台湾中小企业总会副理事长 张大为

在台湾,最具成长力的产业并没有被公营企业占据,而是给了民营企业。如果不是这样,台湾当年也一定不会成为"四小龙"。

中小企业为何要敢于对权力说"不" / 232
——中国中小企业协会副会长 周德文

很多人买了绿卡准备长期居留,但不是加入外籍,说白了就是"脚踏两只船",因为他们很担心国内的政策会变化,财产会受到损害。

大陆不应忽视农村和粮食安全　/　237
——台湾大学农业经济研究所所长　徐世勋

越是工业化程度高的地方，农业越是重要，因为农村人口越来越少，农业必须要提高生产力和效率，才能满足需求。

台湾农民为什么比大陆有钱　/　243
——台湾省农会总干事　张永成

台湾的农村社会其实可以看做"两套系统"在平行运行，最基层的"权力单位"叫乡镇公所，没有村委会，与此平行，每个乡镇都会有一个农会。

中国式小额贷款为何"挂羊头卖狗肉"　/　249
——中国社科院小额信贷研究室主任　孙同全

目前的情况是，农村的金融服务供给不充分，同时政府又抑制地方自发的金融活动。国家一直有扶贫开发计划和政府贴息贷款，但很多没有真正到户，容易被基层有权势的少数人占用。

中国人的商业文化应从家庭餐桌开始　/　254
——台湾《商业周刊》创办者　金惟纯

政治上制约很多，但必须在商业上松绑。那些在政治上和商业上都充满约束的地方，不但商业无法进步，政权也很容易崩溃，苏联就是一个例子。

第一篇
大而不强之痛

> 这个世界从未发生过依靠GDP数字来保证经济长久繁荣的事。在乾隆时代，中国GDP已经是世界第一，但这一点用都没有。
>
> 企业的壮大和产业的发展，这才是发展中国家和地区崛起的不二法则。

篇章首语：
东亚邻国的启示

不相同的大企业

1960年，韩国是世界上最贫困的国家之一，索马里的人均收入比它高出10%。这一年，石油输出国组织成立，13个发展中国家背靠着石油资源向西方世界叫板。而韩国在资源上一无所有，每天面临着来自北方的炮火威胁，这个国家看起来毫无前途。

> 竞争的本质不是比强壮，不是比敏捷，也不是比谁更聪明，而是比谁少一些愚蠢。
> ——Merrill R.Chapman

到21世纪初，形势早已逆转。索马里的人均收入下降超过30%，韩国则增长了10倍多，前者已不足后者的1/10。石油输出国家的主要外汇来源仍然是石油，没有一个国家拥有具有世界竞争力的产业，而韩国的电子产品却成为全球一线品牌。

韩国为什么比大多数发展中国家都做得好？和中国相比，韩国人口只有大约5000万，没有巨大的内需市场，更没有2.5亿廉价的劳动力。在国际竞争中，一点优势都没有，他们怎么能行？但这正是问题的关键。

因为没有巨大的内需市场，他们只能靠国际贸易，所以只能走"做好产品才卖得出去"的外向型经济道路。如今，韩国是亚洲最热衷签订双边自由贸易协定的国家，其经济总量的30%与出口有关；因为没有足够多的廉价劳动力，因此必须追求产品附加值，即技术和品牌。现在，三星、LG成为了电子消费品的一线巨头。

我们改革开放初期的口号，韩国人比我们提前做到了。

除了"被逼出来"的原因,韩国经济的快速崛起还在于国家发展策略的有效性,其中最成功之处莫过于"韩国特色"的大企业模式。大企业既是韩国崛起的体现,也是崛起的原因。目前,韩国前十大企业集团的销售总额占其GDP将近八成,整个国家的技术创新主要也是靠大企业来实现的。

台湾大学副校长汤明哲认为,韩国的大企业模式是发挥"后发优势"最成功的经验。在国际竞争中,要弥补落后国家和地区在资金和技术上和发达国家的差距,目前还没有找到更好的模式。相比而言,大陆巨型企业在规模上一点都不输给韩国人,但这些企业没有一家能够向海外输出一个真正世界知名的品牌。

为什么?因为中韩两国大企业各自的"用途"有着巨大差异。韩国大企业的目的是发挥后发国家的竞争优势,而中国大企业的使命则是保护好国内利润率最高的行业和市场。

从横向看,中国大企业处于通讯、能源、银行、烟草、港口等国内市场最赚钱的行业。由于是"特许经营",竞争很少或是"假竞争",所以企业不需要技术创新也可以高枕无忧;韩国大企业基本上都是"消费品公司",产品直接面对全球消费者,产品不好没人要,所以必须做技术和品牌。

从纵向看,中国大企业都盘踞在利润率最高的产业上游,而把下游的机会"让给"以中小企业为主体的民营企业。这种产业链布局看似让利于民,给了民间赚钱机会,但实际上却让民企和中小企业成为了大企业应对国际经济形势变动的"缓冲地带"。因为只要掌控上游,便可以一定程度上将产业波动带来的风险和成本转嫁给下游。在石油行业,很多下游民企对此深有体会。相比而言,韩国大企业就没有这种"优势",它们必须靠不断完善企业治理和进行战略调整来生存和发展。

以上两个层面的差异,正好可以解释两国大企业在技术实力和管理水平上的差距,以及发展道路的不同。

GNP 比 GDP 好在哪里

20 世纪 80 年代中期之前,日本的GDP增速一直是世界第一。为了经济增长,日本也猛发货币,大兴土木,比如热衷于修建国际机场。泡沫破灭之后,日本人抛弃了GDP,转而关注起其他东西。近 30 年来,尽管国内经济低迷,但日本海外资

> 这就是我们所谓的GDP,既不能保障孩子们的健康,也不能保障他们所受教育的质量,甚至不能保障他们无忧无虑的快乐。
>
> ——罗伯特·肯尼迪

产增长迅猛，被誉为营造了"第二个日本"。目前，日本海外资产超过3万亿美元，居世界第一。从巴西的铁矿到智利的铜井，从俄罗斯的油田到乌克兰的农场，这个世界到处都是日本人的资产。

日本人的秘诀是GNP（国民生产总值）。简而言之，GDP以地域为统计口径，而GNP以人和企业为统计口径，前者"连挖坑也算"，而后者更具实物和利润导向。在资金泛滥的时代，谁花钱越多，"挖坑"越多，谁的经济就发展越快，很少有人关注投资回报、利润率和需求这一类东西。但货币泛滥的时代终究会过去，一个国家的企业和国民到底在世界上拥有多少真金白银才是关键。

中国也有过GDP和GNP之争，即本世纪初"新苏南模式"和"温州模式"的辩论。前者的着眼点是GDP，因为这意味着就业和税收，招商引资和上项目最关键。在"新苏南模式"之下，政府税收上去了，低薪的就业机会也多了，但利润都被外来企业拿走或散落于层层"转包"环节，本地百姓收入却很难上去；"温州模式"则是内源性的增长，老百姓在本地和外地经商，温州资本遍天下。

2004年，"新苏南模式"走向了极致，苏州的GDP首超深圳，并且是温州的两倍，而苏州人均收入却只有温州的二分之一。

可以说，GDP数据最大的正面价值是代表着这个国家一直在努力地创造就业机会，说明政府是个负责任的政府。但粗暴的GDP指标也容易透支发展的潜力，并让人忽略掉一国经济最重要的要素，即资源和技术。而资源的获取和技术的提升，其载体必然是这个国家的企业群体。因此，我们也不难理解，为何拥有世界第一的GDP的清朝会败给拥有东印度公司的欧洲人了。

货币、凯恩斯和国家兴衰漫谈

——台湾"清华大学"经济系主任
赖建诚

> 看多了股市的数字起伏，听多了国际金融专家的高谈阔论，我们会时常感到迷惑。但很多事情历史上就发生过，重新审视它们之后便会豁然开朗，让你认识到读历史让人聪明绝非虚言。
>
> 经济发展通过什么推动？说到底是基于经济利益的政治博弈。
>
> 经济发展的目的如何？大白话告诉你就是吃饭穿衣。
>
> 经济发展的路向在哪里？经济史和经济思想史会告诉你答案。

◆ 嘉宾简介 ◆

赖建诚，台湾"清华大学"教授，经济系主任，著名经济史和经济思想史专家。20世纪80年代，赖教授于法国巴黎高等社会科学研究院取得博士学位，后又在哈佛大学燕京学社和慕尼黑大学经济研究中心做访问学者。赖教授以经济学家治史，对历史和经济多有独到而深刻的理解，并有融汇中西的治学风格，其《亚当·史密与严复》、《梁启超的经济面向》、《绿野仙踪与中国》、《经济史的趣味》、《经济思想史的趣味》等一系列著作备受两岸读者的喜爱。

法国经济学研究和美国有何不同？

Q：两岸的经济学家多留学于英美，而你是在法国念的经济学，法国人向来热衷在英美之外独树一帜，法式经济学家的特征是什么？

赖：有两个特征。第一，法国人抽象能力的训练很好，法国是人文科学的强国，从高中起每个人都要读纯哲学，思辨能力极佳；第二，法国是比较社会主义化的国家，在思维上和美国相比，有更多的维度。举个例子，美国人关心的失业问题是多少人失业、对经济造成多少冲击这些事情，实际上是放在凯恩斯模型架构里在思考；法国人则不一样，他们会放在好几个脉络里发问，既可以是凯恩斯主义，也可能是马克思主义。

举个例子，失业问题是政治家和经济学家最关心的话题之一，但20世纪初的凯恩斯和19世纪中叶的马克思有不同的界定和理解，时代不同，"病理"也不同。"凯恩斯式"的失业一般是因为投资不足，所以无法提供充分的就业机会。"马克思式"的失业是三个因素的合力作用，一是人口过剩；二是所得水平太低，无法积累足够储蓄；三是技术水准不够高。针对这两种不同的失业，需要用不同的方式去处理。扩张财政、大举借债、加大公共投资的方式可以解决凯恩斯式的失业，但解决不了马克思式的失业。

除此以外，还有16至18世纪的重商主义，它认为失业的原因是季节因素和歉收。你可以看到，一个失业问题的研究可以放在这么多框架之下，得到不同的启发，这可能是欧洲经济学家更热衷的方式。

Q："美式"经济学越来越有"数理化"趋势，这是不是有点误入歧途？

赖：在我看来，经济学不是数学，它需要回答现实的问题。我觉得经济学的诺贝尔奖还是让瑞典人颁会比较好，如果让美国人来颁奖，我想可能获奖者都是工程师。

只有瑞典人会颁给哈耶克和科斯，他们很少用到数学，但他们的贡献却是划时代的，直接改变了人类对经济问题的思维模式。再比如说亚当·斯密的《国富论》，也没有用数学，但影响却已经超过两百年。

实际上，当今的经济学界也在慢慢反思这个问题。如果真的要数理化下去，干脆经济系和数学系合并得了。经济学最重要的是原创性的问题发现，就是说你要提出问题和概念，提高人们对于经济和社会的认知。

Q：人文学科对于经济学家的知识构成来说重要吗？

赖：哲学让人思辨，历史让人深刻。失败的物理学家或工程师固然可以很容易就转进经济系，但恐怕很难挖得深刻，做出真正触及人类深层认知的成果。

中国历史上的经济管制怎么来的？

Q：中国历史上有个现象比较有趣。产生大商人的时代，必然是"半动荡"的时代，比如战国、五代十国和清朝末年。有些观点说，帝制社会一旦稳定下来，必然会开始绞杀商人。集权和商业，两者是天生水火的关系吗？

赖：当然。帝制时代，经济中最主要的特点是管制，但商业的本质却是自由，这是天然矛盾的。很遗憾，我们中国人从《管子·轻重篇》就开始在管了。管子本质上是个法家，后来的统治者都是法家，只是打着儒家的旗子而已。《轻重篇》讲的就是国家如何通过中央调控，支配物资的供需。第二个例子是汉代的《盐铁论》，讲的是产业官营。可见，在战国这样的封建时代和后来的帝制时代，管制是一直有的。

管制的问题会带来"官商"，就像管仲，又是商人又是"行政院长"。在后来的帝制时代，皇帝也会让自己喜欢的商人去从商，皇帝会把政府独占的利益给商人去经营，然后通过纳税，让皇帝分享其中的利润。

比如说，我们中国历史上的大多数商人都和盐有关，如徽商、晋商最初都是从盐开始起家的，这个行业一开始就是国家特许经营。拿现在的中国大陆来说，肯定有一些特殊集团，会得到国家的"经营许可"，掌握一些特殊资源，他们背靠政府，离不开政府。但也有一些商人，比如说广东企业家就不太愿意接受政府管辖，所以历史上一直是有这两种商人体系的。前者的力量总是比后者要大得多。

在欧洲的重商主义时期，比如英国都铎王朝的伊丽莎白女王就会把重要的行业，或者殖民地贸易权委托给商人来经营，本质上就是官商一体。但是，这种局面在工业革命后就发生了转变。

Q："最后"官商"也和女王摊牌了，我们不要你管了，对不对？

赖：对。亚当·斯密的《国富论》为什么在1776年发表得到了很大反响？基本的原因就是1776年之前的欧洲是重商主义时期，重商主义的特色就是管制，你能从事商业是国家的许可，是国家把商业利益让渡给你，本质上你只是国家的代理人而已。

《国富论》的特征是什么呢？它希望有一只看不见的手，就是市场自由化，用价格机制来运作商业，不希望国家干预。所以，近代的绝大多数经济学家都是从一本《国富论》中寻找营养，凯恩斯之前，经济学的主流就是自由放任，反对的就是重商主义。

法国为何一直落后于德国？

Q：法国是一个陆地的大国，但它的经济实力一直都逊于英国和德国，这是否和它的皇权太强导致重商主义走得太远的历史原因有关?

赖:法国的问题是国营企业太多。很多大家叫得出名字的法国企业都是国企,恐怕很多人并没有关注这个"细节"。在法国,从天然气、石油到航空,很多都是国营企业,就连空中客车,也是多国联合掌控的"国有企业"。世界上所有国营企业都存在几个共同特色,第一就是任用私人,然后导致腐败,最终让企业缺乏国际竞争力。

"二战"时,法国的汽车公司"投靠"希特勒,所以战后都被收归国有。所以你会发现,法国的汽车是没有办法和日本汽车竞争的。为什么?因为日本的汽车公司都是私人企业。

Q:同是欧陆国家,为什么旁边的德国一直比法国厉害呢?

赖:我举一个例子给你听。1945年,第二次世界大战结束,大家货币归零,1法郎等于1马克。1985年,我离开法国巴黎回到台湾做教书匠,此时1马克已经等于3法郎。40年的时间,两国的经济实力已经差距这么大。

直观来说,法国人没效率,讲人情,有贪污腐败,你在我们中国能想到的不好的事情它都有;德国人则冷静、理性、秩序、逻辑、严肃、规矩,你能想到的好事情他都有。

此外,德国比法国更加注重工业立国,每一个州都会有一所技术大学;而且德国人的储蓄率一直比法国人高。我们的理由有很多,但企业的制度和治理发挥的作用则是最不能被忽视的。

你提到革命之前的法国皇室很强大,重商主义走得很远,其实刚好说明它的商业不够发达。法国一直算是一个"农业国",而德国是工业国。除了家乐福、化妆品和葡萄酒之外,你在世界上见到过什么法国品牌吗?

宋朝发达为何是个"伪命题"?

Q:聊完欧洲的经济史,我们再聊聊中国。在很多人看来,宋朝是中国历史上最富有商业色彩的朝代。有人说如果能够"穿越"时空回到古代,他最愿意回到的朝代就是宋朝。你认为是吗?

赖:那我要问他,你喜欢的是北宋,还是南宋呢?你喜欢的宋朝为什么会变成北宋和南宋呢?原因很简单,这个朝代不够强大,它太弱了。在这个时代,连皇帝都会被异族掳走,何况平民?生活在这样的时代岂不是很危险吗?

在我看来,宋朝的繁荣很大程度是从文学作品中得到的印象,但即便是文学作品中的繁荣,也是短时期的。文学作品里面的"靖康耻"和"南渡恨"也非常之多,这个朝代的起落很大，缺乏稳定性。

Q：但宋朝的商业发达程度的确有很多的体现，大家最喜欢提到的就是《清明上河图》，或者它的城市化率很高，这些都说明了商品经济的发达。

赖：宋朝经济发达到什么程度，实际上缺乏很强有力的证据支撑。我们不妨选取一个界面切入，从货币的角度看商品经济。在世界上任何国家，如果货币缺乏，它的商品经济是不可能发达的。我们中国一直是一个白银缺乏的国家，先秦时期的金银，就只能靠长江流域提供，楚国是金银的流出国。15世纪初期，中央政府实际控制的版图扩大后，明朝才得以开采云贵地区的银矿，但平均年产量只有4～6吨，完全不能满足人口增长和经济发展的需求。

实际上，在西班牙人和葡萄牙人把美洲的白银运到中国来之前，中国是一个长期处于银荒状态的国家，这是一个事实，不能否认。

古代中国为何"银贵金贱"？

Q：白银作为货币对商品经济发展的作用真的有这么大吗？

赖：商品经济的发展，两个货币因素极其重要。一是货币的数量，二是货币的流通速度。即便你货币很少，只要流通得快，同样可以1块钱抵10块钱，但宋朝两个因素都不理想。北宋时期就曾爆发严重的钱荒危机，那时全国不要说白银，连铜钱都是宝贵的，市面上使用铁钱的情况非常普遍。那时候，买一匹绸缎，就需要三四十斤的铁钱，做更大的交易则需要牛车运送铁钱，这样的货币流通方式和速度对商品经济发展的阻碍可想而知。

因此，北宋出现了纸币，但由于没有足够的贵金属，也就没有发行准备，更不要说建立贵金属本位制度，因此发行的纸币存在严重的信用不足。最后，一些权贵开始滥发纸币，搜刮民间的财富，商品经济甚至面临崩溃的危险。民间不但把白银隐藏起来，还把铜钱都藏起来，大家都不愿意把金属货币拿出来流通，这样的货币流通状况之下，商品经济的发展是很成问题的。在蛮族入侵之前，宋朝的经济就已经面临很大的问题，国家已经失去了对内部资源进行强有力支配的能力，否则为何如此不堪一击呢？

Q：为什么拉美的白银会在明朝大量流入中国呢？

赖：要知道我们历史上一直存在"金贱银贵"的局面，在明代，公元1400年左右，金银比价约是1∶4，即1两黄金只能换到4两白银。1500年左右，这个比价变为大约1∶7.5。再看同一时期的欧洲，其金银比价约是1∶13。这会导致什么问题？那就是套汇。西班牙人从拉美运 7.5 吨白银到中国换 1 吨黄金,运回欧洲就可以换 13 吨白银,这不是大有赚头吗?实际上,扣掉运输成本与航海风险后,套汇者的实际利润至少还有 60% 至 80%。

明代中后期,张居正推动"一条鞭法",这是帝制时代的中国在税制上的巨大变革,就是用银缴税。显然,这个法令能够实施的基础是社会上已经有了足够的白银,连农民都可以用白银交税。充足的白银货币直接促进了商品经济的发展,万历年间,中国的商业已经达到一个很高的程度。明代中后期,则有了商人群体的兴起,民间变得富有而纵欲,这在当时的一些文学作品中是有所体现的。

"一条鞭法"为何是明朝衰亡的前兆?

Q:那么明朝不是也灭亡了吗?你在《边镇粮饷:明代中后期的边防经费与国家财政危机(1531—1602)》中有提到过明朝衰亡与财政困难,既然商品经济发达,货币也充足,那为什么还会困难呢?

赖:原因在哪里?在于国家机器到最后失去了对全国财富和资源的控制能力,即便有一定的控制力,这个控制力也太弱了,给国家带来的资源无法满足抵御外患和解决内部动荡的需要。为什么要实行"一条鞭法"?其实也是因为民间对人口和财富隐匿不报,国家收税开始成问题。

蒙古退守漠北,但始终威胁北边安全,甚至两次包围京师。国防支出在明朝始终是第一位的,防御蒙古的"九边十三镇"一直是国家开支的最大宗,高峰时期,边饷的支出会占据岁入 50% 以上,每年耗费 800 万两白银。明朝初年,边饷基本上以实物支付,同时还有屯田制度作为物资补充,但明代中期以后,银货支付逐渐代替了实物支付,边饷更容易受到物价波动的影响。同时,屯田制度也荒废了,边饷完全靠国家拨款,加重了国家的财政负担。

在明朝,国家先给盐商特许经营权,让盐商的课税成为边饷的重要来源。但后来,特许经营的盐商已经无法应对私盐的崛起,边饷再受打击。

Q:明朝末年,西北"易子而食",江南却歌舞升平,商业繁荣,但国家已经失去了资源调配的能力。

赖:有一定道理。不难看出,在帝制时代,国家对财政资源的掌控能力是国力强弱的根本,明朝国家控制力减弱的表现是它无法解决"内部不均衡"问题。西北的农民活不下去了,但江南却很富有,国家没有能力对资源进行调配。所以历史上任何一个强大的朝代,都是中央集权"抓权"最有力的朝代。不论是吏治还是财政金融,国家都有绝对控制力，如果这个控制力丧失了，距离这个朝代的倾覆也就不远了。

到了清朝中后期，同样存在国家控制力的减弱。那时候有个说法叫做"每丈必反"，国家同样面临收税问题，民间隐匿土地，你就无法收税。但一旦丈量土地，民间就会有强烈反弹。

普鲁士崛起、清朝衰落为何都因税收？

Q：我看过你关于德国崛起的论述，其中的一层意思就是普鲁士的崛起和强大而有效率的税收体系是有关系的，对吗？

赖：对。德国位处欧洲中部，强敌环视，必须有强大的军事，军事的后盾是财力，财力的基础是税制效率。1740年时，普鲁士已成为欧洲第一军事强权。以著名的腓特烈大帝（1740—1786年在位）为例子，他打的战争比前任国王多很多，耗费资金也多很多倍，但他去世时国库的遗款却是前任的6倍。18世纪之前，欧洲没有像样的公务员队伍，税官队伍更是松散无力。因此，包括腓特烈大帝在内的普鲁士统治者都一直注重对税官系统的改革，强化税收体系的公务员化，降低税收成本，提高税收效率，这使得国家税收一直很稳定，比竞争对手强。有人作过计算，1764年时，普鲁士每收到100元的税，只需付出13元成本，在全欧洲是最低水平。

反观中国，腓特烈大帝登基的1740年，正好是清高宗乾隆五年。雍正取消了人头税，带来了两个问题，一是民间不必隐匿人口，也不必计划生育，人口激增；二是必须按土地交税，乾隆年间开始大面积丈量土地，结果除了山西等极少数省份，全国大部分地区根本无法推行。和普鲁士比较，清朝的官员俸禄很低，收税时腐败现象严重，这就增加了税收成本，收税更成问题，而普鲁士的税官则有稳定的生活保障，同时有严刑峻法的管理，比如腓特烈大帝就曾开除四分之一的省级税务长官。

Q：税收收不上来，岂不是说明财富留在了民间？这对经济难道不是有好处吗？

赖：民间财富的激增不一定能够形成经济发展的推动力。经济要继续发展，有赖于信用环境、私有产权保护等"基础建设"。否则，积累的资金只会变成"高利贷资本"，或者拿去兼并土地，最终加剧社会矛盾，动乱也就这样产生了。胡雪岩是个富有的大商人，但他心灵空虚，特别重视享受，文学家对此有很多描述，对不对？产权保护不到位，钱财很容易被权力拿走，胡雪岩最后只能纵欲，遑论搞技术创新。

近代中国为何解决不了货币危机？

Q：除了财政因素，货币因素呢？清朝末年，中国的白银大量流出，这个朝代的灭亡也和货币有关吗？

赖：当然。清末的中国，国家是没有统一铸币权的，各地可以自铸货币，同时外国银元也在民间很吃香，这就导致国家对财政金融的掌控能力变得很弱。后来，清朝认识到这个问题，所以在光绪末年（1900年）开始建立铜元体系，这种铜元中间无孔，和以前的圆形方孔铜币很不一样，他们希望建立近代的货币体系，提高国家对财政金融的掌控能力，同时也"以补制钱之不足"。

但这个体系失败了。一是中央没有统一铸币权，二是本来金属就不够，所以铜元被掺进越来越多的其他贱金属，一枚铜元甚至都能够浮在水面上，这样的货币体系怎么能不失败？

Q：中国最终是如何解决货币危机的？

赖：只有进入了纸币时代，我们中国人才解决了货币危机的问题。中国历史上很多发行过的纸币其实都是失败的，为什么？判断一个纸币是否失败的标准很简单，你拿到银行去，看银行是否会无条件地换黄金给你。如果可以，那么就成功了，如果不可以，就是败了。英镑直接换黄金没有问题，而清朝末年和民国发行的纸币都换不了黄金，所以是失败的。

中国古代的"资本主义"还差点什么？

Q：有时候，我们会假设历史，比如南宋没有蒙古入侵，明朝没有内忧外患，那么他们的商品经济发展到一定程度，会自然而然进入资本主义吗？

赖：不可能。西方国家进入资本主义有两个条件，一是重商主义让商业已经非常发达，商人阶层崛起，需要寻求自己的政治利益；二是产业革命和技术进步。

Q：的确如此，阿拉伯商人在历史上其实是很有名的，是连接欧亚大陆的信息和文化传导者。他们同样"重商"，但也没有走向资本主义。

赖：光是有商人没有用，你必须要生产。有了蒸汽轮船，还要阿拉伯商人当传导者做什么？光有"重商"还不够，还必须有产业革命，也就是技术进步。

凯恩斯主义激发了"抗药性"？

Q：近年来，大陆经济学家对政府的财政刺激计划提出了不少质疑，认为都是凯恩斯主义惹的祸，并表示大陆的经济指导思想今后要彻底埋葬凯恩斯主义。凯恩斯是不是有点冤枉？

赖：这个例子刚好说明凯恩斯太具有吸引力了，你看，全世界其实都在搞凯恩斯主义，他的学生是各国领导人。财政一有困难，政府便尽量借钱，然后是更大的财政赤字。凯恩斯主义几乎有着神的地位，你是绝对不能质疑它的，因为是它救了美国的大恐慌。二战之后，你会发现世界上的国家和地区几乎没有一个不举债，从前是"量入为出"，现在是"量出为入"。

但是，我觉得这是凯恩斯主义在被滥用，被误解，甚至是故意的误解，只是为了自己执政上的方便。合理有节制地使用凯恩斯主义，那是对症下药，比如罗斯福；一碰到困难就借钱，那便是滥用，比如意大利、西班牙。凯恩斯主义在被人故意误解之后，变成了"邪说"，举债变成一种受到鼓励的风格，而不再是一种羞耻。

凯恩斯主义是特效药，不是什么都能治的抗生素，打得久了，世界经济就有了抗药性，这便是当今欧洲的困境所在。

Q：那你告诉我，凯恩斯主义到底是什么病的"特效药"？大恐慌时期的美国，"症状"是什么？

赖：先说两个特征吧，物价下跌、失业率高，可现在很多国家不是这个问题。借钱越多，失业率越高，根本没有解决问题而是制造问题，对吗？希腊这样的高负债国家，可以说它根本就不负责任。以当时的美国为例，1918年第一次世界大战之后，美国的产能过度扩张，到了10年之后的1928年，终于供给大于需求，太多库存卖不掉，所以只好裁员。

那时的问题是经济问题，经济的运行到了需要调节的时候，你不调节，问题就暴露出来了。现在的危机则是政治的问题，是政府和发达国家的国民奢侈浪费的问题。我们东方人曾对西方人的"消费经济"推崇有加，认为借钱是一种高尚行为，是一种促进经济发展的有效方式，但过了头，带来的就是劳动者的懒惰和国家财政扩张的惯性，最终变成可耻的行为。

从另外一个角度考虑，和奢侈浪费相对应的问题是创新力不足，这个世界已经很长时间没有一次重要的科技进步了。创新不足便竞争力不足，这个时候怎么办？必须靠市场机能淘汰落后产能，靠借钱则是在纵容这些落后产能。企业和个人财务有困难，借钱来修补账面的难看，那么企业就不会创新，人都会变成懒汉。

为何要兼听芝加哥学派？

Q：凯恩斯主义这么流行，有没有凯恩斯主义者的推波助澜呢？

赖：美国经济学界"二战"后一直都笼罩在凯恩斯主义的思维里，联邦储备银行主席和总统经济顾问大多是凯恩斯主义三大重镇哈佛、MIT和耶鲁毕业的。他们教出来的学生散布在全世界，用的都是凯恩斯主义的那一套。

这个时候，我们不妨多听听芝加哥学派的声音。芝加哥学派认为，银行该倒就倒，世界上哪里有"大而不能倒"的道理？市场才是第一位的，政府的手应该揣到裤兜里或者放在背后，塞浦路斯这种国家，让它倒好了。

20世纪30年代，凯恩斯主义是良药，现在是毒药。

Q：凯恩斯主义是不是被这些人断章取义了？

赖：我们中国有句俗话："一碗米养个恩人，一斗米养个仇人。"这是什么意思？一个人要饿死的时候，你给一碗米，他一辈子感恩。但你给一斗米，他就可能会依赖下去，你不给米了，他就会恨你。罗斯福新政，本质上就是给一碗米，创造新的经济环境，让美国企业赶快站起来。现在，很多政府给了一斗米之后，企业和国民却开始不高兴，怎么这么久了，第二斗米还不来呢？

凯恩斯真正的贡献在哪里？

Q：看来我们需要重新审视凯恩斯主义。记得你说过，马克思和凯恩斯是经济思想史上两位最具原创性的经济学家，他们厉害在哪里？

赖：经济学上有四个"斯"不得不谈，亚当·斯密、马尔萨斯、马克思、凯恩斯。亚当·斯密是奠基者，他的学说简单来说，就是"看不见的手"，即市场机能和自由放任，但是他没有提出原创性的概念。他的成就在于通过整理前人的东西，进而建立了一个体系。亚当·斯密之前，经济学没有体系，亚当·斯密改变了这个状况。但马克思和凯恩斯则不然，他们都是原创性的大家。

换个比喻来说，亚当·斯密把别人的建材搜集起来，盖了一栋四平八稳的房子，每个元素都有。但马克思认为这个房子有问题，所以他就盖出一栋完全不同的房子，房子所有的元素都是全新的。马克思反对市场机能和自由放任，他提出全新的历史唯物论、剥削说、剩余价值说，这些概念在从前从未有过。我不是马克思主义者，也不喜欢那些说法，但必须承认从原创的角度来看，亚当·斯密对经济学的贡献是远远比不上马克思的。

马克思建立的"房子"是为了要对抗资本主义，他认为资本主义生病了，只能靠马克思主义来治疗，包括无产阶级专政、土地国有化等治疗方式。到了凯恩斯的年代，资本主义的病恶化成为了大恐慌。这是从前没有碰到过的病，好比是艾滋病，普通抗生素不能解决，必须有新药，所以凯恩斯发明了新的东西，比如发展边际消费说、乘数原理和加速原理、失业均衡概念、流动性陷阱等等，更重要的是还给出了政府财政赤字说，这些都是从前没有的概念，改变了经济学界的思考方式和理论框架。

马克思和凯恩斯最重要的地方还在于影响了政权。马克思影响了共产主义世界——不要忘记他和恩格斯写《共产党宣言》的时候，还不到30岁。凯恩斯则影响了所有资本主义国家。从学说新颖面和从对社会的影响面来说，经济学历史上没有人超越这两个人。

马尔萨斯陷阱适用于中国大陆吗？

Q：谈完了前面两个"斯"，谈谈马尔萨斯怎么样？他的学说恐怕和中国的关系最大。清朝的中后期，洪亮吉就已经提出了中国存在严重的人口压力，明末和清朝末年的动乱，何尝不是因为吃饭问题呢？

赖：李嘉图在马尔萨斯之前就提出了"工资铁率"概念：一个处在温饱线的工人实质薪资增加，在短期内生活会得到改善，但他如果不避孕，就会生下更多小孩，多几张嘴吃饭，孩子的消费能力很快就超过了他的负担水平。不好的家庭会饿死孩子，而好的家庭也只会回归到温饱线。归纳成大白话，就是不会变富也不会饿死，仅能维持温饱的所得，便是"工资铁率"。这个概念被学术化之后，被称为"马尔萨斯陷阱"。

在产业革命之前，西欧没有逃脱这个"陷阱"，人多了就会出问题，只有战乱和疾病让人口减少，产出和需求才会重新回到平衡。要逃脱这个"陷阱"，只能靠技术进步。1800年之后，英国的实质工资以接近80度角的趋势上升，人类才终于冲破"工资铁率"，逃脱了"马尔萨斯陷阱"。但直到现在，亚洲和非洲一些国家仍深陷在"工资铁率"之中。

Q：历史上解决这个陷阱的方式可能是很暴力的，比如农民起义，对不对？

赖：我们中国历史上的内部动乱有个特点，就是不存在政治和宗教问题，只有温饱问题，简单说就是"马尔萨斯陷阱"严重化。在华北地区，曾有一句俗话很血腥，但却是现实的写照。"开山开到顶，杀人血满井"，开山种地，开到顶开不了了，就会发生动乱，杀人的血自然填满井。宋朝以后，我国北方很多地区不正是这个情况吗？

历史书上会说农民起义是因为土地兼并，但这只是表面现象，土地兼并只具有催化剂的作用，不是根本原因。为什么苛捐杂税导致农民起义？只因为苛税超过我的承受能力。为什么以前没有超过，现在超过了？因为可租地、可种地已经缩小到如此程度，当然活不下去了。如果每个人平均都有300亩土地，农民还起义做什么？

Q：帝制王朝除了亡于农民起义，不是也会亡于蛮族入侵吗？

赖：蛮族为什么会入侵呢？一个国家如果不败絮其中，他们怎么打得进来？明朝不就是这样吗？

经济重心移动有何历史经验？

Q：尽管欧美爆发金融海啸，但在实体经济领域，发达国家仍然相当领先。当今世界经济版图其实是有分工的，比如美国人做研发，日本和德国做技术，亚非拉国家卖苦力做加工。这个版图能改变吗？

赖：我举个例子，在1800年至1900年，英国的科学技术领先世界，但比英国落后的国家却能进口英国技术，同时运用自己比较便宜的人力与较丰富的资源，很快追上来，甚至赶超英国。相反，英国却很少从其他国家学到什么技术。所以说，世界经济版图的重心其实也是在变动之中，技术的领先未必是永远的状态，后来者有很多机会。

拿亚洲内部来说，从前日本是一枝独秀，现在日本的大企业都亏损，韩国的大财团却有取而代之的可能。中国大陆呢？为什么不可能赶超西方呢？成为"四小龙"之前，世界上没有人看得起韩国。亚洲金融危机时，大家又说韩国不行了，但现在韩国正要逐渐取代日本了。

再比如计算机品牌、手机品牌，欧美的牌子已经不重要了，亚洲的牌子可能更物美价廉。世界的经济重心已经在转移了，只是我们每天都在看报纸，所以会觉得太慢，但如果你从历史的角度来看，这几十年发生的事情真的就是一眨眼的工夫。

为什么技术创新决定大国地位？

Q：跟你聊这么多，我梳理了一下。局势经济要变好，一个是商业这头，必须让商业和金融更加良性地运行，金融回归服务于实体经济的本质；还有一头就是产业，现在全球缺乏一次科技创新，有一次科技创新浪潮，那么摆脱危机就不是难事。

赖：对。"二战"以后，有些经济体的服务业比重越来越高，但这样的经济体其实很危险，除非像香港、新加坡那样别无选择。一个大国，必须有很强大的产业，农业也不能轻视，这是最根本的吃饭问题。

Q：房地产这个产业行不行？它强大起来能树立经济大国的地位吗？

赖：那个只是泡沫，"口袋钱"转来转去，有什么意思？你看台湾，到了晚上，很多楼盘的灯都是黑的，这种资源浪费型发展，有什么用？

日本金融强国"大跃进"的教训

> 中国人的经济崛起总是盯着美国,产业结构和文化特征更相似的日本却总被我们忽略。日本曾经是真正的世界工厂,有着美国人也叹为观止的技术水平,但这个制造业强国最后失落在了"金融强国"的梦想之中。
>
> 中国当今的发展道路和日本何其相似,金融危机之后,建设国际金融中心,建立人民币"世界货币"地位的呼声越发高涨。当你仔细考察日本的教训,中日两国的相似程度,不禁让人深吸一口气。

——复旦大学经济学院副院长
孙立坚

◆ 嘉宾简介 ◆

孙立坚,复旦大学金融研究中心主任、经济学院副院长、金融学教授、博士生导师。担任中国世界经济学会常务理事、复旦大学世界经济研究所副所长、《经济研究》匿名审稿人,同时还担任比利时鲁汶大学应用经济系博士学位评审组成员和日本中央大学中国金融讲座教授。

孙教授拥有日本一桥大学商学博士学位,也是一桥大学国际共同研究中心兼职研究员。

中国转型金融强国有何"内在缺陷"？

Q：近半个世纪以来，制造业大国想做金融大国的尝试基本上都以失败告终。是不是制造业大国有某些"内在缺陷"决定了它们做不了金融强国？

孙：华尔街金融海啸让很多发展中国家遭受损失，他们开始懂得，对美国金融体系的过度依赖不可持续。越来越多的人希望发展国内金融体系，把自己变成金融大国，绕过美国金融体系，直接管理自己的金融资产，这是制造业大国转型金融大国讨论兴起的背景。但实际上，金融大国和制造业大国（或地区）的"生态环境"有本质不同。从日本、东亚四小龙、东盟乃至中国大陆的经验看，劳动力与资本等生产要素价格的稳定，是制造业茁壮成长的前提。对金融业来说，要素价格不波动，就不能形成各类金融风险，也没有了套利机会，最终也没有金融创新的动力。

简而言之，金融赚的是市场"波动"的钱，而制造业赚的是"稳定"的钱。近年来，中国沿海的制造业企业苦于国际金融形势变动影响下的原料价格波动就是很好的例子。作为当年的制造业大国，日本也想做金融大国，但1985年"广场协议"后，日元大幅升值，日本制造业成本大幅上升，加之资产泡沫破裂带来的影响，日本制造业也随之衰落，日本进入"失去的十年"。

但我们不能忽略一个事实，此时的日本制造业巨头早已开始全球扩张，他们大量的制造基地已离开本土，遍布世界，所以能够抵抗金融市场和货币的波动。同时，"日本制造"已经在全球有了很高的品牌力量，日本一旦调整战略，继续专攻制造业，它的企业恢复是非常快的。因此，尽管日本的资产泡沫破裂，但日本的制造业并未彻底衰落。只是日本彻底放弃了想靠日元升值等手段建立东京国际金融中心的目标。同时，他们开始进一步深耕海外零售市场，再次回归到制造业上。

步入停滞，日本做错了什么？

Q：很多中国人都在谈日本当年的泡沫，日本的泡沫会在中国重演吗？很多人都有这样的担忧。

孙：很多时候，泡沫在形成和被推高的时候，是很少被人承认的，直到泡沫破裂，大家好像才恍然大悟。日本就经历了这样一个阶段，从我和很多日本金融界、学术界人士的接触来看，当年他们不少人都把楼市和股市的"非理性繁荣"当成了日本新时代的到来。这种心理，作为中国人我们也应当警惕。特别是我们的GDP已经达到世界第二，很容易像当年的日本人那样盲目自大。研究日本的泡沫是如何形成的，你会发现和我们今天有很多相似之处。

当日本的资产市场在20世纪80年代已经开始被推高的时候，日本人犯了三个错误：一是日本央行的货币放纵，二是财政扩张，三是税收政策的失误。

首先，日本央行为什么要一直"迷信"宽松的货币政策？因为它一直担忧，如果实行紧缩的货币政策，可能会扼杀了日本金融业的未来。你知道，当时日本希望把东京打造为世界金融中心。另一个方面，为了应对"广场协议"签订之后日元升值带来的影响，日本人必须扩大内需，这个情况和我们现在相似，所以需要在货币政策上更宽松。

结果是什么呢？1986年1月至1987年2月，短短几个月时间内，日本央行竟然连续5次降息，利率从5%一直降到2.5%，流动性泛滥问题进一步加剧。然而，增加的货币供应并没有流入制造业，而是进入了收益更高、回报更快的股市和楼市。横向来看，同一时期，美国和德国都相继开始提高本国利率，而日本却朝着相反的方向发展。

第二是财政的扩张。1987年，也就是签订"广场协议"后的第二年，日本政府采取了一项6兆日元的财政扩张计划，这个数字接近于当时日本国民生产总值的2%。当实体经济面不好的时候，你实行扩张财政政策的唯一结果就是，所有的钱都不会去实体面，全部都会流向虚拟领域。

第三是税收政策的失误。对于一个国家来说，控制资产泡沫最有效的手段就是金融和税收。就税收而言，日本当时的土地相关税收都集中在交易和流转环节，而对土地持有则税负很轻，那么你就根本无法抑制炒楼炒房。目前，中国的房产税出现"难产"，我觉得这是有问题的，如果不引起重视，我们的资产泡沫也会和日本一样越吹越大。

后发国家为何不要轻易说"不！"？

Q：日本人想做金融大国的自信心是很足的。那些所谓"说不"的畅销书，其名字就起源于日本人在经济发展之后要对美国"说不"。我们是不是也应该汲取教训？

孙：日本人的自大心理并不是第一次，就好像他们打败了俄国后那样，认为自己是世界一流强国。但实际上，他们打败的只是风雨飘摇的末代沙皇，日俄战争之后，日本的工业水准和欧美国家相比，差距依然非常大。

"二战"后的经济奇迹让日本的这种自大心理再次爆发，他们当时被两个东西所迷惑：第一，出口创汇积累和银行业资产的剧增，这让日本政府和企业对"世界债权人"的地位非常满足；第二，日本不甘于仅仅做制造业强国，还要做金融强国，要把东京建成和纽约、伦敦比肩的国际金融中心。但是，日本却忽略了自己的经济特征和金融环境很脆弱的实情。

Q：当时，日本其实有非常多的经济学家都在鼓吹金融大国论，但后来不少人都作过反思。在国内学界一些人看来，日本的经济学家不够大气，作为"留日派"经济学家，你是怎么看待日本经济学者的这种特质的？

孙：日本经济学家的研究风格非常严谨，会把具体的问题分析得很到位。打个比方，美国的经济学者会对整个经济机制的运作、设计和改进有一个很好的拓展，而日本学者则倾向于把这种很好的想法更加规范化地表达出来，并且具体化。因为这个特点，所以日本搞产业研究非常强，就是说指导一个国家和地区怎么制订一个产业政策，然后再用何种手段把它扶植起来。这种研究上的特点或者说优势，的确对日本的产业发展起到了很关键的指导作用，日本很多一流学者都是产业经济领域的专家。

当然，中国经济和金融市场的体量和潜力都比日本大，经济学家"大气"一些也是正常的事情。日本学者的这种特点在我们一些中国学者看来，有些拘泥和小气了，容易"只见树木不见森林"，但这种规范化的学风和研究态度却是我们最应该学习，或者说互补的。

金融开放为何要先"对内开放"？

Q：日本的制造业如此强大，技术如此先进，都没有能成功过渡为金融大国。那么，中国技术不如日本，是不是只能甘于做制造业，而不应把做金融大国作为目标？

孙：目前，我们金融业的规模已处在世界前列，但并未改变"金融弱国"的身份。中国应该成为一个金融大国和金融强国，但这条路至少不能操之过急。制造业大国和金融大国的两个"身份"并不矛盾，强大的金融业会对制造业有很好的支撑作用，这也是我们多次强调金融业要为实体经济服务的初衷。

一方面，从世界各国的经验来看，制造业大国最终都会面临劳动力成本和原料价格上涨以及贸易保护的问题。尤其在金融海啸后，很多制造业国家都意识到，没有良好的金融体系作为后盾，产业结构调整和产品升级无异于空中楼阁。另一方面，金融强国因其金融体系对资源的调配效率更高，危机后的自我修复能力也更强，所以即便经历了金融海啸，美国主要实体企业的盈利水平仍然是非常可观的。在这个意义上讲，中国要完成产业升级，有必要做大和做强自己的金融业。

很多人会认为做金融强国首先要金融开放，其实对中国来说，应该先做好自己内部的事情，而不是像当年的日本那样急于在世界金融舞台抛头露面。中国应该走一个

"由内而外"的金融大国路径，首先要解决的问题是让金融业真正地为实体经济服务。如果说是金融开放的话，也应该是对民间资本进行开放，而不是轻易地对外资开放我们还不完善的金融市场。

Q：其实你对金融对外开放持非常谨慎的态度。外资有"阴谋"吗？是不是有点太保守了？

孙：我这个观点并不是"阴谋论"，而是一种基于现实的考虑。举个例子，"广场协议"签订之后，日本社会竟然上下都在讨论应该怎样去配合 G7 会议提出的国际收支平衡、刺激国内需求、金融完全开放等问题，相比之下，却没有人真正思考应如何打击国内的金融泡沫。在那个疯狂的资产泡沫时代，日本学者调查后发现，央行官员和主流媒体，竟然多年都没有人公开表达过对资产泡沫崩溃的担忧。所以，日本这种急迫的金融国际化心态是要不得的，教训在那里摆着，我们应该引以为戒。

很简单，我们假定美国和中国互相全面开放金融市场，你会看到什么结果？即使中国金融机构走了出去，在品牌、人力、网络等方面根本无法和美国同类机构竞争，相反，美国金融机构则可以很容易地占领中国市场。特别是资本账户对外开放之后，海外金融资本更会利用中国薄弱的金融监管体系，进行各种套利和投机。结果很可能是我们自己的金融机构发展不起来，而海外资本却能得到巨大的利益。

因此，我认为开放应该是有层次的，有步骤的，不应该太急。以前我们改革开放的时候，给外资很多"超国民待遇"，却给我们自己的民间资本"穿小鞋"，设置很多准入门槛，这是需要反思的事情。

Q：做金融大国需要夯实哪些硬件？

孙：做金融大国之前有很多基础性工作。首先，要理顺国内要素价格的形成机制。目前，不论直接融资还是间接融资，我们都还不能对金融资源实现有效配置。怎么才能让创业板不成为圈钱工具，让投资机构明白"价值投资"，而不是和散户一样"追涨杀跌"？市场买方和卖方很多都不够专业和规范，投机很多，投资很少。理顺价格机制，金融资产定价合理，让金融资本和实体经济有良性互动，打下这些基础之后，才有推进利率市场化、汇率市场化以及本币国际化的条件。基础没打好，其他都是空谈。

举个例子，美元现在是全球货币，但它取代英镑则走了很长的路。其实早在 20 世纪初期，美国的经济实力就已经超过英国，但美元并没有急着取代英镑。美元一直等到 40 多年后"二战"结束，才开始取代英镑。在这个时间之前，美国一直专注于自己的事情，主要在完善本国的金融体系和金融市场。特别是 20 世纪 30 年代的股灾之后，美国对自己的资本市场法律体系进行了很好的改革，最终美国的资本市场也成为了世界上体量最大、制度最完备的资本市场。美国经验说明，国内的金融市场先搞好，才有机会去问鼎世界金融高峰。

资本市场怪现状的根源在哪里？

Q：你提到了中国金融市场的种种怪现象，我们已经司空见惯。那么中国的金融市场到底有哪些深层次问题？

孙：首先，我认为不能忽略中国的金融体系存在风险分散不足的问题。以银行体系为例，它们自认为通过抵押品、高利润以及低成本储蓄等"优势"可以应对可能发生的风险。即便有一定损失，银行还可以通过资本市场将损失转移给中小投资者。但实际上，日本的教训已经表明，系统性风险的爆发会让抵押品立刻失去价值；同时，银行暴利也不会永远这样一直持续下去。如果不引起足够重视，这些风险就会慢慢发酵，到时候是没有地方可以转移的。

再者，尽管人民币很多了，但我们同样不能忽略市场流动性不足的问题。中国投资者的换手率位居世界前茅，股票价格波动严重，根本无法形成价值投资的格局，最多有几次"政策性"的短期繁荣。当经济下行时，股市不论你怎么拉抬都没有用，上不去就是上不去。一方面，这是因为投资者已经对股市失去信心，但很多人也忽略了一个事实，那就是普通中国股民的财富其实并不雄厚，市场上的资金都集中在少部分人手中，他们的"战场"可能早已从股市转移。在这种情况下，资金本来就不多，以前还经常亏损的中小投资者怎么还敢进股市？

另外，一个健康的金融市场必然有一个合理的定价机制，但中国金融资产价格一直存在着严重的扭曲。一方面，以利率、汇率为代表的核心金融资产价格还没有完全市场化；另一方面，银行间债券、国债和企业债市场还处于分割状态，无法为利率的合理水平提供有效的市场依据，如果搞利率市场化，这必然是一个障碍。这种定价机制的缺失，使得金融服务和产品的价格存在严重的不合理现象，阻碍了金融市场的进一步发展。

Q：金融资产价格的扭曲，其实很多时候是因为权力的介入，你认为呢？

孙：没有健康的市场机制和完善的监管，财富就会通过金融体系不断集中到少数人手中。有些时候，解决问题的办法反而成为了"问题"，比如为了提高上市公司的质量和公司的治理水平，我们引入了上市核准制度、第三方独立董事制度和保荐人制度，但最后这些制度却成为了"寻租"的温床。我认为，这些问题不光是权贵侵食普通人财富的问题，也会增加我们金融市场的脆弱性。

通胀，货币超发还是货币错配？

Q：通胀是因为货币超发引起的吗？

孙：货币超发是通胀的首要原因；同时，还有全球大宗商品涨价导致成本上升的原因；外汇占款对通胀的影响也不能忽视，贸易、投资和地下热钱都会带来外汇占款。目前，热钱带来的外汇占款情况最突出。贸易在很多情况下也等于热钱，因为它具有很强的投机性。为什么这样讲？举个例子，不少跨国公司进口品价格报得很高，因为可以拿这么多的美元去换成人民币，但真实价格如何，我们的管理部门根本搞不清楚。贸易双方可能是关联公司，价格是虚的，只为骗取换汇许可。实际上，买这个东西只要5万美元，但他却给你报价5000万美元。

这种情况根本管不了，央行行长周小川曾说："严格意义上讲，今天的中国没有热钱。"为什么有这个观点？因为中国的资本账户关着，投机性资金根本不让进。为什么外管局经常发现有"搞不清楚"的美元进来，因为很多都是在假装做贸易，实质是变相的热钱流入管道。如果去监管，成本太高，你设置过多的关卡，最终还会惹怒贸易保护主义者。

Q：除了货币供应量问题，你还多次提到货币配置存在问题，怎么讲？

孙：对的，物价这么高，并不仅仅是票子太多。货币超发是原因，但配置出问题更能"火上浇油"。大家都把钱拿出来，不要"软财富"，要"硬财富"，楼市火爆，金银涨价，甚至字画、红酒、白酒都成为资金追捧对象。近期，江浙很多企业家都不愿继续做实业，想做股权投资，还有的做典当，做高利贷。一些"富二代"甚至都不想继承家族企业，做实业家，而是热衷做"金融家"。大量民间资本因此从实业流出，在造成产业空心化的同时，还抬高了物价。

Q：怎么解决货币配置问题？

孙：办法只有一个，让资本重回实业，鼓励民营企业发展。除放开产业准入门槛，还要改革金融体系，为民企提供金融支持。有数据显示，我国民企资金来源中，自筹和其他资金占了82%，国内贷款仅占13%，国企项目资金中的银行贷款却占到了64%左右。民企抵押贷款能力低，对主要靠"吃存贷利息差"的银行来讲，贷款重点向民企倾斜不太现实，这就需要对金融体系进行改革，拓宽直接融资和间接融资两方面的渠道。

此外，要给民企减税，它们的税负太重。国家还要用好战略储备的供应策略，帮助企业应对国际金融资本投机和政治波动带来的原料涨价。目前，国内有一种观点认为，靠成本上升可倒逼民企产业升级，这完全是说胡话。如果任由成本上升主导，我们看到的不是产业升级，而是民企倒闭和更严重的通货膨胀。

有个有意思的现象，在很多时候，国内的货币供应增加后，会马上以负债的形势回到银行。为什么？因为这些资金没有拿去投资和做实业，而真正需要资金的企业拿不到资金。市场上钱流泛滥很严重，但"钱荒"却还在继续。长三角、珠三角企业的利润数据都在不断下降，银行更加不会对这些企业贷款，这是一个恶性循环。

我一直认为，如果金融不为实体服务，那么经济活动就已经不是在创造财富，而是仅仅在分配财富而已。我们再也不能玩这种"零和游戏"了。

大国崛起
不靠空话靠产业

——台湾新竹科技园管理局前局长

王 弓

> 央视纪录片《大国崛起》曾让观众热血沸腾，但大国崛起不能靠空话，必须靠产业。适当的产业战略可以使得一个国家或地区的发展更富有效率，而错误的产业策略则可能浪费掉之前的资本积累。
>
> 对大陆来说，这些年发展最"出色"的产业除了地产，就要数汽车。但这个行业却被很多人质疑，认为"市场换技术"策略根本就是自欺欺人，到头来把市场拱手相让，技术也没有学过来。
>
> 相比而言，台湾地区产业却在对美国和日本的学习过程中不断长进，这在半导体行业尤为明显。台湾是怎么做到的，对大陆产业发展有何借鉴意义？台湾人又是如何看大陆在液晶面板、汽车等领域的"一窝蜂"建设的？

◆ 嘉宾简介 ◆

王弓，台湾"中国科技大学"讲座教授、台湾"中央大学"产业经济研究所教授，曾任新竹科学工业园区管理局局长。作为公职人员，王教授是台湾产业发展策略的制定者和执行者之一。作为学者，他是台湾知名的产业经济专家，曾作为咨询专家在台湾高新科技、汽车产业等领域发挥了重要的智囊作用。

王教授曾在台湾大学攻读土木工程和交通工程，后在麻省理工大学（MIT）获得产业经济及运输经济博士学位。

台湾的发展为何是被"逼"的？

Q：作为新竹科技园的"当家人"，如果让你为大陆同仁推荐一条新竹园区最好的经验，你会推荐什么？

王：我觉得很难说最好的经验是什么。如果一定要说的话，那么应该是"做事情一定要找对人"。

台湾在 20 世纪 70 年代中期，工业在进一步升级转型，但高新产业的基础是零。此时的硅谷早已如日中天了，尤其是集成电路、芯片的竞争使得硅谷的发展一日数变，而台湾好像刚走出农耕社会一样。所以台湾那时候很着急，把高新区看成是发展高新产业的一个手段。

园区不是房地产，没有人可不行。台湾有一批非常干练的人，从园区的规划到执行都做得可圈可点，一点没有浪费历史给的机会。

Q：人能发挥作用，那么必然背后有一个好的机制保证，对不对？

王：实际上，台湾当时的发展是被"逼"出来的。1949 年以后，台湾的情况非常恶劣，外部局势非常紧张。更重要的是岛内资源非常有限，国民党带来了 300 万行政人员和军队，而台湾本来人口才 600 万。突然增加 50%，大家就面临吃饭的问题。在那个艰难的状况下，必须想办法创新突破才能撑下去。这其实就是最好的"机制"，你做不好就活不下去，这是让人无时无刻不感到紧迫的"机制"。

Q：20 世纪 70 年代中期距离国民党来台也有 20 多年间隔了，这 20 多年是怎么发展经济的？

王：1949 年，台湾有三个"少"——所得少、储蓄少、"外汇"少，更重要的是有严重的通货膨胀，而解决通货膨胀最有效的办法就是提高生产力。当时，台湾产值的 50% 以上都和农业及加工有关，所以针对农业进行改革就成为最重要的事情。土地的改革是"耕者有其田"，"耕者有其田"的制度一下子就让农业生产跟上来了，吃饭问题开始得到缓解。

"耕者有其田"这个制度太重要了，后来台湾发展高新产业时，又开始推行"工者有其权"模式，都是很成功的经验。

台湾特色的分红制度是什么？

Q：说到分红，好像台湾的分红制度和大陆有点不一样，对不对？

王：台湾的股票分红很特别，面额远低于实际价格。那么缴税的时候，税基算面额,然后在市场上交易时是市场价值,所以这种方式对高新产业的员工会有很大的激励作用。一来他等于是公司的老板,所以他的积极性很高;二来,比如台积电、联电、联发科这样的"超级成长股",开始弄点股票发给员工,今年分给你100万,而股价却超过面额30倍,那就等于一个员工拿了3000万走,所以大家的企图心都很强。

Q:土地制度对于工业化太重要了,大陆改革开放也是从土地开始的。

王:早期,台湾佃农的佃租很高,农民勉强可以温饱。国民党过来后,规定佃租最高不得高过农民全年总收入的37.5%,以前佃农要交九成的租给地主,现在一下子只要交不到四成,剩下都是你的,那么农民就会在田里拼命。整个台湾的生产一下子就大幅增加,然后台湾就用增加的收入进行生产条件的改善。灌溉、道路、乡村建设、肥料、病虫害防治、育种都得到了加强,所以农业就蓬勃兴起。"二战"时盟军的轰炸,大概让台湾基础设施的70%遭到破坏,台湾大概花了7年的工夫,一直到1952年才终于恢复生产的最高峰。

1952年,吃饭问题初步解决,台湾就开始了"六年经建计划",大陆是"五年计划",本质上没有区别。但台湾和大陆有一个不同,大陆主要是在苏联援助下做重工业,而台湾则把力量主要放在了轻工业上面。

台湾如何避免技术进步后的失业问题?

Q:做轻工业并不容易,"二战"后,东南亚很多地方都没有做轻工业,台湾应该说有一定的远见。

王:20世纪50年代中期开始,台湾"经建"的策略是"进口替代"。当时,选择"进口替代"策略的另一个原因是农业部门效率提高,会释放出多余的劳动力,造成社会压力。台湾是农业为主的经济,所以大部分轻工产品都要"进口","进口替代"就是用高的"关税"和市场阻隔,把外面的产品挡起来,本土的资本家就有了发展的机会。这种看似"贸易保护"的方法,最后的确鼓励了很多人投身到工业领域。

"进口替代"一可以吸收农业部门移转的剩余劳动力,二可以为后来进入新产业做好管理能力的准备,三可以节约"外汇"。民生有关产业比如纺织、家电装备是早期发展的重点。从江浙和上海地区来到台湾的资本家则带来这方面的设备和技术。"进口替代"非常成功,到1958年第一期"六年经建计划"结束,台湾经济快速成长,但那个时候出现了"路线之争"。

有人说,干脆做第二次"进口替代",第一次我们做民生产品,那么第二次就往产业链上游做,做原材料和零组件。既然成衣已经会做,那么做纱、做布也没问题;既然家电会做了，马达、线圈也没问题。但经过专家学者的论证，发现如果继续做"进口替代"，隐藏性的失业可能会是台湾经济的一个风险。如果经济不景气，当其转化为显性失业，那么可能演化成社会问题。经过论证后，台湾决定用新的"出口扩张"策略作为第二阶段的经济发展方向。

"出口扩张"就是鼓励岛内已经培养起来的企业家去开辟国际市场，这样可以增加生产规模，增加生产规模则可以吸引游资，在这个阶段很重要的一个政策就是做"加工出口区"。"加工出口区"不是以"市场换技术"，而是以服务和效率换技术，台湾在高雄、台中开辟了自由贸易区，外国的厂商带着生产线进到区域内生产，生产完了直接外销。台湾等于提供行政服务、公共管理和劳工，同时台湾还用很高的"关税"限制这些区域内的产品内销。

台湾的"铁公基"和大陆有何不同？

Q：这个转向其实有点像大陆。自1978年以来，大陆的隐性失业人口数量一直呈现出波浪式增加的趋势，高峰时甚至上亿，直到加入WTO之后，问题才算彻底解决。

王："加工出口区"和"出口导向"的目的是解决失业、创造"外汇"、增加所得，但在实践之中，台湾却发现中间有技术移转的效果，因为外国企业家带进成熟的生产线，让台湾人能够直接学习先进的管理和技术，生产力就得到了提升。很多人在区内替外国人打工之后，就跳到区外来，利用之前在区内学到的经验和技术开始生产。这样一来，"出口导向"其实也产生了"进口替代"的效果。

到20世纪70年代初期，台湾的中小企业已经非常蓬勃，具备管理能力又想创业的人越来越多，工业部门的发展已经超过农业，甚至纺织业和电子业在台湾总产值中已占极大比例。但问题也出来了，就是台湾基础设施不够的问题开始暴露，港口、公路和铁路都十分拥塞。所以台湾就决定开始推"十大建设"，主要是造船、钢铁、机场、铁路电气化和高速公路等产业。

Q：大陆在很多时候搞"铁公基"，很大程度可能是想解决就业问题，避免引发社会问题。台湾的"十大建设"有没有这个想法？

王：不是。当时台湾中小企业很发达，隐藏性失业问题大概已经解决，反倒可能会发生缺工问题。"进口替代"和"出口导向"都是劳动力密集型产业，针对的是隐性失业问题。即二产规模不足，从一产里移出来的人找不到工作，找不到工作就变成盲流，这是所有发展中的地区都面临的一个问题，大陆也是同样的情况。

搞了"进口替代"和"出口导向"之后，对失业问题的担忧解除了，那么策略的制定，空间就大了很多，就是说可以不再继续扩大劳动密集型产业了，而可以进入资金密集型和技术密集型产业。换句话说，就是台湾已经初步具备了产业升级的社会条件。

如何进行产业升级呢？台湾选择了先从资本密集型产业切入，这个策略受到了美国里根政府"供给面经济学"的影响。既然基础设施的服务不够，那么就搞基础设施得了，它们既是资本密集型，也是技术密集型产业，比如铁路电气化、核能电厂等。因此，"十大建设"的主要目的是转型经济结构、提高生产效率，和解决台湾劳动人口的就业无关。20世纪70年代，台湾的GDP年增幅也达到10%以上，和现在的大陆差不多，这样的高速发展之下，不会有就业的问题。

Q："铁公基"能够转变经济结构吗？这刚好是大陆很多学者诟病的问题，在他们看来，"铁公基"反而是和结构调整相悖的，最终会加重产能过剩。

王：如果缺乏，那么建设就是好的，如果不缺乏，那么建设就是坏的，道理就这么简单。

当时台湾的目的是透过供给面改变生产结构，因为高速公路、铁路电气化、核能电厂会让要素效率大幅提升，然后经济结构也可以优化。再说得简单一点，比如运输成本占企业的10%，能源成本占10%，那么如果你现在用核能电厂、高速公路和电气化铁路，效率就提高了一倍，成本也就降了一半，运输成本少了5%，能源成本少了5%，这多出来的10%就可以引进技术，可以重新投资，可以改变结构，当然也可以放在口袋增加现金储备。

可以肯定地说，没有"十大建设"打下的基础，台湾是很难成为后来的"四小龙"之首的。

"供给面经济学"在两岸有何差异？

Q：听你这么一说，好像大陆的"铁公基"也并不是没有价值，对吗？你是交通经济领域的专家，你觉得大陆的高铁符合这个"供给经济学"的标准吗？

王：对于大陆的高铁，其实我和很多人的观点恐怕有点不一样。我认为搞得其实很不错，还有不少可以改进的地方，基本上方向是对的。首先，撇开技术问题和安全问题，我们应该看到全球环保的一个大趋势，当今全世界二氧化碳排放最多的，以生产来讲是大陆，以消费来讲是美国，美国都用在了汽车上。现在，世界上很多人都在指责大陆对能源的消耗，能源问题必然是大陆未来的一个巨大挑战，高铁的安全性如果能不断地通过技术进步去改善，那么对大陆将来的发展一定是利大于弊的。

同时，高铁运输是产业经济中最重要的领头羊，它延伸下去的产业链会成为经济发展的强大推动力。在这个方面,和汽车产业有得一拼。

Q:"供给面经济学"会带来产能过剩吗?

王:这需要看当时的经济现状。里根政府之前是卡特执政,后者的政策都以管制为主,重社会福利和环境保护,政府定了很多的标准,强拉经济到可持续发展的这个水准。今天看来没问题,但当时的确显得太"超前"了。这样使得企业家没有利润可图,动辄得咎,成本高涨,加之政府行政效率低下,美国经济显得十分疲软。所以里根的政策重点就是让供给面自己去寻找出路,政府要做的是"少管",让企业部门自己去发挥。政府一旦"少管",比如减税、降低环保标准,那么成本就会下降,效率也会提高,自然会杀出一条血路。

一直以来,古典派的经济学家坚信供给会自己找到出路。但从实际来看,台湾也很难出现产能过剩,因为台湾也有宏观调控,台湾叫"计划型市场经济",以市场机制为原则,但辅以计划调控,和大陆极其类似。但台湾远比大陆要小,很多时候只要有一个大致的规划,就可能避免盲目投资的发生。这对大陆来讲,难度要比台湾大得多。

Q:我们已经聊到了20世纪70年代末期了。我们再回到新竹科技园的问题,它是全球一流的科技园,为什么其他发展中的地区没有这么成功?

王:其他地区没有发展的压力,也就没有企图心。台湾为什么有压力?你看看那时的国际形势就知道,大陆和日本、美国逐渐走到一起,台湾一些人认为自己被日本人和美国人抛弃了,台湾的"国际空间"越来越小,加之石油危机袭来,经济上的不安定感很强,所以必须要"奋发图强"。

可以举出东南亚诸国的例子来看,菲律宾、泰国、马来西亚是没有压力的国家,他们资源丰富,随便混一混就不至于饿死。但新加坡不是,它始终被马来西亚压着,后者可以随时断水和断蔬菜供应,甚至可以随时派兵去吞并它,所以新加坡只有一条路,必须往上走,不然就什么都没有。新加坡航空为何世界第一,人人都夸它的服务是全世界航空公司里面最好的?新加坡是没有航空业国内市场的,绝对不会得到国内市场的保护,所以只能杀出血路。当时李光耀告诉新加坡航空公司的董事长,你做不到全球一流,我就只能关掉你。就这么简单,"逼"出来的,台湾当时的情形也是这样。

为什么不犯错误就能经济成功?

Q:不过台湾也不必感到这么大的压力,大陆的崛起和发展,对台湾同胞来说,也是会带来直接经济利益的。

王：有一位哈佛的学者到台湾问我，你在台湾这么久了，也在美国待过，可不可以告诉我台湾经济发展成功的原因？我说找不到原因，如果有的话就是策略上没有犯错误，在该做对的时候做对了。大陆不就是这样吗？改革开放之后，政策上没有大的错误，所以 30 年之后经济就上来了。

同样，一个组织或者企业之前曾经如日中天，但最后说倒就倒，那么也一定是因为有过重大失误。飞利浦和 GE 在 2000 年前后都受过重大冲击，几乎要倒台，那也是在为之前犯下的错误买单。后来它们活了过来，也是因为没有继续犯错误。

除了东南亚国家，你看看拉美的阿根廷、智利，它们的资源远比日本丰富，但为什么差距这么大？因为它们一直在犯错误，20 世纪 80 年代之后，阿根廷的很多经济策略都是有问题的，腐败问题也一直没有得到解决。20 世纪初，阿根廷经济实力曾排名世界第 8 位，1980 年，其国民生产总值排世界第 10 位，到 2008 年已降到第 33 位。

新竹科技园为何把公营资本关在门外？

Q：台湾高新产业发展初期，其实当局的资金起到了很大的作用，甚至占据了主流。但台湾的高新产业并没有公营色彩，反倒都是民营企业独霸天下，公营资本就甘愿"为他人作嫁衣裳"？

王：这就是台湾很明智的地方。既然是公营的资金在支持高新产业，那么会产生什么问题呢？万一公营的资金赖皮怎么办，高新产业不都变成公营企业了吗？公营企业没效率，高新产业的竞争又比一般产业要激烈，它们怎么去国际上竞争呢？所以产业园区就在相关规定里写好，公营资金可以投资高新产业，但投资一定不能超过 49%。1980 年，高新区开张，1979 年这个规定就通过了，可以说未雨绸缪。

Q：大陆其实也有很多高新区，你觉得它们和新竹的差距是什么？

王：高新区"管委会"提供了企业所需要的官方职能，这个千万不能小看。因为这是利益之争，台湾的各个职能部门都要把权限交给高新区"管委会"，所有海归、外国人到高新区投资，只要到高新区"管委会"，一次就搞定，凡是和企业有关的公共服务都可以在高新区搞定。

Q：这个太重要了，据我所知，大陆的高新产业园区很多时候徒有其名，一些重要的项目审批权还必须去发改委、科技部之类的部门。

王：所以台湾的高新产业有个特点，公营力量介入很少，它们更多是提供服务。20 世纪 80 年代，所有台湾人都在谈论高新产业，马路上的老太太都能叫出高新产业明星人物的名字。这个时候，没有人继续要当局的资金了，民间的钱成为了新的资金源头,所以当局官方资金进一步退出。台湾经过四五十年的高速经济发展,台湾人的所得增加了250倍,所以人人都有钱,只要有好项目,钱是绝对没有问题的。

台湾的VC产业的发展,其实也不能忽视当局的力量。1983年开始,台湾开始鼓励民间建立VC产业,给了很多的减税、免税措施。后来当局还进行"对拨",就是你出一块钱,我出一块进行补助。1994年,台湾的"八寸晶圆厂"建立,基本上人人都赚到了钱,马路上的老奶奶通过股票都能赚1000万,所以台湾在20世纪90年代中期之后进入"人人VC"时代。

为什么大陆不需要旗舰产业?

Q:半导体是台湾的旗舰产业,大陆有时候总在说要发展战略性支柱产业,你觉得哪些应该是大陆的战略性产业?

王:台湾资源很有限,"计划经济"必须做得精巧,才不会发生投资过度或冲突的状况。所以台湾要做旗舰产业,这样可以产生跨领域整合效果,最大限度利用资源。但大陆不一样,大陆14亿人,台湾只有2300万人,台湾主要市场在外,大陆的内需市场可能顶半个地球,所以做什么产业都可以。

但大陆的问题是,第一要好好做,好好把一件事做好都不简单,一窝蜂、抢流行是没有希望的;第二是政府要发挥应有的责任,要对一窝蜂、抢流行的项目作适当的规划,否则浪费了辛辛苦苦积累的资本。

台湾汽车业为何也缺乏自主品牌?

Q:说到产业,除了房地产,大陆之前着力最大的莫过于汽车了。台湾的汽车保有量很低,可能不到大陆一座沿海城市的二分之一,为什么台湾不大力发展汽车业?

王:台湾和大陆一样,都看到了汽车产业的重要性,所以很早开始投资汽车产业。但问题也出在这里,太重视某个产业,在政策上的扶持就会过多,反而使这个产业成为"扶不起的阿斗",它就是起不来。

20世纪80年代,高新产业开始发展的时候,台湾最后一个重要的决策难题是到底要不要发展汽车。台湾当时初步计划和丰田合作。当时有关汽车方面的统计发现,一个像样的汽车工厂一年至少生产20万辆才有规模经济效应,所以台湾就和丰田商量,合资厂的年产量定在20万辆。但台湾岛内市场吃不下这么多,台湾2300万人,一年卖30万辆了不起,如果和丰田合作年产20万辆,就等于把台湾市场吃光了,那就等于不给台湾本土的汽车公司留生存空间了。

所以，台湾要求以 20 万辆设计，但必须 10 万辆外销，丰田说这个根本没办法保证。同时，日本人也担心在台湾合资，可能做不出有国际品质的车子，所以那个计划就吹了。

Q：台湾其实很讲策略，至少知道汽车要外销才会让产业有竞争力，比大陆要高明。大陆的合资厂都是内销冠军，但车子卖到海外中高端市场的基本上很少。

王：这个计划吹掉后，欧美的厂商都知道台湾有发展汽车的计划。台湾和丰田谈的时候，其他汽车厂商在旁边急得要命，福特说何必找丰田，我来投 20 万辆眼睛都不眨一下。可是"兵不厌诈"，福特想先把丰田打掉再说。福特担心什么呢？他担心如果丰田和台湾合资，并且合资后得到台湾的补贴和支持，它就会永远失去台湾市场。后来，谁也没有搞成。

最后，台湾的想法转变了，开始想学比利时。因为比利时没有一个自己的汽车品牌，但所有的汽车厂都在比利时设工厂，车子里很多零件都是比利时出产，因此比利时的汽车零件业世界闻名。台湾也想成为比利时，不必有自己的品牌，但拥有整个价值链的重要环节。于是，台湾把主要力量从品牌车厂转到了车辆零组件厂。

汽车业的竞争力为何来自于出口决心？

Q：其实有自己的品牌的确不是容易的事情，韩国人曾经在汽车产业一穷二白，但他们却靠自己做起来了。

王：20 世纪 70 年代，韩国汽车产业才开始发展，世界上很少有人看好。到了 2000 年，大家还是坚持"成见"，认为马路上很优雅的车子一定是奔驰、宝马，马路上很有效率很耐用的车子那一定是丰田、日产，如果在马路上看到一部车子，搞不清楚它在搞什么，那一定是现代汽车。

韩国人的执着精神让人讨厌，但也让人敬佩。韩国汽车产业的出口决心非常强，这是成功的最重要元素。当然，韩国人能够抓住机遇，懂得利用大陆这个大市场，懂得在大陆借势发挥。在很多人看来，现代汽车基本上就是靠着北京一个城市把它扶起来的，如果不是北京市的计程车采用现代汽车，现代汽车恐怕早就倒闭了，完全没有变成今天全世界第五大汽车公司的可能。这种看法有没有道理？你是大陆过来的，你应该清楚。

Q：大陆的想法是"以市场换技术"，不过现在很多人在质疑，认为大陆汽车产业的技术和欧美厂商的差距还是很大。更重要的是，还导致了能源问题。

王："以市场换技术"的策略本身没问题，但关键是背后的机制是否让人有企图心去获得和提升技术。从世界各国产业发展的历程来看，任何一个产业如果发展成功，并且技术有进步，那么一定是因为政府想办法为这个产业创造市场竞争的压力。这就像你练拳脚一样，如果对手很弱，那么你就只练练白鹤亮翅、野马分鬃就行了，你的功夫不会有长进。同样，如果政府为产业提供的是一个保护机制，那么它还搞什么技术进步呢？

韩国人把日本年老工程师在周末请到韩国，给他们做技术指导，一步一步从很糟糕的东西一路做上来，机会逮到了，就"麻雀变凤凰"，而这个机会很大程度是大陆给的。我们中国人一向讲求实用主义，看起来非常理智，看看这个东西没搞头就不搞了，这种态度和当今的技术变革潮流是背道而驰。实用理性和企图心，应该有适度的平衡，韩国人这方面比我们中国人要好很多倍。

大陆汽车业学到核心技术了吗？

Q：回到汽车产业，大家质疑大陆汽车业的一个原因是认为大陆没有学到汽车业的核心技术，认为合资这么多年，没拿到技术，被外国人给耍了。

王：你告诉我，核心技术是什么？

Q：比如最好的发动机。

王：做汽车产业，首先你不要想一口气造最好的发动机，法拉利就是一个例子。它现在的发动机世界一流，最初的团队是从阿尔法·罗密欧（Alfa Romeo）出来的，也没有什么最好的发动机，那是在 20 世纪初期。这个时代的汽车生存模式和现在有天壤之别，亨利·福特还没把生产线的制作带进汽车产业，做车的人唯一活下来的方法就是赛车，赛车拿到冠军，让有钱人买去，这是汽车产业 20 世纪初期的生存之路。

这个产业当时不赚钱，做车子很贵，一个人从头到尾把一部车打出来，就跟做马车一样。在 20 初期，美国人平均国民所得每年是 75 至 100 美金，一部车子要一万块，谁买得起？都是王公贵族买，充其量就是厂商赞助赛车，然后从赛车上取得行销其他产品的利益。在这样的背景之下，大家要生存就只能做最好的赛车，然后发动机就越来越好。这个故事就是告诉你如何能做出最好的发动机，被"逼"出来的，每一场比赛后不断改进，上千次上万次改良做出来的。

大陆"两弹一星"都上了太空了，搞一个汽车引擎难道有问题？不是做不出来，而是别的原因。

Q：那明白点说，就是既然做烂车都赚钱，还改进什么呢？是这个逻辑，对不对？其实是市场惯坏了企业。

王：技术早就到位了，以前大陆的红旗不是也开着到处跑？很多外国人都竖起了大拇指。大陆的汽车产业用不着我来评论，你们高手多得是，只要随便找一个汽车公司的老总，他都能给你讲出一大堆。说了这么多，从汽车回到产业问题。台湾产业发展的关键有两个，第一是找对人来做，第二是创造了迫使产业自动进步的压力环境。

丰田为什么超过了通用？

Q：这让人想到了美国的三大汽车公司，日本人对美国的市场保护往往是"敢怒不敢言"。

王：有政府的保护，有这么轻松容易的钱赚，我何必烦恼别的？通用要倒掉的时候，在国会里"倒苦水"，说自己在新能源领域的技术比日本人还好，未来2020年，甚至2050年的应用都已经准备就绪。

通用的话并不是在开玩笑，它在新能源领域的技术是一流的，日本人的技术也是从通用学来的，关键是通用没有把技术投入市场。为什么不投入市场？因为有市场保护，美国本土的汽车公司不需要这么做就能生存。

反观丰田，它就完全不一样，丰田的全球销量保持了很多年的第一，根源就是它不断在追求创新，满足市场新的需求。

Q：丰田的创新在哪里？哪点比美国三大汽车公司做得好？

王：油电混的汽车销量，丰田是全世界第一，对不对？但技术却是从通用引进的。在1996年，为降低汽车尾气对环境的危害，加州通过《零排放法案》，通用当年立即推出了革命性的EV1电动汽车，但此时的美国政府却没有对这个产业进行扶持，通用有点缺乏底气。政府没有建充电站，所以通用的电动车只好把整个电池背在自己身上。后来，石油公司眼看电动车要登上舞台，立刻把油价降下去，通用就想，做这个产业缺乏国家扶植，未来的投入太大，所以就关闭了自己的电动车计划。

丰田看到了问题的关键，于是决定立刻进入市场。日本人认为，没有那么多充电站，车子开出去电瓶光了怎么办？为什么不改成油电混汽车呢？低速的时候用电，高速的时候用油不就好了？所以用车的人不必怕，你永远不会停在荒郊野外。用了这种油电力混技术之后，以前1升汽油走10公里，现在1升能走30公里，减排的效率增加了两倍。

Q：美国对国内企业的保护的确让日本人很恼火，"丰田召回门"一直被人质疑是"护犊子"的保护手段，大陆出口美国的零部件行业也遭到过关税保护。

王：美国汽车工会的力量很强大，这个行业对就业也很关键，这是贸易保护的重要理由。你看，现在包括大陆在内，全球市场都在准备油电混合，但所有人论证来论证去，发现还是丰田的东西最好。很多人都忘记了这个领域通用是第一家。

Q：这样听来，策略是汽车行业非常重要的东西，对吗？

王：汽车行业的策略有个要点，就是能够预见到能源价格波动带来的产品变化，但这个预见太难。2000年至2005年，SUV（Sports Utility Vehicle，运动型多功能车）热到不行，全球的中产阶级开着长得像怪物一样的SUV，但不久之后，油价突然飙到100块钱一桶，消费者立刻转到小型的省油车，谁有小型的省油车谁就发了大财。

通用公司的问题其实很早就有了，但它这几年能撑下来有很多"偶然性因素"，2005年前的"低油价"时期，它的大型车和耗油车热销，另外它的合资厂在大陆市场也赚了一票。否则，通用的难过日子早就提前了。

汽车保有量为何不是城市拥堵的根本？

Q：现在大陆城市交通堵车很严重，汽车产业是不是难辞其咎呢？

王：这是城市管理的问题，汽车产业有点冤枉。20世纪70年代到90年代，台湾人挣钱了也开始大举买车，城市不是也堵吗？后来发展了轨道交通就好了。但你离开台北，去台中、新竹、高雄，堵车的问题还是很严重。

解决堵车一是靠技术。做轨道交通或者地铁，地铁是成本比较高的技术，轻轨是成本中等的技术，城市快捷公车是更低的技术，上海的张江就做得不错，里面的有轨电车效率就很高。再比如南宁，它可以做快捷公交车。关键是一座城市必须考虑适合自己条件的系统。

政府如果能提供一个很好的轨道系统，坐轨道车能快速出行，车子摆在家里就好了。但我每天看看车子也很开心，或者等到三更半夜人少的时候，我才把车子开出去过一下瘾，也未尝不可。

Q：车买来摆在家里不开，一样可以把汽车产业做起来，听起来不无道理。

王：汽车产业是工业之母，它对一个国家工业化的价值不可低估。它可以带动机械、材料、金属、动力、信息等很多领域的发展，某种程度上说，发展汽车产业是后发国家工业化的一条"捷径"。否则，韩国人为什么铁了心要把汽车产业搞到底？

现在的问题不是汽车保有量高，而是大家买了汽车都喜欢开到马路上去，这就麻烦了。所以城市应该做一个适当的管理，不该开车出来的人就不要开，该停在车库的车就要停在车库。退而言之，对我们中国人来说，买车很多时候也不一定就是要开的，而是给人看的，对不对？

第一篇 大而不强之痛

> 台湾的产业界曾经"哈日",如今却"哈韩"。
>
> 随着三星崛起为全球手机"二号品牌",LG跃居世界面板市场第一宝座,台湾地区企业家开始对韩国企业进行重新审视。很多人痛心疾首地说,中国台湾曾是世界半导体和电子产业的先锋,却早已被韩国抛在身后!
>
> 韩国人在1998年几乎破产,他们是怎么脱胎换骨的?

财团模式为何让后发国家聪明崛起

——台湾大学副校长
汤明哲

◆ 嘉宾简介 ◆

汤明哲:台湾大学副校长,国际企业学系暨研究所教授,MIT斯隆商学院(Sloan)企业管理博士,曾在美国伊利诺大学香槟校区获终身教职(Tenure)并受聘于香港科技大学。1996年,返回台湾大学国际企业学系任教,并任管理学院EMBA首任执行长。

汤明哲为台湾管理学界领袖,也是华人知名策略大师,先后在联发科技等多家企业任外部董事、监察人等职。

韩国为何热衷进入"落后产能"?

Q:1998年亚洲金融危机时,韩国被称为"几乎破产",比如三星的负债超百亿美元,裁员30%,今天却成为了世界级企业。你曾说韩国财团企业花10多年时间"聪明崛起"。"聪明"之处在哪里?

汤:它们的策略,看起来是软性的东西,但却极为关键。以三星为例,它最开始是一家黑白电视机工厂,通过横向扩张成就了今天的"巨无霸"。它横向扩张所投资的产业具有三个特点:第一,资本密集,需要持续投资;第二,周期性的产业;第三,不需要基础研究。

为什么是这三个特点呢?首先,资本密集产业是韩国大财团的优势,其他很多对手并不具备。三星、LG、现代等几家大财团的生产总值几乎占韩国GDP的一半,大企业容易贷到款,于是就产生了一种"深口袋效应",可以进行长期投资,而竞争对手往往财务资源有限,最后会在资本投入的马拉松中败下阵来。

其次,周期性产业的特点是以前的领先者会在行业进入下行周期的时候选择退出,后来者才有机会。举个例子,20世纪80年代初期,三星的技术远远不如日本和欧美的大厂,但此时市场低迷,欧美日大厂通常会降低投资,三星反而加大投资,这就可以不断在技术上缩小和前者的差距。这样一来,每一次周期循环,三星就可以缩小一次距离。面板产业就是最好的例子,长久以来,韩国已逐步摆脱对日本的技术依赖。在DRAM(动态随机存储器)产业,英特尔在1983年退出,韩国马上进入,现在韩国又是全世界DRAM产业的龙头老大。

第三,基础研究并不是东方国家的强项,韩国很现实,知道自己很难在这个领域有所突破。韩国企业的长项都是在原有产业基础上通过技术革新来提高竞争力,而非原创性地引领产业变革。

Q:你说的三个策略最后落脚点都是必须有资金,对吗?

汤:资金是必要基础。问题在于能获得低廉资金的不只有韩国企业,全球很多国家都有"关系企业",但获得成功的只有韩国人。中国大陆的大型国企资金成本也很低廉,也容易从银行贷款,为什么没有一家成为某个领域的世界第一呢?

Q:纵观半导体的产业变革历史,很多对手逃离的产业可能是落后产能,后来者抢着进入,不怕有风险吗?

汤:资本密集型产业意味着固定成本高,周期性强又表明风险高,所以这种产业一遇到不景气,损失会加倍。这将导致股东非常谨慎,甚至保守。美国和日本的高科技产业都是上市公司，它们每一季的财报都要符合投资者的盈余期望。所以到了产业下行周期，它们就会缩减成本增加盈余，最直接和有效的方式就是先砍研发。

但韩国人不一样，韩国企业的家族势力对企业具有很大的影响力。他们看到了美国和日本企业的弱点，认为这个产业并非落后产能，而是需要资金进行技术革新，你砍研发，我就加码。等到进入上行的周期，我和你的技术差距就已经很小了。

Q：英特尔、IBM离开DRAM产业，会不会是认为这个产业附加值太低，不值钱呢？

汤：你的成本比别人高，自然这个产业板块就不值钱了。同时，半导体很多领域投资太大，对IBM而言显然划不来，因为其资本生产力太低，而资本太宝贵。世界每一家企业都有自己独特的比较优势，关键是要发挥出来，产生世界级的竞争力。

台湾企业犯过的错误是什么？

Q：台湾地区的半导体产业为什么错过了韩国企业抓住的机会？

汤：1995年，全球的DRAM产业销售暴增。台湾地区的企业家着急了，看到韩国做了第一，我们为什么不行？1996年，台湾企业蜂拥进入，结果全行业产能过剩。几大厂商加起来每天亏损就超过3亿台币，最后亏损总额折算成人民币，至少超过1千亿元。你的产品出来的时候，韩国早就比你的成本低30%，你怎么会有市场？

还有一点，韩国企业注重对某个产业的垂直整合，而台湾这一点做得没有韩国人出色，所以技术上没有优势可言。台湾另外的问题是以中小企业为主，而全球很多产业的竞争已进入了"大兵团"作战阶段，只有大企业才能胜任产业链整合，并不断在资本密集型产业加码，要中小企业去加入这种新的竞争格局显然没有胜出的可能。

台湾企业家和管理学教授都知道"蛋挞效应"。有一个台湾人在澳门吃到葡式蛋挞，觉得很棒，然后引进台湾，变得生意火爆，但大家一拥而上，满街都是蛋挞店，最后这个产业就做坏了。在半导体产业，台湾犯的这样的错误有很多。我认为，大陆产业界也应该汲取这些教训。

Q：在大陆，如果资本一窝蜂地涌到某个产业去，背后可能有政府的因素，因为投资就是GDP，即政绩。台湾这种产业界的"蛋挞效应"有当局力量的介入吗？

汤：当然有。当局会控制相当多的金融资源，银行可以贷款，那就有办法鼓励企业去做他们希望企业做的事情。

Q：韩国人的资金成本优势是否和韩国的体制有关，比如"银政企"三位一体的捆绑关系？这种"优势"在亚洲金融危机时曾被广泛诟病。

汤：三星是全韩国最大的企业，它借钱不会有问题，这在哪里都一样。但大企业如果你只有资金成本的优势，却没有技术成本的优势，同样赢不了。很多人说，韩国企业是靠补贴"补"出来的。首先，没有足够充分的证据证明这一点。同时，世界商业历史上，从来没有第一名的企业是靠国家补贴成为第一名的。当然，大陆的银行可能是个例外。如果要说补贴，那么对韩国企业最大的补贴应该是有意地把韩元"看贬"，以有利于大企业的出口，但长期"看贬"本币对国家经济的长远发展不一定是好事。

Q：台湾地区的半导体产业和韩国几乎是同时起步，现在好像韩国风头更甚。台湾一点优势也没有吗？

汤：韩国和台湾走的是不同的道路。韩国人后来走上了产业链垂直整合的道路，最终会做一个标准的单一产品。台湾则深耕产品生产的某一个环节，可以说是"代工"，也就是制造服务这个环节。在晶圆代工领域，台湾绝对是世界一流。半导体高难度的100多个制造流程，全部要过一遍，台湾企业是没有问题的。这个产业由于难度较高，毛利也比韩国人高，做得好可以到50%至60%，比韩国人要好。

Q：再说液晶面板产业，大陆一个项目动辄百亿人民币，全大陆的工厂投资加起来超过一个三峡工程。是不是有点盲目上马？

汤：韩国人大约在1989年开始做液晶屏，然后直接从第三代、第四代做起，然后跳过第五代，直接进入第六代，之后韩国一直采取"跳蛙战略"。你做第五代，但我不做了，直接跳到第六代，做更大的银幕，更精美和经济的切割。成本降下来，产品质量也提升了。

大陆企业此时进入，相对三星这样的领先企业，很难说有什么优势。唯一的优势可能是大陆市场的需求量很高，对不对？但更重要的成本和技术优势，你都不如三星。坦率地说，大陆曾经有"超英赶美"口号，有进取心是好事，但不要盲目冲锋。

诺基亚为何败给山寨机？

Q：说说诺基亚吧，它是世界第一个手机制造商，兵败大陆，在全球也岌岌可危。但它的手机质量却是一流的，"摔不坏"，这种品质是大陆中低端消费市场最爱的，但为什么诺基亚没有成功？

汤：大概在2005年，诺基亚内部曾有人想在大陆"股权换市场"，就是说诺基亚给大陆股权，市场让给这个诺基亚。现在看起来，这根本就是个笑话，你以为自己是在做汽车吗？诺基亚不可能在大陆的中低端消费者中有市场，为什么？台湾的联发科是诺基亚最大的敌人，台湾先做一个"公本"，就是一个基本的模块，然后运到深圳，深圳千千万万的人在"公本"的基础上做研发，研发真正适合大陆的手机。

比如说农夫用的手机，农夫在田里工作的时候，手机不好带，挂在颈子上，掉到水里怎么办？放在兜里不好拿出来，还会沾泥巴，所以最好是手机放在田埂上，但留在田埂上来电话容易听不到，怎么办？所以深圳就推出一个"轰天雷"，给手机装了6个喇叭，100米外你都听得到。这样的机型，诺基亚在赫尔辛基的研发人员想都想不到，他们会真正知道大陆农民需要什么吗？

乔布斯留下了什么理念？

Q：再和你说说苹果。这家公司的辉煌之所以持续了好多年，有人认为它一定是有极其优良的企业制度。也有人认为，苹果完全是靠乔布斯个人的企图心、魅力和创意。你认为呢？

汤：苹果是个神秘的公司，对其内部制度我不妄加评论。但与其说乔布斯建立了好的制度，倒不如说他在苹果贯彻着一种理念。2002年，苹果就开始做零售店。他完全从消费者出发，当时还没有人想到零售店的体验这么重要。

苹果和一般的IT领域主流的"工程师公司"很不一样。譬如说以前的笔记本电脑，我们必须要速度快，要颜色鲜艳，还要更多的功能。那么，笔记本电脑必须用最快的微处理器，快就带来了发热，又必须做散热装置，结果导致东西变得很重。电池耗量也不断变高，一个笔记本电脑用了三个小时就要回去充电，大家习以为常了，好像PC本来就是这个样子。

但乔布斯全部倒过来，他的目标是要10个小时的电力，那怎么办？我可以牺牲速度，倒过来推之后，微处理器用简单的，功能也不要那么多，干脆不要光盘机。你搞那么复杂，我就搞这么简单的。一个笔记本电脑要1万个零件，iPad只要几千个。笔记本电脑的概念，在乔布斯手中整个颠覆过来。

苹果的挑战者会是谁？

Q：微软以前很强，现在也四面楚歌。苹果很强，但它有可能的危机是什么？

汤：苹果最怕有另外一个阵营出现，而这个阵营和它一样可以把所有资源都整合。所以苹果目前正在各个击破，对不对？建立对抗苹果的一个联盟首先需要推出一个强有力的操作平台，但这太难了。三星出货量很高，它在软件上行吗？三星现在开始选择和谷歌合作，它有自知之明。领导这个和苹果对抗的战争，最可能的是谷歌。微软至少现在看起来不太行，作业平台有点又笨又重。

Q：巨头们的扩张从未停止过，请问企业为了长久生存，一定要多元化吗？

汤：好公司一定要多元化的，GE 如果一直做电灯泡的话，那现在还能不死吗？一百年的企业，它的历史就是多元化的历史。如果你是技术性的公司，你一定会有死亡的一天，因为技术肯定会过时，你的公司和你的技术，会一起走入历史。柯达不就是个例子吗？日本的索尼和松下不也是这样吗？

Q：大陆也有很多这样的巨型公司，看起来很了不起。大陆的这些巨型国有企业发展前途如何？

汤：第一个是公司所有制问题，这里不多说。我只告诉你，世界上做得好的大企业大都是私人的。全世界只要是国营企业，大概就难有国际竞争力。

第二是竞争机制。把一个以前政府的部门拆分为几家公司，但最后几家公司其实是"相敬如宾"的，假装在那里搞竞争。你认为几家公司的服务真的有不同吗？它们真的使出浑身解数来讨好消费者了吗？其实它们基本是靠着政府的许可在赚钱。让其到国外去和同行竞争，它们行不行？

大面板为什么不如小面板赚钱？

Q：拿液晶屏来说，日本人曾是技术执牛耳者，韩国企业怎么赶上去的？

汤：液晶屏做得最风生水起的是亚洲国家，但液晶显示器的发明者却是美国人。日本人通过技术的革新，后来便领先于美国人，成为世界第一。为什么被韩国超过？因为韩国人更懂得在那些更新很快的领域对"经验曲线"的应用。举个例子，在 DRAM 产业，韩国企业通常会比别人早 6 个月生产出来下一代芯片，然后立即在生产应用上进行测试和微调，所以良品率非常高，降低了成本。当竞争对手进入的时候，成本早已比对低出 30%。在 DRAM 领域，英特尔、IBM、美国美光和日本同样因为这个原因败给了韩国的三星和海力士。

Q：面板产业，韩国还能保持这个优势多久？

汤：面板产业现在有一个趋势，就是大型面板已经不再赚钱，至少 8.5 代线就已经赚头不高。因为大型面板产业已经开始过剩。真正赚钱的将是小型面板，移动终端使用的，比如手机面板。

为什么小面板比大面板赚钱？这是这个行业的特征决定的。在液晶电视的成本构成中，面板成本占整个电视机的成本太高，所以所有电视厂商都会杀价，杀得越便宜越好。但对手机而言，面板成本占整个手机的成本很低，所以手机厂商要更鲜艳、更好的面板，比如在阳光下也可以看得到，这样一来手机厂商愿意用高价格来买高质量的面板，因此生产商也更加有利可图。

面板产业的方向，一个是超小型化，一个是朝 LED 这样的先进技术去发展。在这个产业，台湾现在追韩国人肯定是追不上的，你早已输给别人了，别人也在进步。怎么办？鸿海收购了夏普，所以台湾寄希望于和日本进行技术联合，企图挽回颓势。但能否突破三星的封锁，结果还很难说。夏普的技术不会输给韩国人，为什么撑不下去？这又回到我们最开始聊的内容，在资本密集型产业的"持久战"中，夏普的股东不会同意像三星一样砸钱。

我认为，这个产业竞争格局已经很明显，必须依靠大财团才能胜出，持久的"资本战"并非一般企业可以胜任。

Q：光有资金肯定不行，韩国企业逐渐形成技术优势，是否还有体制上的原因？

汤：韩国企业都有一个国际水准的研发部门。你知道吗？三星的研发总部下面会有很多印度餐厅，因为他们想招最好的印度工程师去做研发。韩国人有很强的民族情绪，有时候显得很疯狂，但在研发部门却能够很好地使用外国人的头脑。和韩国人相比，大陆和台湾的企业在这方面做得非常差。我们的文化是很排外的，我们总要去"融合"人家，我们从来不懂得"忍受"人家。我们的融合是什么意思？你听我的，我不听你的。

Q：韩国面板产业世界第一，但很多人还是认为日本质量更好。所以很多时候，技术不一定是决定性的，企业战略反倒更为关键。

汤：对。可以举个例子，台湾学生去美国念商科比大陆学生大概要早 10 年左右，当时他们主要是去念作业管理和财务。为什么最喜欢这两个学科？因为它们和数学有关，能够发挥我们中国人数学好的优势，容易出头。还有一点，这两个领域也被很多人看成是商学的硬功，比策略之类的软功更有用。所以大家去管理学院念软性学科的比较少，但后来我们发现，软性的东西才是我们中国人最缺乏的。

国际竞争力为何要培养大企业去拼？

Q：台湾的中小企业发达一直被人称道，但你提到台湾企业"小而分散"制约了台湾产业界的竞争力，怎么讲？

汤：台湾的企业布局和大陆有点一样，一样在什么地方呢——大企业主要都是放在内部市场，而不是外销，外销都是靠中小企业。

小企业的好处是数量大，弹性大，解决就业，抗经济风险，但坏处是没有办法进入资本密集和技术密集的产业。台湾过去非常注重中小企业发展，而忽视对大财团、大企业的培育，事实上就埋下了如今落后于韩国的根源。现在，在国际上很多产业都是大厂的竞争，小厂根本就没办法活。台湾的大企业都放在岛内，比如汽车业、银行、保险公司，基本上缺乏国际竞争力，是踏不出去的。这是不是和大陆有点像？

Q：流行的说法是中小企业是一国经济之根本，但这个问题好像也要辩证地看。

汤：中小企业的兴旺是个好事情，但好的中小企业只能一直生活在大企业的夹缝中，那就是坏事情。中小企业之中最好的应该扶持它长大变强，而不是某些力量给他设定一个成长的天花板。大型的国有企业喜欢霸占着受保护的国内市场，没有国际竞争力。最终大型企业也不行，中小企业也不行，整个国家也不行。

Q：三星如此具有企图心，这和它的企业治理结构有什么关系？毕竟，企业做什么最后都是人的行为。

汤：一个上市公司的事业部能忍受12年的亏损，却不被砍掉，你在这个世界上能找出第二家吗？三星是家族企业，所以家族说了算，它就能够坚持下去。你可能说它运气也好，但不管怎么样，它成功了。我们总喜欢说家族企业的治理不好，其实三星就是个最大的反证。因为它是家族企业，所以才会去投资技术密集、资本密集的产业，才能打"持久战"。

Q：金融海啸之后，很多人也在反思，公众公司股权过于分散其实不利于企业的长久发展。大陆的新浪有过管理层收购，联想也推了管理层持股计划，看来事情都是分"两面"的。

汤：对。英美资本市场的公司制度中，职业经理人制度是一个非常了不起的制度，职业经理人对很多大企业的发展、复兴或脱离困境起到了很大作用。但金融海啸以来，我们看到了很多相反的故事。巴莱克银行操纵利率的案子不就是这样吗？经理人高管只对分红和薪酬感兴趣，只要对这两个东西有好处，他们就会铤而走险。

但另一方面，家族企业的麻烦在于传承，"第二代"容易出问题。比如台湾有外部董事制度，规定董事中家族背景的人不要超过1/3，但只要公司还是人在管，就一定避免不了出问题。未来的大企业究竟用什么制度最好，现在还没有人知道。

韩国大企业到底有什么转变？

Q：有人说，韩国人在搞国家资本主义。你觉得他们是吗？

汤：韩国的大型企业都是私人的，不是什么国家资本主义。

Q：韩国企业在1998年后到底有什么变革？资金的投入、技术的革新可能只是内部制度变革后的一个外在表现。

汤：举个例子，在内部人事制度上，韩国人从海外招收了一大批 MBA 回来，希望引进美国大公司的绩效制度。现在这批 MBA 大概全部离职了，但这一套绩效制度却留了下来。所以韩国企业的内部绩效考核非常严酷。比如你是一个事业部的总经理，但你的任期只有一年，到九个月的时候我就要告诉你会不会留你。即便把你炒掉，你也不要担心，我会给你"补贴"两年的薪水，你必定衣食无缺。这种制度既保证了绩效，也让很多优秀人才愿意进入韩国企业做高管。

拿大陆和台湾的企业来说，你会发现我们几乎没有绩效的考核，充满了"企业温情主义"。董事长犯了错，也不会请董事长走人。显然，这说明公司治理出了问题。

Q：你说的是台湾的公营企业吧？私人企业怎么可能这样？

汤：就是台湾的私人企业。为什么？因为法律的问题，法律更利于保护现任者。因为董事长提名董事，所以董事不会把董事长怎么样。你看台湾一家很出名的公司，内部有一个"公司派"和"市场派"。"公司派"拥有20%的股份，而"市场派"到市场上收购了30%至40%的股份，这样看来就应该"市场派"主导董事会。

但结果你知道怎么样吗？"公司派"有股东名册，"市场派"没有。"公司派"选择了股东会地点，还负责雇场地的保安，他们说9点钟开董事会，结果8点钟他们的人马就全部坐满了。9点钟，"市场派"要去的时候，保安说："对不起，位置不够，不准来了！""市场派"进不去了，然后"公司派"自己搞选举，自己当选了。这看来是个大笑话，但真的就能在台湾发生。

台湾的公司治理的确存在很多问题，很简单，股权不一定就能"说得上话"。有的商界大佬以前是法官，他知道法律的漏洞在哪里，所以他们可能是商界的宠儿，他即便股权占少数，仍然能够主导公司。这种公司治理的毛病在台湾很多。法制概念真正进入我们中国人的商业社会也不过几十年工夫，欧美已经两百年，他们约定俗成，我们还没习惯。

为何美国汽车业衰落？

Q：如今，大家都在谈制造业回流美国，美国工人降薪了，美国工人愿意吗？他们的工会可是货真价实的工会，不是每天放电影、搞大龄青年联谊的那种。

汤：看来有必要和你谈谈工会。在欧美和日本，工会是有两种的，一种是产业工会，一种是公司工会。公司工会的成员只是企业内部员工，工会组织罢工，公司倒霉。但产业工会就是完全不同的概念。三家汽车企业，克莱斯勒、福特、通用的员工都是我的成员，那么工会就可以选择"只打一个"。工会代表只选择一家汽车厂谈工资，你不满足我，我只对你罢工，其他两家继续生产。这样一来，企业完全吃不消。最要命的是，产业工会时常会选择打击财务最弱的那一家，一旦罢工，企业就面临倒闭危险。最后是企业屈服，于是大家看到克莱斯勒开始提高工资了，福特和通用也只能照办。

这导致什么结果？美国汽车产业的工人工资比其他一般制造业高得多，美国钢铁业也是这样。但问题在于世界越来越"平"，日本的车子进到美国怎么办？这就是美国三大汽车厂衰落的原因。相比之下，日本的汽车企业是不允许产业工会存在的，这就是竞争力。你还会发现一个有趣的现象，美国汽车公司最大的债权人竟然是汽车行业工会，因为企业欠了很多人的退休金。最后，只能是美国政府介入，丢钱进来重新开始，重组之后，美国工会就是美国汽车企业的股东了。

Q：美国汽车产业能够"新生"吗？

汤：有机会。通用采取了结构性破产，选择某个确定时间，比如凌晨1点01分01秒成立新公司，财务结构和治理框架先安排好。然后下一秒马上成立新的公司，也叫通用。这种做法让公司经营不会中断，工人也有保障。此外，美国的汽车产业有些工厂已经向南部搬迁，美国南部以前的工业不发达，工会也不发达，所以那里的工人愿意接受1小时14美金的工资。美国产业界的自我调整是很有效率的，而且三大汽车企业都有核心技术。

日本小企业为什么牛过索尼？

Q：近年来，和韩国人风生水起相比，日本的一些传统巨头如松下、索尼都出现大规模亏损。你有注意过吗？

汤：最简单的理由是日元的升值问题。第二个理由是它们达到顶峰之后再也没有继续创新，技术上没有进步。举个例子，索尼最后一个拿得出手的产品是游戏机，这已经是10年前的事情了，对不对？在电子消费品产业，物理层面的创新已经很难，这个行业太成熟了。之前，日本在生活类电器上的创新曾让很多人惊叹，但洗衣机、电冰箱、电视机这些电器的物理创新都已经完毕。

当你技术不再进步，那么就只能卖品牌，但品牌越来越缺乏感动人的力量，那怎么办？最后就只能跟别人价格竞争，但日元升值，你价格战也没法打，那么不就是现在日本企业的情况吗？

Q：日本引以为豪的企业和产业真的走向没落了吗？

汤：在我看来，日本人最厉害的倒不是这些消费品，而是消费品后面的零件生产。这方面的技术，日本每时每刻都在进步，韩国人和中国人暂时还学不会。比如液晶屏，韩国人现在有势不可挡的力量，但在很多具体的技术细节方面，日本的中小企业会远远胜过三星、LG 这样的巨头。液晶屏的偏光板需要涂 TAC（一种用于 LCD 屏的光学材料），而全世界的 TAC 谁做得最好？日本一家名不见经传的小公司"樱花"做得最好，它占据全球 70% 的市场份额。柯达也做不过它。

日本的中小企业为什么这么厉害？专注！我一辈子就只做这个东西。有的日本工程师一辈子会专门研究烟囱的结构，要做出什么样的烟囱才能让污染物尽可能向高空散播，不污染城市空气。德国也是如此，除了几家汽车公司，我们很难在德国找到什么大企业；它的核心竞争力同样在于中小企业的技术能力。

大陆制造业为什么会回流美国？

Q：日本的索尼、松下不行了，美国的三大汽车产业也不行了，制造业真的不行了吗？但是从本质上讲，制造业是人类不可或缺的板块，怎么回事？

汤：如果我们从全球经济发展的宏观角度来看，世界的财富正在进行重新分配，每进行一次产业革命，财富就重新分配一次。发达国家利用技术的创新、资本的优势一直在掠夺全世界的财富，对不对？打仗，难道不是因为抢资源？美国人口比例占全世界的 5%，消耗的能源却是全世界的 25%。你说这种财富分配的格局合理吗？所以要改变。

1979 年我去 MIT 念书的时候，冬天的波士顿很冷，但室内温却有 25 度，在外面穿棉衣，进了房间要穿短袖。你说冬天有必要把暖气开到 25 度吗？但美国人觉得很舒服。你想想看，如果我们所有中国人在冬天都要把暖气开到 25 度，全世界的能源够不够？以前，全世界的财富会集中在发达国家。现在，发展中国家开始说："我也要！"美国汽车业的衰败和日本电子业的衰败是一样的。当你技术不再进步，发展中国家也能制造这样的产品的时候，你就只有衰败一条路了。

所以发达国家必须要想办法，像美国现在已经开始复苏。为什么？因为他们的"奢侈"生活正在改变。我 1995 年离开美国，那时美国汽车工人的工资是每小时 35 块，但经过了 17 年后的现在，美国新的汽车工厂，工人工资却只有每小时 14 块，比 17 年前还要倒退 60%。显然，自由市场的自我调节机能正在发生作用，发达国家的"衰退"可能会走到谷底，进而反弹。

为何"三驾马车"不如土地资本化？

Q：再谈谈经济增长模式。大陆最流行的说法是，经济发展靠"三驾马车"，第一是投资,第二是出口,第三是内部消费。大陆的储蓄率很高,内部消费从来没好过,只能靠沿海的加工厂搞出口,或者投资搞"铁公基"。这种模式不可以持续,你认为呢?

汤:大陆改革开放以来的经济发展,根本就不是靠什么"三驾马车",而是靠土地资本化。

什么是土地资本化?我打个比方,数据不一定准确。比如20年前,北京王府井一块地不值什么钱。但李嘉诚说,我愿意出100个亿把王府井买下来,这个地给我用,然后再丢100亿盖了个东方广场。那么就等于有200亿进到这个经济体系中去。大陆收了李嘉诚的资金,就可以去开公路、装水管、搞电力,建立一个基本架构。同时,这块土地也在形成它作为地产项目的市场价值。这种李嘉诚式的投资,才应该是大陆经济发展最主要的推动力。

大陆改革开放之初一直说引进外资,但实际上,土地资本化对经济发展的贡献远远超过外资。我大约算了一下,改革开放30年,外资进入大陆总共约为7000亿美金,大概5万亿人民币。5万亿人民币的外资投资大概可以生产2万亿的GDP,但大陆的GDP是36万亿,2万亿算什么,对不对?就这个粗略的数字推理而言,外资不是大陆经济成长的最大动力。我还算过,前几年,大陆每年批的地,价值是1万亿人民币,那你批20年下来之后是20万亿,20万亿下来再加上20万亿的建设,那么产生的价值是多少?钱就是这样滚出来的。

竞争力根本为何在于生产力?

Q:土地资本化的根本目的是为人们通过劳动创造财富提供一个润滑机制而已,最终还是需要生产好的产品和服务,才能满足人的需要。

汤:大陆最终的目标是必须解决生产力的提升问题。大陆在改革开放之初曾有"科技是第一生产力"的说法,如果让土地变成"第一生产力",那么经济肯定会出事。

生产力怎么提升呢?有一个生产力提升的指标,即每小时劳工所生产出来的附加价值,美国大概每年2%,日本在高速成长的20世纪60年代到80年代,每年是9%。在一个正常的经济体中,生产力的提升应该是经济成长的最大动力。只有生产力提升基础上的增长,才是真正的可持续增长,其他方式的增长,增长的是数字,而不是财富。你看一个高速公路的收费亭,本来一个女孩子就够了,但却要三个人,在公园卖个票也需要三个人,这种方式可能会增加一点GDP,解决几个人就业,但饼还是和以前一样大。

Q：其实反思大陆的经济增长，我们会发现一个问题。一个政治稳定、劳动力丰富、人民勤劳的地方，花30年时间，要取得经济成就好像也并不是难事。

汤：对。台湾也一样。你说20世纪60年代、70年代，全世界政治稳定、教育良好、人民勤奋的地方有几个？没有几个，对不对？只有台湾地区、韩国、香港地区、新加坡。加起来多少人？加起来6000万人。你面对的市场却是美国、西欧、日本的6亿人口。6000万人去为6亿人口打工，薪资又是别人的1/10，你的经济能不发展吗？所以台湾以前老说自己多么伟大，其实我觉得一点都不伟大，你只要不动乱就能增长。

Q：你说得太好了。

汤：你不要比"烂"，不要和印度比、非洲比，对不对？你要跟更好的国家和地区比。所以说，我认为大陆下一步要保持经济增长的话，不能再靠土地和"铁公基"了，必须要靠生产力提升。

有些人总是唱衰美国，比如说美国经济增长乏力。但你应该注意到美国的一个特殊现象。美国经济不好，但股票市场却在涨。因为美国的生产力在提升，对不对？企业的生产效率和销售增加了，企业利润提高，股票必然好。那么美国为什么"经济不好"，最主要的是就业问题，有些人找不到工作。但这不是问题，有了生产力提升这个前提，国家可以实现更好的劳动保障，或者发展服务业去吸收他们。

相反，如果一些地方，经济增长很快，但股市一塌糊涂，那说明企业在衰落，生产力提升出了问题。当经济放缓，失业人口增加，真正的问题才会出现。

工业化后的农村怎么办？

Q：对我国近代的执政者来说，农村问题是政权稳定的基础。未来大陆农业会有什么走向呢？

汤：大陆我不评论，但台湾农村其实是不错的。尽管台湾农民的收入比城市低，但农民不用买房，他们的生活不一定比城市差。台湾农村发展的经验是什么？台湾农民和大陆农民的差别在地理空间，他们离都市不远，农忙时忙农，农闲时去接一些生产单子。以前，台湾为提高农民收入，力推一个"客厅即工厂"的计划，农民的家里都会摆着织毛衣的机器。台湾那时候发展轻工业，搞"出口"，那么农民就会有副业，非农收入让农民生活品质提高。

第二，台湾农产品的加工业会比大陆发达。农产品加工业增加了就业机会，同时增加了农产品的附加价值。

大陆的问题是对农民关注得不太够，对农业的投资不太够。我们中国五千年来，农民从来没有真正富裕过，五千年一成不变。这种情况需要去改变。

但另一方面，我认为没有谁可取代大陆作为世界加工厂的地位，农民外出打工的机会还是有的。全世界你到哪里去找2亿廉价的工人？印度吗？这个国家文盲率太高了，文盲就是文盲，懂几个字的时候，工厂可以教，文盲是没有办法教的。很多人说"龙象之争"，认为它和大陆一样，我说不可能。毛泽东在提高农民识字率这一点上，的确有功劳。扫除文盲是一个国家发展经济的基础。

再看看东南亚国家，柬埔寨多少人？总人口1500万，全部给你做工对不对？越南多少人？总人口8000万，全部给你做工对不对？这个世界上真的很难找出2亿青壮劳动力。

即便是取代，也必定会有一个过程，但大陆应该看到农民返乡的问题。应该提高农产品的价格和附加值，对农业进行更多投资，让没有进城的农民能在自己的土地上安居乐业，只有这样大陆农村才能更稳定。

第二篇
房地产之怪

> 通过投资制造业和基础设施，香港富豪推动了内地经济最初的勃兴，但他们也带来了土地资本化的"香港模式"。
>
> 对一座城市的资产价值暴增而言，"香港模式"是个好东西，但对一个大国的长期繁荣来说，这却是一剂毒药。

篇章首语：
"香港模式"之弊

"香港模式"

落马洲，内地人赴港采购奶粉的必经之处，这里也是南宋末帝躲避蒙古军的驻跸之地，并由此得名。在这里通关，就从深圳来到了香港。如果是第一次过关，你一定有时空错位之感，因为从这里乘坐港铁向南飞驰，眼帘之外的新界和港岛一路都是青山绿水。和刚才深圳的繁华都市相比，你会误以为是到了湖南的乡村。

> 哪里没有财产权，
> 哪里就没有正义。
> ——海耶克

这种错位感的背后隐含着香港地产业繁荣的秘诀，即政府控制下的土地资本化。除新界土地是英国"租用九十九年"外，香港绝大部分土地的所有权都是港府所有。一方面，在"土地公有制"（leasehold 制度）之下，政府出让土地使用权，从地产商手中收取费用。另一方面，政府还会严格地控制土地的供应规模，这就容易使得地价不断走高，对政府和地产商都有好处。因此，赴港游客看到的青山绿水，便是香港政府这种严控供应策略所产生的副产品。根据公开数据，全港土地开发率目前约为23%，用于住宅的土地仅占总面积的约7%。

"深圳市人民政府笑纳，香港测量师学会敬赠"。1987年12月1日，深圳用镶有以上字样的击槌器敲出了国有土地使用权拍卖的第一单，成为了内地土地出让制度的滥觞。这次拍卖源于霍英东对深圳市领导说的一句话："你们有土地，为什么还会缺钱？"这一桩拍卖发生后的第二年，中国的宪法修正案中有了"土地的使用权可以依照法律的规定转让"的字样。

多年以来,房地产一直是中国富豪最集中的行业。2014年2月发布的胡润全球富豪榜显示,在全球十大地产商中,中国人已经占据七席。这个"骄人成绩",全赖"香港模式"所赐。

但说到底,土地资本化的"香港模式"并非创造财富的活动,而是财富分配的盛宴。既然土地是最值钱的资源,那么谁掌握了土地便是最大的受益者,这个"人"是地方政府。与此同时,地产商和炒房团也从中拿走了丰厚的利润,成为了暴富阶层。

没有人想做实业,这正是"香港模式"带给这个制造业大国的危机。

20世纪70年代,弗里德曼曾惊叹于自由市场为香港制造业带来的繁荣,他毕生致力于抨击权力对自由市场的伤害。但他却没有预见到,权力除了扼住自由市场的咽喉之外,还可以通过豢养一个暴利怪胎来破坏市场。

华人经济痼疾

权力是如何豢养一个暴利怪胎的,不妨从台湾来看。台湾制造业或者说制造服务业的发展,曾一度改变了世界电子产业的产业链格局,彰显了华人的勤劳和智慧,但台湾也有不好的一面,它的楼市也有着"非理性繁荣"。

> 吾中国土地第一、劳力第一,生产之三要素既优占其二,所缺者独资本耳。
>
> ——梁启超

"在台北拥有一套住房,是你选择老公的硬性门槛吗?"在台北街头和台湾西部干线的绿皮车厢,笔者随机询问了十位台湾女孩,肯定回答的有八位。另外两位之所以说不,是因为她们是台北人,家里已有好几套房子,如果结婚,父母会送一套。

台湾"蜗牛族"是大陆"房奴"的对应物,但想做"蜗牛族"也没那么容易。台北房价比北京和上海略高,动辄60万新台币/坪(1坪约合3.3平方米),折合过来约为5万元/平方米。目前,台湾岛内大学毕业生平均月薪折算成人民币不超过9000元,也就是说一年的工资买不到一个厕所。

"台湾缺乏正义公平,财富分配失衡,大家族控制经济运转和阶层流动,普通人难出头。"很多台湾年轻人大声咒骂,"马英九你一定要管!"

但马英九显然不会管。

"民主化"后的台湾,所有的当局领导人都不会真正去打压房市。台湾政治大学特聘教授张金鹗说,在对当局"政策"制定有强大游说能力的群体中,房地产商一直名列前三。作为当局经济领域重要智囊的台湾政治大学林祖嘉教授也直言不讳，在他看来，对地产业影响最大的除了金融就是税收，但当局一直在税收上纵容这个行业。

从各国和各地区的经验看，调控房价其实根本不存在"技术问题"，无非是当局故意把事情复杂化。通过税收和金融两种手段，转眼间即可扼住楼市的咽喉。在美国，高额的遗产税和物业税这"两税"让继承物业和买房增值变得无利可图，因而大众投资楼市的兴趣并不大；在金融方面，则通过金融监管，让企业以更保守的"公司融资"去筹资，而非空手套白狼式的"项目融资"模式。

相反，在香港这类地产业"非理性繁荣"的地区，税收和金融一直在明目张胆地为地产业"护航"。以遗产税为例，香港遗产税税率一直维持在5%到18%之间，而美国则是从18%到50%。2006年，香港索性取消了遗产税；在台湾，针对遗产税的辩论从未停止，最终遗产税率从50%降至10%。

显然，掌权者在投鼠忌器。

劳动无价值？

土地资本化的盛宴，谁是受损者？

2014年，在香港半山豪宅的阳台上，富人们正纵论内地的政经大势和小道消息，而很多普通香港人却挤在狭窄的公屋中，怀抱着让子女实现"梁振英式梦想"的期待。但阶层的日益固化和几大地产家族一如既往的奢华，时常把这种期待打得粉碎。大陆的扫货者也因此成为了"出气筒"。

在内地，很多来自农村和小城市的大学毕业生们选择了"蜗居"在大城市远郊或城中村，看到账户里面那点微薄的薪水，他们时常会因为错过这一场财富分配的盛宴而懊恼不止。

> 土地是财富之母，劳动是财富之父。
> ——威廉·配第

"高房价让劳动变得没有价值，20年劳动所得比不上一套房的交易差价"。一位台大毕业生走上街头，抗议当局对土地税税基造假不闻不问。在台湾，炒房子要交税，但交税的税基却严重"失真"，结果是纵容大家多炒房，少缴税。他愤怒地说，"立法委员"都是拥有20套房的"肥猫"，他们制定了"游戏规则"。

房价是一次再分配，吃亏的是后来者。就台湾而言，台北的年轻人家里一般都有房，台湾的土地产权保护严格，地产商必须百般讨好拆迁户，

> 土地是财富的父母。
> ——某房地产商

所以后者收到地产商"合建"的房产很常见。但那些从台南、台中来台北打拼的年轻人则没那么好命。那位台大毕业生就说，台中房子不值钱，四套房比不上台北一套，但爸妈也想卖掉，给他换在台北买。但台湾楼市泡沫破裂之后，台中只有卖房的，没有买房的。

在大陆，分配失衡更甚。2004 年，如果一个人以 60 万购买深圳福田区的 1 套物业，那么 2014 年上半年可以卖出 240 万，差价 180 万。一位大学毕业生辛苦工作 10 年，不吃不喝，也就只能攒齐这点钱。

但并非平民家庭的子弟都错过了这场盛宴。即便是大城市的贫困阶层，基本上也在大陆的城市改造运动中分得"一杯羹"，其父母完全可以通过当"钉子户"等各种方式攒下一至两套房，他们也是高房价的受益者。最倒霉的是"农二代"和那些来自小城镇的年轻人，如果没有通过婚姻或彩票进行财富的重新分配，那么就物质来衡量，他们的人生至少输掉 10 年。

这一代"输掉"的人群多数都是"80 后"。他们曾把港片作为精神食粮和励志工具。在港片里面，不论是黑道马仔的打架斗狠，还是律政小生的风流倜傥，讲述的都是普通人通过奋斗实现梦想的积极人生观。这些文艺作品和李嘉诚、霍英东等人的人生故事一样，告诉年轻人：只要你敢拼，就一定有机会赢。

但事实上，"香港模式"带给他们的，全然不是这样的理想化人生。

华人富豪为何都与房地产有关

——世界华人不动产学会创始人之一
张金鹗

> 不论是大陆、香港、台湾还是东南亚，华人社会对物业的痴迷都是相同的，而富豪们多数都会掌控几家房地产公司。为何华人富豪不能像比尔·盖茨和巴菲特那样对房地产说"不"呢？

◆ 嘉宾简介 ◆

张金鹗，台湾政治大学特聘教授，世界华人不动产学会创始人之一，为台湾知名地产研究专家，先后毕业于麻省理工学院建筑系和宾夕法尼亚大学城市及区域计划系，专攻房地产投资与住宅经济政策，并获得建筑硕士与城市及区域计划博士。

张教授曾赴英国、瑞典、日本等国客座研究地产投资与住宅政策，并获富布莱特奖学金（Fulbright Scholarship）资助，赴美国加州大学柏克利分校商学院房地产及城市经济研究中心做访问学者，对世界各国地产金融及地产政策有深入了解。

台湾当局为何怕卖土地？

Q：台湾的土地所有制和大陆有点不一样，地产商拿地是不是比较困难？

张：两岸土地制度的区别太大了。台湾的建商（开发商）基本上都是从私人手中拿地，台湾公有土地比较少，开发商要和土地所有者一个一个地谈，很费劲，不像大陆可能只需要搞定少数人。大陆土地基本上是公有，而且仅仅是拿到地上权，并且有使用时间限制。台湾是所有权，并且是永久性的。

第二种方式，台湾的土地也有一部分为公有，那么这些土地就需要标售，有时仅仅出售一定期限的地上权，而当局保留所有权。

在台湾有一个趋势，当局卖地的限制和压力越来越大，必须要"基于公共利益"才行，不能因"财政"不足就去卖地，这样会引起社会不满。

台湾当局怕卖地，还有一个原因是台湾大众对当前的房价意见很大，你看台北的房价这么高，年轻人买不起房的很多。如果当局把某一块公有的土地标售出卖，这会导致什么问题？一定会带动周围土地价格的飙升，那么媒体和民众马上会开骂，当局下台都可能。

总体来说，台湾建商拿地就两种方式：一是从私人手中拿地，这是主流；二是从当局手中拿地。按照拿到的土地权利分，则包括所有权和地上权两种。地上权也可以建房子，但是有使用期限，有20年、50年、70年和90年。

Q：卖地其实是"土地资本化"的一个方式而已，因为当局手中没有钱，它要建设城市必须到处筹钱，对吗？

张：你说的这个情况是大陆的情况，土地很多时候的确是政府筹钱的"资本"。台湾城市发展很多时候采取BOT的形式，这是什么意思呢？就是建设（Build）、经营（Operate）、移交（Transfer）三个过程，就是当局缺钱，那么就引入私人资本参与基础设施建设，等私人经营一段时间收回成本后，当局再予以收回。比如台湾的一些高铁就是采取这种方式，比如让你运营35年，然后就收回，亏了和赚了都是私人资本自己负责。其实，大陆也有这种BOT的形式，很多香港资本就是这样投资大陆基础建设的，比如投资内地的高速公路，很多人都赚了。

Q：台湾其实对土地的用途有严格的限制，很多土地是绝对不能盖房子的。全台湾能"盖房子"，即发展房地产的土地里面，当局掌握的土地到底有多大比例？

张：不会超过10%。很多林地、山坡地都属于公家，但绝对不能盖房子。所以开发商一般都是自己去民间收购土地，你会看到台湾很难有成片的住宅楼，因为土地所有权分散,开放商不好一次就弄到大片的土地。

台北市长为何因"钉子户"诉苦?

Q:台北房价这么贵,而且产权保护也很有力,那么"拆迁户"完全可以和开发商谈条件搞合建,这样岂不是很合算?

张:开发商找到所有权人,一是买,二就是合建。现在,很多所有权人还仅仅是出租地上权,所有权还保留在自己手中,但建商没有办法,因为现在城里的土地越来越少,台北的土地供应已经完全是一个"卖方市场"。

现在,台北流行"都市更新"的操作手法,就是建商和旧城区的"地主"十几个、二十几个或者上百个人一起谈如何联合使用土地。谈好了可以向当局申请"都市更新",而当局也会对开发商给予融资奖励和提供配套环境的改善。最后,盖的房子一部分会分给"地主",一部分拿去卖。台湾的"钉子户"很厉害的,台北市、新北市这些地方,土地越来越少了,只剩下一些老社区没有改善,建商和当局在对待所有权人的问题上稍有差错,就会被骂得很惨。

Q:大陆的拆迁风波中,很多时候是地方政府为开发商搞拆迁,非常粗暴,台湾有没有这种情况?

张:除非市长想下台。台北有"都市更新法令",规定当旧城区老宅达到一个门槛就可以"依法"拆除,但很多时候即便按照"法令"可以拆了,当局也不敢动。2012年,台北就出现了几百名市民声援士林"钉子户"与千名警察对峙的事情。一位"钉子户"说,自己的家族从清代开始就一直住在台北士林地区,已经100多年了,祖先过世的时候,交代一定要把房子留给子孙,希望房子作为家族的遗产一直传下去。现在房子被拆了,怎么向祖先交代?

除了普通民众和媒体同情"钉子户"外,一些"立委"也站出来质疑:为几个"钉子户"动用上千名警员,这是随便动用的吗?要花多少钱?纳税人的钱不值钱吗?

于是,台北市长郝龙斌非常被动。后来,郝龙斌公开"诉苦",说自己内心也非常痛苦,台北市花了两年多时间协调一直不能解决,已搬离的36户居民也一直"有家不能归"。所以才出此强拆下策,目的是照顾最多数人的利益。

Q:台湾的房地产商的确没有大陆同行幸运,大陆的"拆迁队"其实很大程度为房地产商降低了成本,不是吗?

张:在台北,住宅的成本大概七分是土地成本,三分是建筑成本。市中心的地区,土地成本更高,可能是八分。但大陆的土地成本和台湾不能相提并论,因为大陆买的是地上权，台湾买的是所有权，后者当然要贵些。

台北地产商利润率有多高？

Q：从 20 世纪 70 年代兴起以后，台湾楼市差不多有 40 年兴衰史。房地产商在哪个时间利润最高？

张：在 20 世纪 90 年代，台湾的房地产商倒了 200 多家，有些还是上市公司。当时，台湾整个银行体系的房地产领域呆账有 1.4 兆新台币，其中包括了开发贷款和个人购房贷款两种，这些呆账最后都是全民买单。

Q：台湾的房地产被骂成暴利行业了吗？

张：当然。房地产行业比别的行业利润都要高很多。台湾的电子代工业老板经常自嘲"茅山道士"（毛三到四），利润很低，而地产业的毛利则在 30% 以上，所以很多电子业的企业最后都进来了。

华人"卖楼花"是怎么产生的？

Q：科学技术不行，但中国人的"商业技术"是一流，比如"卖楼花"，这其实是一种非常好的金融手段，台湾地产商和香港地产商，到底是谁发明的？

张：楼花是台湾发明的。我们叫预售，香港给取名字叫做"楼花"，大陆又学香港。台湾大概在 1970 年左右开始有预售现象，这个时候，香港的地产商们还在做塑料花之类。20 世纪 70 年代，台湾的银行还没有民营化，银行业还是一个"卖方市场"。预售制度最直接的原因是建商没有钱，银行又不愿意借钱，那么只能向消费者"借"。

还有一点值得注意，建商要能够从购房者手中"借"得到钱，前提必须是购房者相信房子会涨得很快。所以预售制度最热的时候，一定是房价炒作最厉害的时候，比如你去买楼时，开发商为了让你乖乖为还没建成的房子付款，便会告诉你明天房子就要涨价了。

台港地产商和美国同行有何区别？

Q：台湾地产商的规模都不大，香港却都是地产巨鳄，为什么会有差别？

张：在地产繁荣的时期，台湾地区上市的建商大概三十几家，但他们的规模和世界同行比都太小了。在其他地方，比如美国和大陆，建商一旦开发就是几万到几百万套，而台湾可能几十户都有，背后的根源是土地问题。其次，台湾一些开发商表面上看起来不大，但其实有很多子公司，这样做的目的是避税。一些建商手下会有 10 个牌子，不同的项目用不同的公司品牌。

Q：有没有横向比较过美国开发商和台湾地区开发商之间，经营模式上有什么不同？

张：首先，台湾建商的核心竞争力是土地，而美国是资金的周转，并不是土地。美国土地很广，美国建商的成本之中，土地约占10%，而建筑成本占90%，就是1∶9。东南亚地区，包括香港都和台湾一样，土地成本高，因为地方小，要高密度使用才行。其次，在税制方面，美国更加健全，开发商获利很大部分成为税收，因此最终利润比台湾、香港和大陆的建商都要低。其实，在海峡两岸暨香港之中，香港在房地产领域其实和大陆更为相似，它也是只出售地上权，而非所有权，和大陆一样。

在项目操作方式上的不同则更加明显。台湾是用项目去银行抵押融资，这被称为项目融资（Project Financing），而美国开发商则不然，它们采取的是公司融资（Corporation Financing）。简而言之，在台湾，银行不会管你公司信用好不好，而只是看你的项目有没有"钱途"。美国建商融资则很大程度看的是公司信用，对你的项目状况反而没那么看重。

这两种不同的融资模式会导致什么结果呢？美国房地产出现泡沫的时候，一定是个人购房者出了问题，就像次贷危机，建商是不会有危机的。台湾、香港、大陆则不一样，房地产一旦有泡沫，建商和个人购房者都会同时出问题。

能存活下来的美国建商，基本上都是资本实力和品牌实力很强大的老企业。它们很大程度真的就是靠管理赚钱，而不是靠某个项目去赚钱。房地产公司盈利水平也较为正常，和一般产业的差距不会太大。

论"政治影响力"，开发商在台湾排老几？

Q：利润高，用税收就能解决，关键是当局"舍不得"用。有时候当局说打压地产，其实是未必有诚意。对吗？

张：开发商越养越大，它的势力也就越来越大。当局不敢动它，你动它，它就死给你看。台湾要"选举"，"选举"就要政治献金，对不对？"候选人"背后必须有利益团体的支持，所以开发商就有影响力。大陆的开发商对政府有没有什么价值？恐怕价值更大。

Q：我们都看过电影《黑金》，对这个有所了解。那么台湾所有的工商行业里，对政治影响最大的前三名，房地产能排得上吗？

张：前三肯定没问题。

Q：有一个有意思的现象，好像绝大多数的华人富豪，他们都和房地产脱不了干系。

张：是的。大陆、香港、台湾，还包括东南亚一些地方都是这样。

华人为何对房地产情有独钟？

Q：你觉得这是什么原因？是不是华人对土地这种东西情有独钟？

张：华人社会对财产的传承看得很重，所以家长第一位的任务是小孩子的教育，很多华人富豪都很重视教育子女。华人社会认为"有土便是有财"，所以第二位就是房子。房地产是财富来源，这已经变成一个传统价值观，老一辈的华人很少会理财，所以就养地。在国外，理财风气更甚，所以会做投资基金，交给基金经理人打点家族财务，不会专注在房地产上。

实际上，你有没有发现，地产业发达的地方都存在资本市场不发达和社会制度不成熟的问题。资本市场不发达，人们没法理财，只能买地和房子；制度不成熟，这会导致有些利益集团或者行业有机可乘，金融体系和税收政策都会利于他们，最终让他们成为暴利阶层。

Q：作为麻省建筑系、宾大城市规划领域的高材生，你去大陆考察，有没有觉得房地产商其实在破坏城市景观和规划？

张：有这种感觉。一些大陆建商在开发的时候没有有序经营的观念，更没有一点基于都市景观的考虑。举个例子吧，你是不是发现大陆盖房子都比台湾快？在台湾你盖房子的麻烦太多了，房子做得不好，有人会告你；挡住了邻居的阳光，这会导致相邻权纠纷，打官司也有可能；就是说建商在盖房子的时候，会有很多制约因素，不能我行我素。代价可能是牺牲了速度，但10年才盖出来的房子，一定会比你一个月盖出的房子好看和牢固。

我没有开玩笑，台湾有的房子真的是10年才盖出来，特别是"都市更新"项目里面，从协商拆掉旧房子，到盖好入住，很多都要花10年才出得来。我随便讲个例子，就在台湾政治大学附近，有的区块已经建设了30年，才慢慢搞成现在这个样子。很多时候，一栋几十层的高楼盖起来了，旁边的土地还种着菜呢。

20世纪70年代的时候，台湾的房子也盖得很快，三年不回台北，回来就找不到路了。但到90年代之后，对开发商的各种约束越来越多，速度就慢下来了。

大陆开发商到台湾为何很难赚到钱?

Q:台湾开发商正在进军大陆,他们在大陆能赚钱吗?

张:没有问题。大陆建商的产品还没有消费者导向的概念,而台湾已经进入了消费者导向阶段。台湾建商会有为消费者量身定做的习惯,市场调查很细致化。要知道,房子可能是人这一辈子买过的最贵的东西,所以你一定会很注重质量。大陆的房子现在还不能算商品,可能是投资品,一开盘就是几千套、上万套房子,它还管什么消费者,对不对?

双方差距还是很明显的,所以大陆开发商要来台湾赚钱是很难的。房子到底给单身女郎,还是给单身男子,或者要给大家庭,产品的定位要非常清楚,市场调查很重要,大陆市场调查上还非常初级。房子还必须有环保概念,比如"绿建筑",这些台湾已经有了。台湾开发商最弱的方面可能是和大陆地方政府打交道,但这个东西将来不会是成败的根本。

再说房子的质量,好好盖的房子和没有好好盖的房子是有很大差别的。比如房子好坏你必须从浴室的细节来看,我印象很深,美国新房的浴室墙砖和地砖绝对不会存在临时裁一半的情况,所有的砖都是事先计算好、设计好的。在大陆一些地方,可能会随便把砖敲一半,还裁得弯弯曲曲的。漏水怎么办?窗户关不严实怎么办?在上海,整栋在建高楼都能一下子倒下来,这不是开玩笑吗?

Q:大陆楼市对房子的品质要求并不高。

张:大陆楼市有泡沫。购房者买房子主要是为了赚钱,只要房子赚钱,住得很烂也高兴。你像美国人和欧洲人,住得烂他就不会住,而且房子的物业管理也像饭店。大陆其实还有一个问题是,大家愿意花很多钱买房子,却不愿花钱做物业,而后者才是直接关系生活品质的方面。

大学毕业生怎么买房最合算?

Q:大学毕业生买不起房,就找不到对象,现实真的很残酷。你能否给点比较现实的买房建议?

张:大学毕业生买房子买的应该是生活而不是投资或虚荣。不要本末倒置,房子是居住使用的,不是拿来赚钱的。如果一个是好区位的房子,是老旧公寓,一个是区位稍微差一点的新房子,你选哪一个?一般人都选那个有赚钱可能的老旧公寓,但我说那不对,因为你必须要活在当下,而不是期待未来。对不对?

年轻人买不起就租房子,不要太早去当"房奴",那其实是损失。年轻的时候,你要把投资花在自己身上,而不是房子身上。

Q：张教授,我挑明了吧。很多年轻朋友其实想知道,什么时候买房好?什么迹象可以表明楼市已经到了低点,可以下手了?

张：好吧。用什么观察指标?金融指标很重要,利率是关键,或者贷款程序也关键。我不是指个人购房者,而是指房地产商,因为降价与否是他们决定的,而不是购房者。研究房地产你会发现,房价涨跟跌和资金周转成本关系最大,资金周转成本越高,他就降价。资本周转成本低,他就不降价。资金周转成本是什么?就是建商能借多少,利息多少,如果两个指标都不容乐观,那么建商降价的可能性就会变大。

健康的地产业是什么样的?

Q：你觉得一个理想的,或者是健康的房地产市场应该是什么样的?

张：第一个是融资模式。公司融资相对于项目融资,更有利于行业发展和企业品牌的建立,也间接地意味着消费者能住上品质更高的房子。通过公司融资,可以不断强化企业的品牌和实力,因为通过公司信用融资,然后开发的项目成功,之后便是一个良性的循环。退一步讲,即便是项目融资,也应该提高对项目的审查标准,而不是只管地段,不管整体方案的合理性。在大陆或者台湾,目前可行的方式应该是两者的结合,既要看企业过往的开发经验和成功案例,也要审查提交的项目。

在台湾有一个很不好的现象,叫做"一案开发公司"。就是说有些注册的建商只做一个项目就停掉,这是项目融资的极端现象。这也可以看出,必须要有公司融资才能逐渐建立起房地产业的品牌。在美国,房地产公司都是有品牌的。

地产行业的问题不是一个行业的问题,它是金融、税收等领域的折射。房地产市场健康与否和金融市场化、公权力管制程度都有密切关系,而公权力所制定的税收政策,才真正决定这个行业的利润到底有多少。公权力应该做的是什么?公权力应该把这个行业从"投资导向"朝着"消费导向"引导,让房子为生活服务,而不是生活为房子服务。

房地产拉动经济增长犯逻辑错误

——台湾政治大学教授 林祖嘉

究竟是房地产拉动经济，还是经济增长催生了房地产繁荣？在房地产调控不断深化的时期，似乎有必要去探讨这个问题。和大陆一样，台湾曾在20世纪80年代经历过房市的多次"起落"。作为财富保值和增值的投资手段，"房子"在两岸同胞的心中都有相当重要的地位，这是房地产经济的逻辑前提。

台湾楼市走过了30多年的兴衰之路，其经验和教训，究竟又对大陆房地产行业有何借鉴呢？

◆ 嘉宾简介 ◆

林祖嘉，台湾政治大学经济系特聘教授，曾任经济系主任，现为台湾政治大学社会科学学院经济政策研究中心主任。曾担任台湾当局住宅经济、两岸经贸等领域多个重大研究计划的主持人，在台湾房地产界有诸多权威见解。

林教授拥有加州大学洛杉矶分校（UCLA）经济学系博士学位，为哈佛大学东亚研究中心和西雅图华盛顿大学经济系访问学者。

房地产为什么不是"火车头"?

Q:在新兴国家或者地区,房地产行业的勃兴一般都有权力推动的因素,比如大陆地方政府收入的很大部分就来自土地出让金。台湾楼市曾被称为拉动经济的"火车头",为何台湾也需要房地产拉动经济呢?

林:首先,说房地产是"火车头"工业,这个是业者的说法,当局绝对不会这样讲,学者也不会这么讲。业者的观点是,房地产的产业关联性很高,可以带动钢材、水泥、家具等行业的发展。但如果从真正的GDP来看的话,建筑业产值占GDP的比重其实很低,在台湾都超不过5%。所以,我认为房地产绝对不是经济的"火车头"。在台湾,"出口"和制造业绝对比房地产业重要很多。用房地产拉动整个经济,在世界上任何国家和地区都非常少见,如果有的话,香港地区可能算一个,香港没有制造业,只能靠服务业和不动产。

其次,从逻辑上讲,房地产拉动经济也不符合经济规律。经济发展是房地产兴起的前提,而不是相反。因为只有当你的经济好了以后,大家有钱了,才有改善居住的需求。以美国为例,其不动产行业大概要15年才会有一个涨跌周期,这个周期比美国经济的周期要长。不动产发展的速度很慢,因为房子很贵,美国人要存很久的钱才能买房。台湾地区的房地产大约7年一个涨跌周期,而台湾经济则是2至3年一次波动,不可能是周期更长的产业去拉动周期更短的产业,这是一个基本的逻辑问题。

Q:你这个观点和别人有所不同,大陆很多专家都高呼,房地产对经济居功甚伟,是拉动大陆经济增长的主要力量。

林:绝对不是。如果没有大陆过去20年的经济成长,哪里会有如此高涨的房地产?如果要说房地产对经济的影响,那么只能说是一种"财富效果",不是"产出效果"。就是说房地产会成为一种财富的载体,成为投资手段,因此这个产业才会繁荣,而不是说它拉动了经济成长。经济发展是因,房市兴旺是果,而不是倒过来。

台湾楼市暴涨和"外汇"有何关系?

Q:台湾楼价曾经的疯涨也让人记忆犹新,是不是泡沫特别大?

林:1978年之前,随着经济发展,台湾楼市一直都有上涨的趋势,但涨幅并不大,每次上涨大约三成左右,台湾人就觉得涨了很多。因为对任何一个正常的经济体,房地产价格涨了三成四成已经是很严重的事情。大陆近几年房价的疯涨算是非常特殊的情形,有点像香港。台湾在1972年、1979年、1987年涨了三次,前两次大概涨三到四成。但到了 1987 年，台湾的房地产出现了疯涨。1988 年到 1990 年之间，台北市房价涨了三倍，整个台湾地区涨了一倍多，很多地方涨了近两倍，那就是真正的疯涨，其中的泡沫不言自明。在我看来，之前两次上涨都不算泡沫，是经济发展带来的正常周期。

Q：1987 年开始的疯涨是什么原因呢？

林：第三次台湾的泡沫就跟现在的大陆很像，为什么？台湾经济真正的快速成长从 1970 年开始，之后每年成长 9% 至 10%，和大陆现在的 GDP 增速相当。但在 1986 年至 1988 年这三年，总体经济有了大幅变化，"外汇"存底从约 200 多亿美元飙升到 700 亿，两年之内"外汇"存底增加三倍，这必然导致问题的出现。按照国际金融一般理论，当"外汇"存底大幅增加，新台币就应该升值，让"出口"减少"进口"增加，从而维持稳定，但那时候的台湾没有这样做。台湾仍希望继续扩大"出口"，这种想法和现在大陆一些人其实没什么两样。如果不想让新台币升值，那么就必须要发行更多新台币把美元买回来，从而抑制新台币的升值趋势。结果，台湾就发行了太多新台币，1986 年至 1988 年三年之间，新台币发行量增加了 100%。

那个时候，台湾讲法是"钱淹脚目"，钱多得都能把你的脚盖住，房价能不涨吗？货币供给太多，游资没有地方去，就只好进入房地产和股票市场。那一次疯涨让台湾人印象深刻，我 1988 年从美国念完书回台北，当时是 7 月 1 日，我住所附近的楼盘一坪（约 3.3 平方米）价格是新台币 8 万。到了 7 月底，同一栋房子一坪已卖到 20 万新台币，就是涨了 2.5 倍。

再看股市，两三年内，台湾股市从 2000 点飙升到 12000 点，上涨到 6 倍。后来，新台币还是挺不住了，于是新台币从 1987 年开始升值，到 1989 年，新台币兑美元汇率从 38：1 升到了 26：1。

掌权者为何不愿对房价下狠手？

Q：大陆的楼市这么火，还有一个政治因素，中央政府跟地方政府之间实行了一次分税制改革，土地出让金占据了地方政府财政收入的相当比例，部分地区高达三四成。

林：台湾没有这种情况，因为城市土地相当部分为私人所有，很难出现当局握有大片土地出让给房地产商的情况。如果要说政治权力和房市的关系，对交易的课税算是最大的一方面。台湾楼市的暴涨和炒作有很大关系，而炒作又和当局在税收上的放任紧密相连。

台湾目前的土地增值税率为40%，比如买这套房产花了100万，明天用200万卖掉，这就是实际交易价格，土地增值了100万，那么就要收取40万的税收。在交易过程中，税基的计算需要依照三个价格：一个叫市价，就是交易实际价格；一个叫公告地价；一个叫公告限值。理论上来讲，课土地税应按照市价来课。但有些土地之前没有交易，所以无法确定市价，所以我们就由当局来认定你的价格是多少，于是就有了公告地价，但公告地价是由当局的人决定，这就导致了问题的出现。

各级地方有一个"地价审议会"，里面的人，主要是各级"议员"以及一些当地士绅，他们很多都是靠炒作土地赚钱，所以就故意把公告地价压得非常低，压到真正交易价格的10%至20%很常见。那么炒作者就只需要交4万至8万元的税，于是大家就可以努力炒作房屋。后来，当局发现这种公告地价的形式不行，于是又推出了公告限值，公告限值大概可以到市价的40%至50%，台北市号称到80%，但我认为公告限值仍然比实际交易价格低很多。

房价为何是个政治权力的问题？

Q：压低税基，偷税少交的这种行为，当局为何睁一只眼闭一只眼呢？

林：台湾从2012年6月开始，土地需要按照实际交易价格登记，100万的土地就登记100万，你明年卖200万就登记200万。不过这还只是一个登记的阶段，还没有进入课税阶段。如果要课税，应该还有很长的路要走。如果房地产按照实际交易价格课税，"立法者"一定会跳起来反对，因为他们都靠炒土地赚了大钱。

Q：不论是在台湾还是在大陆，说白了，楼市和房价就是政治权力的体现。

林：土地问题，绝对是政治权力的体现，中国从古到今都是如此。所有朝代的更迭，除了外族入侵就是土地兼并。为什么我们中国人这么看重土地，从经济学上讲，经济的发展就是人类一直在生产东西，但生产出来的东西变成价值，需要保存这个价值，那么放在哪里，最好的载体就是土地。因为土地是永远不会折旧的资产，结果就导致所有财富价值都跑到土地上去了。

台湾和日本的"崩盘"有何不同？

Q：日本房地产泡沫破灭，曾让日本进入"停滞的十年"。台湾地区楼市从1990年初开始出现了停滞，对经济有没有危害？

林：台湾楼市的停滞和日本又有所不同，日本房价是"飙上去"以后"栽下来"，房价只是原来的1/3～1/2，台北的房价则是涨上去了以后，就一直停在那个位置，到

2004年和2005年有轻微下跌，但幅度很小。楼市停滞对台湾的实体经济影响不大，因为就行业本身来讲，它占GDP只有5%。问题是房子很贵，很多人要存钱买房，只能缩减消费开支，导致了强迫储蓄，这就使得消费不振，经济放缓。大陆现在储蓄率45%，你认为和房价没有关系吗？

另一个严重问题是所得分配恶化。假设我只要有两栋房子，那么你辛苦赚一辈子也赚不赢我。1988年的时候，台湾出现了"蜗牛族"的说法，背着沉重的壳去打拼，压得你喘不过气。那个时候，还有人把台北人分为两类，一种是有房子的，一种是没房子的。现在，台北市一些并不特别在市中心的地方，房价用大陆的计量单位来计算，大概也要1平方米5万块左右。台湾很多知名的大学教授和学者，如果现在要买房，也可能买不起。

Q：台北的丈母娘厉害吗？大陆丈母娘不少都要求先看房产证，再谈婚嫁。

林：台湾可能没有那么明显，但你有房子和没房子，在娶老婆的时候，还是会不一样。台北房价在台湾几乎是"唯我独尊"，在这里买房子，的确是个大问题。作为台湾的第二大城市，高雄的房价可能只有台北的1/5，差距就有这么大。这一点和大陆很像，其实全世界也都一样，每一个地方最好的城市房价都很贵，东京、巴黎、伦敦、纽约，大家有钱都往那些地方流动。

为何打压房价没有诚意？

Q：大陆从现在一直在调控，政府表示，目的是"平抑房价"，使居者有其屋，你对这种调控有何建议？

林：20世纪80年代末，台湾的做法是打击房地产，不打击股票。股价从2000点飙到12000点，等于涨6倍，但当局不管你，你随便投资。但大家买不起房子就变成了社会问题，所以当局要管房价。1989年2月28号，被称为台湾房地产的"2·28事件"发生后，当局开始大幅度收缩货币供给，我们采取了选择性信用管制，有点类似大陆对楼市的信贷政策。一是针对买房子的人，银行不允许借钱，你要拿全额的现金去买房，而之前台湾人买房的自备款只需房价的两成就行；二是针对盖房子的人收紧贷款，就是建筑贷款，大陆叫开发贷。

如此严厉的打压措施，让购房者和开发商都一下子没了资金来源，怎么办？那时的股票市场很好，不是已经涨到了12000点吗，于是大家赶快把手上的股票出手套现。结果是台湾要打击房地产，把房地产的流动性大幅收缩了，但导致了股市暴跌，股价从12000点降到了一年以后的3000点。泡沫破裂发生在了股票市场，房价却没有像大家想象的那样暴跌,但房地产再也上不去,就停在了原处。

但台湾的房价一直停到 2004 年,出现了区域性的暴跌。台北的变动不大,但高雄的房价跌到一半,几乎是"腰斩",中南部的房价就更惨。正常的房价还是应该和经济发展相关,台湾北部的房价为何相对平稳,而中南部跌得一塌糊涂,因为台湾的产业都在北部,中南部经济很差。

Q:现在在台北买房,能贷几成的款?当局还在打压楼市吗?

林:一般都可以贷到八成,有的银行可提供九成的贷款。楼市停滞后,特别是 2004 年的时候,经济很差,台湾就逐渐对信贷政策放松了。2008 年以后,台湾又对房价进行了打压,但力度不大,主要针对豪宅,比说你贷款超过 5000 万,那么你就无法贷八成,只能贷六成。去年,台湾还在楼市推出了"奢侈税",规定如果房子在持有不到一年时间内卖掉,必须课 15% 的交易税;超过一年,两年内卖掉,课 10%,两年以后就不用课税了。

为何方法简单却被故意复杂化?

Q:实际上要打压房市,手段非常简单,不外乎两样,一是金融手段,一是税收手段。关键是看有无决心,有无顾忌。

林:对。为什么台湾的"土地增值税"一直没能够按照交易价征,而这又是最好的调控手段,但却一直在吵,没有实施,其中原因也很简单。

除了直接采取金融和税收措施调控房价之外,我认为,大陆对土地相关税收制度建设还应更完善,需要花费很多时间和投入,建立更详尽和准确的数据系统。信息是制定调控措施的前提,台湾当时调控动作慢的重要原因是没有很好的房地产价格指标,这是台湾的教训。

Q:你在加州大学洛杉矶分校念博士,论文也是房地产经济,而加州有些地方的房价和纽约相当,美国人炒房赚不赚钱?

林:像洛杉矶、纽约、波士顿、芝加哥这样的大城市,不动产税和财产税约为房子价值的 1%,而且是每年交 1%,老百姓敢随便买两三栋房子吗?而在大陆,目前主要是一次性交税,且综合税率并不高,持有房产并不需要交税。税制改革势必影响很多人的利益,假如台湾地区也像美国对房屋持有课税,台北市随便一栋房就三五千万台币,课税 1% 就等于每年交 30 万、50 万,恐怕每一个人都会跳起来反对。

Q:对房产持有不征税,可能会导致很高的空置率,台北现在的空置率高不高?

林:我们最近一次调查是在 2010 年,当时空置率约为 12% 左右,就全世界的标准而言已经很高了。但就台湾的标准来讲，台北的空置率算低的，因为台中超过23%。这是一种严重的资源浪费，房子摆在那里不给人住的，而是养蚊子。很多人都在等台湾的房价上涨，然后卖掉。

货币对房价有什么影响？

Q：当时新台币升值对楼市有没有影响？

林：台币1987年升值以后，"出口"减少，"进口"增加，对外贸易趋于平衡，台湾的"外汇"累积就不再增加了，因此新台币的货币供给也降了下来，所以之后房地产价格一直较为稳定。大陆现在一直不愿意让人民币升值，继续出口累积外汇，加上热钱继续流入，货币的供给还会持续增加。我认为，经过改革开放30多年的发展，大陆的经济实力已经今非昔比，实在没有必要对人民币太过担忧，人民币升值的幅度还应该大一点，不然很难解决流动性的问题。台湾的房价在1990年以后，再也没有出现过暴涨，和台币升值有蛮重要的关系。

Q：大陆或许有自己的考虑，比如升值太多，出口优势不再，沿海企业肯定大面积倒闭，农民工大量回乡，恐怕影响社会稳定。

林：永远都有很多的借口，台湾那个时候也是一样，担心"出口"会受损，各种势力吵得挺凶。但调整以后，这个问题就解决了。大陆的"十二五"规划已经很明确，未来需要以内需拉动取代外需拉动，把汇率升值多一点，出口减少，进口增加，经济自然就平衡了。并且你不要忘记，人民币升值以后，大陆的购买力其实就增加了，购买力增加必然带动内需。现在，大陆的消费占GDP只有33%，这个比例太低了。

第二篇 房地产之怪

> 从欧美舶来的"房产税"在中国一直难产，在于它不适用于"中国特色"的房地产市场。
>
> 地方政府要经营城市，必须有财政保障，而土地出让金是最大的保障。在很多城市，土地出让金已占地方财政收入四成以上。开征房产税，无异于"搬起石头砸自己的脚"。地方政府会这么蠢吗？
>
> 一方面，房产税既会伤害"养房防老"的普通中国人，也会伤害地方政府的钱袋子，它涉及利益面太广；另一方面，房产税的开征还有着众多现实的"技术问题"。

政府没有收取房产税的理由

——华东师范大学房地产系主任
华 伟

◆ 嘉宾简介 ◆

华伟，沪上著名房地产学者，复旦大学经济学院外国经济思想史专业博士，曾长期就职于复旦大学金融研究院，并兼任复旦大学房地产研究中心常务副主任。现为华东师范大学东方房地产学院常务副院长、商学院房地产系主任。社会兼职包括建设部房地产市场调控决策咨询专家、人民银行上海分行贷款企业资信评级专家和上海市房屋土地资源管理局物业管理招投标评标专家等。

地方政府为何要靠土地产出？

Q：房价为什么这么高？你能否分析高房价的逻辑？

华：首先，高房价的实质是高地价，而高地价的实质是分税制后预算内财力迅速向中央集中带来的问题，这也是地方政府搞土地财政的主要原因。税制改革之初，中央收入约占税收的 1/4，10 余年后则逆转为地方政府收入约占税收的 1/4。还应该注意到，中国最赚钱的企业——央企的税归中央，地方政府的财政来源只能越来越依靠土地产出。

房价为何这么高？还有一点不能忽视。最近这几年，金融市场流动性过剩很突出，各大银行发放的贷款总量大得惊人。是钱不值钱了，还是房价高了，这个问题可以好好想一想。

地产调控受伤的是地方财政吗？

Q：信托是地产项目融资的主要手段，但国家却不时地叫停，这样做的政策目的是什么？而它又为什么这么热，总是能"死灰复燃"？

华：对这个政策，我持保留意见。我认为是想将资金逼到股市里面去。请你算一下，中国外汇储备从 2 万亿到现今的 3 万多亿美元只用了短短一年多的时间，这增量除了贸易和 FDI 外，有 7000 亿到 8000 亿是热钱。打个比方，在美国向银行借 100 万美元年息不到 2%，但到了中国买信托，其年收益肯定超过 10%，再加上一年 3% 的升值，年净收益将相当可观。在这种国内外资金都进入信托的情况下，监管部门希望通过叫停房地产信托，让理财失去高回报支撑，最终使资金进入股市。

从另一个角度看，开发商进入信托，将信托收益从 11%～13% 拉高到不低于 20%。这样一来开发商获得的高成本资金会造成两个结果：一是只能通过提价向市场转移，房价会更高；再者，开发商甚至可能采取"砍价"方式向地方政府土地供应转移成本，这样一来，地方财政的问题可能进一步凸显。

房产税开征为何难产？

Q：我们都知道欧美国家的物业税是非常高的，这就增加了炒房和持有房产的成本。我们议论物业税的开征已经很多年了，其实城市居民很多人都很紧张，特别是那些有好几套房产的。你说过还要等 20 年，为什么这么说？

华：我觉得房产税暂时无法开征，至少短期内很难有实质性的推进。我们一是不具备征收物业税的法律基础。简而言之，我们中国大陆土地都是公有，城市土地为国有，购房者拥有的是 70 年连续使用权，不具有法律意义上的产权。没有真正意义的房产，你如何去征房产税呢？另外，新设税种的设立和开征不仅仅是税务部门一家的事情，还必须要经过全国人大的批准并授权，这是很严肃的立法程序，需要经过充分严密的调研和准备。

二是短期内还没有操作可行性可言。比如，为什么只对住宅收，对写字楼和酒店要不要收？上海的房子和新疆的房子怎么区别对待？因此，很多标准的制定很难全国统一，必须要下放到地方政府来执行。更重要的是在于信息系统基础，你征税的前提是信息的准确性。比如房屋的登记信息是否完备和准确，全国各大城市的房屋信息是否联网，这些都是推行一项新税前必须要先处理好的问题，但从目前的情况来看，以上准备工作都是不足的。

Q：房产税是国家来收，还是地方来收呢？地方都靠土地财政，收房产税打压房市，岂不是搬起石头砸自己的脚吗？

华：对。还是回到我们最开始的问题，地方的土地财政问题。上海和重庆推行了房产税试点，但是并没有达到政策推行者所期望的效果。如果说对楼市调控有效果的话，我相信也是限购令和银行抬高购房者金融门槛的结果，和房产税的关系并不大。如果没有改变土地财政的问题，地方政府不会有开征房地产税的动力。

解决楼市问题的根本是金融和税收

——中国社会科学院金融研究所研究员
易宪容

> 房价到底什么时候才能降？这是个老百姓永远关注的热门问题，但没人能给出答案。2014年之前中国楼市一直处在调控之中，但房价从来都很坚挺。这是为什么？
>
> 从世界其他国家和地区的经验来看，楼市调控最有效的方式不是"限购"，而是信贷和税收手段。如果仅希望通过"限购"来调控，却在更加重要的信贷政策和税收政策上纵容这个行业，那么这种"投鼠忌器式"的调控恐怕作用极为有限。

◆ 嘉宾简介 ◆

易宪容，经济学博士，中国社会科学院金融研究所研究员，曾任金融研究所金融发展室主任，后辞去该职。有网友称他为"房地产平民代言人"，对房地产市场一向以"敢言"著称。2004年7月发表的一篇《谨防房地产要挟整个国内经济》，在当时引起了很大轰动。

"刚需"为何不靠谱？

Q：易教授，你曾反复提到要去除房市的赚钱功能。目前，这种功能似乎很难被改变？

易：房地产问题的关键在于房子已经变成投资品而非消费品，当它变成投资品，一个人买多少套都没问题。要解决这个问题，要从金融信贷着手，房地产问题一定程度是个金融问题，收紧信贷，调控房市便可以釜底抽薪。

近10年来，国内房价飚升，房地产泡沫吹大，基本上都是由信贷政策推动的，2009年和2010年更为明显。举个例子，2011年6月末，全国主要金融机构房地产贷款余额10.26万亿元，其中个人住房贷款余额6.26万亿元。两个指标都比2008年增长了一倍。

在推高房市的同时，巨大的贷款量也蕴含了极大风险。房价上涨时，这些贷款风险自然隐蔽起来，但是如果房价下跌，它们就会乱窜，给金融体系带来的风险有多高是无法预计的。

Q：住房的性质发生了变异，从消费品变成投资品。不过不少开发商的广告都会大呼特呼"刚性需求"，这个名词听起来很蛊惑人心。

易：这纯粹是一个开发商制造的虚拟概念，请问"刚性"在哪里？首先，中国的楼市本质上是个投机市场，说得好听是投资市场，性质已经改变，根本谈不上"刚性"。

其次，我不否认住房应该算是居民生活的必需品。但只能叫做"需要"而不是"需求"，为什么？因为在市场条件下，"需要"要转化为"需求"必须以群众的支付能力为前提。如果房价大幅超过居民支付能力，就没有了"需求"。这是"有条件的需求"，而不是"刚性需求"。当很多有需要的人买不起房，买得起房的人并不是真正的需求者，你凭什么说楼市有"刚性需求"？

楼市的暴利都让哪些人赚了？

Q：一些专家认为，自从招拍挂制度实行之后，房地产已不是暴利行业，你怎么看？

易：这个问题没有必要去分析。只要看富豪榜上的名单，哪一位和房地产无关就知道了。另外，即便很多地产商都说利润不高，但实际进入房地产的企业并未减少。这些年，一些家电、实业类公司都争先恐后地进入房地产业，甚至"荒废"之前的主业。房地产利润依旧很高，比他们之前做的实业要高得多。

对房地产商来说，目前房地产市场化程度比较低，住房产品是房地产企业垄断性定价。同时，加上消费者分散，住房信息不对称以及房地产采取的不同营销策略，购房者在市场上与开发商的谈判能力低。现实中，有多少购房者能和开发商讲价呢？

在我看来，暴利的本质在于利用全国人民公有的土地资源，让住房成了极少数人赚钱谋取暴利的工具，掠夺与损害了全国大多数人的利益。很多开发商几千元起家，几年之后就身家上亿，在全世界也很少有一个行业能够让人如此快速地致富吧？

Q：产业是个链条，地方政府、房地产商及炒房团都是不可缺少的一环，暴利在哪个环节？购房者也有暴利吗？

易：每个环节都有暴利。之前，一些地方因为开发商降价而发生"闹房"事件，我觉得这种情况应该区别看待。对购房是为投资的人来说，你既然进入这个链条，把房产看做投资品，就应该坦然承受这种损失。当然，你如果看做生活必需品则另当别论。在股市，炒股亏钱你可能自认倒霉，进入房市如果是为了投资或投机，也是如此。如果想退房，要看退房的目的是什么。

如果开发商存在欺诈，没有按照合同办理，购房者可到法院打官司要求退房。但不能因为房价降低了就要求退房，这是不合理的诉求，亏损只能自己承担。过去200万买的房子，现在跌到50万，那是你应该承受的。

预售房为何让房价不降反升？

Q：作为金融专家，你之前曾对预售房制度有过质疑，认为房地产商是以一种"空手套白狼"的模式在经营，却把风险转嫁给银行和购房者。可否分析一下预售房制度？

易：在中国目前的环境下，开发商是金融资源的调动者，说是"空手套白狼"并不为过。首先，银行、承建商其实都在给开发商垫付成本，而房子还没盖好，开发商可以通过房屋预售让资金回笼。这种模式让开发商投入成本很少，却将开发风险转移给银行和购房者。实际上，银行除了面临房价下跌的风险，开发贷款本身的风险也不容小视。如果成为银行的不良资产，最后还会让整个社会来承担。

中国的开发商为何负债率这么高，既比世界上其他国家的开发商要高，也比国内其他行业的企业要高，这种预售房的模式不能不说是主要原因。

有开发商说，预售房可以让购房者以更低的价格购房，因为预售房的价格一般比现房低，但这完全是一个幻觉。项目开工，开发商便开始卖房子，开发商就可以先把已经借的钱还清，然后再卖出的房子便都是利润，他们没了资金压力，于是便开始提高价格，房价因此只会越来越高。相反如果是现房交易，开发商既要承担资金成本，又要承担房子卖不掉的风险。在这种情况下，房价便可能会越卖越低。所以说，预售房制度完全是开发商的"福音"，而不是购房者的"福音"。

Q：房市的"拐点"何时出现，各路专家谈过很多，但从未有人说中。你说呢？

易：除了我上面讲的金融信贷政策，"拐点"何时到来还取决于税收政策调整的状态。房地产税是一个综合概念，包括了交易流转税、所得税及住房持有税或物业税。如果税制设计得当，遏制房地产市场投机并不难。说说香港的例子，香港的住房交易税高达4.25%，任何人都无法通过阴阳合同来避税。近来，香港为打击房地产投机炒作，把成交半年之内的住房交易税再加15%，一年之内交易的再加10%，两年内交易的再加5%等，这样一来，基本上遏制住了炒房势头。

再比如在韩国和日本，政府都有严厉的法规来限制这种投机。尽管这两个国家的住房交易流转税水平较低，但它们的住房交易所得税却是出奇的高，最高边际税率可以达到达75%，而住房财产税在不少地方的税率则达到10%。更重要的是，住房遗产税更为严厉，因此对普通老百姓来说，你持有那么多房子有什么意义？你炒房又有多大赚头？因此他们对投机也就不感兴趣。

和香港地区、日韩不同，在中国内地，税制对炒房的限制极为宽松。我们就房地产税来说，这个税在多数国家都属于地方税，为地方税收的重要部分。20世纪90年代中期，美国地方年财政收入中，房地产税就占20%以上。目前，国内与房地产有关的税占全部税收收入的比重很低，占地方财政收入的比重也不到10%。

同时，由于房市和地方财政密切相关，地方还会采取"减税"措施，比如房地产交易税，当前征收幅度是在1.5%～3%，由于其弹性大，地方政府为鼓励更多人买房，一般会"就低不就高"。还有不少二手房交易都会采取阴阳合同避税，从而使得内地住房交易税实际上非常低。

因此，要遏制投机，税收改革是关键环节之一，但这项改革触动的利益太多。

Q：很多人说你是"房地产平民代言人"，你怎么看这个头衔？

易：我不是什么代言人，我只是说出了事实。简单的问题再被一些人复杂化后，我再把它回归到简单。

中国应重新审视财税体制改革

——中央财经大学财政系主任
曾康华

> 高房价和其背后的土地财政问题又一次把财政体制改革推向了前台。
>
> 如果说经济发展是填充血肉，那么财政体制就是搭建骨架。从中国改革开放的经验来看，经济建设重大成绩的取得一直是以财政"放权"和"收权"的平衡为前提的。
>
> 一个国家的发展模式如何，究竟是"国富民穷"还是"国强民富"，也都是财政体制决定的。
>
> 金融海啸是改革开放后外部经济环境的最大的一次波动，各种潜在的问题开始暴露。因此，内部经济体制的改革被重新提起，而财政改革或许是个突破口。

◆ 嘉宾简介 ◆

曾康华，中央财经大学财政学院教授，财政系主任，财政税收研究所所长。曾教授为国内著名财政研究专家，研究方向为宏观经济理论、财政理论与政策和计量经济等，参与并主持国家社科基金、财政部、教育部及湖南省相关领域多项重大课题研究。

为何房产税开征无法避免?

Q：2012年以来，地方政府的土地出让金收入直线下降，加之营改增全国推广，地方政府财力有被进一步削弱的趋势。但是，中央总得给地方政府饭吃，几十个局级单位的公务员得养着，到底有没有什么办法解决？用房产税弥补地方税收减少吗？

曾：房产税不可能马上开征，但一定会加快开征。一些地方政府有时会出来辟谣，但我认为房产税推行肯定是不可避免的，地方政府的财力总要找个途径去填补。

Q：在大城市中拥有几套房产，这对很多"城里人"来说，是平常事情。房产税如果征下去，恐怕震动很大。

曾：国家设计房产税肯定会有免征额，比如一个居民家庭80平方米以下就可以免税，如果买个200平方米，那是肯定要承担税负的。报道说中国人均住房面积现在35平方米，大家自己看看，多少人处在这个平均水平线上？在世界上任何一个楼市过度繁荣的地方，房产税即物业持有税都是很低的，中国也不例外。如果开征，对楼市的冲击肯定很大，甚至是前所未有的冲击。但关键是设置什么样的起征点，比如先通过豪宅探索一下，然后再推广到普通人。

对世界大多数国家来说，不动产必定是政府征税的一个"富矿"。根据世界各国的经验，财产有不动产和动产，政府对不动产征税较为容易，对动产征税很难，家里的什么冰箱、彩电、股票、字画你怎么征税？只有房子摆在那里跑不掉。所以对房产征税有可操作性，同时也有必要性，因为地方税收减少会引发很多问题。

Q：美国的地方税之中，房产税的确是大头。美国的经验能被中国"依葫芦画瓢"吗？

曾：美国的三级税制或许有参考价值，联邦、州和地方中，美国联邦政府的收入主要依靠个人所得税、企业所得税和社会保障税，这三个税大概要占联邦收入的70%至80%，其中个税最为大宗，占联邦收入的40%以上；州一级政府则主要是靠货物税；最下面的地方比如县、特区、学区等，它们的收入的最主要来源就是房产税，有些地方的收入100%都来自于房产税，部分学区、特区的收入90%靠房产税，普遍的水平也应该在70%以上。

美国的这种税制具有独特的优点，不难发现，让地方来征收房产税是比较可行的办法。目前，大家对房产税都多少有些"不理解"，老百姓都觉得一下子就要负担很重的税。实际上，即便房产税实施，那么肯定也有免征额，究竟定80平米还是90平米，是按面积还是按价值量来征税，这些问题届时都会被考虑到。

地级市为何降低了财税体制的效率？

Q：财税体制在某种程度上说，其实是个行政体制问题。我们都注意到美国，包括古代的中国都是没有"地市"这一级的，都是"省直管县"。目前国内一些地方在试点"省直管县"，你认为这种模式比现在的地市管理县要有效率吗？

曾：我基本上是支持这一项改革的。新中国成立初期，省和县之间只有一个行署，行署属于省政府的派生机构，行署就有地委，有行署专员。但随着经济发展和城市的扩张，有些地方纷纷改市。20世纪八九十年代，地区改为市非常流行，比如湖南怀化，以前叫怀化地区，后来改成了市，广东梅州地区，现在也是梅州市。这样一来，到20世纪90年代，"半级政府"的地区/行署全部变成了完整的二级地市级政府，这就使得我国的行政层级由原来的四级政府即中央、省、县、公社/乡/镇变成了五级政府。

派出机构和实在的地市级政府有什么不同？

首先是财力更大，因为作为一级政府有编制预算的权力；其次是机构更庞大，派出机构只有一些有限的职能部门代替行使省政府的权力，而地市级政府要管的东西太多了，这也意味着权力的膨胀。这造成了什么问题？管理层级太多，降低了行政的效率和财政体制的效率。

地级市有何"危害"？

Q：从秦始皇统一中国开始，县就是中国最为稳定的行政单位。改革开放初期，中国的"县域经济"概念其实吵得很热，但现在早已销声匿迹。是不是因为地市级的存在，它作为上级政府拥有"特权"，因而消耗了县的财力？

曾：改革开放以来，中国加强"县域经济"，"扩权强县"的提法其实从来没有停过。北京、上海、广州、深圳这样的发达城市，其经济已经达到非常大的规模，城市承载能力有限，城市化的过程一定会放缓，那么新的增量从哪里来？我们必须看到"县域经济"还蕴含着巨大潜力。中国最主要的人口都被包含在"县域"之中，真正的现代化不是北京、上海的现代化，而是1000多个县的现代化。

如何促进"县域经济"发展，最重要的肯定是财力上的加强，如何加强？最重要的就是改变地市一级"侵占"县级财力的现状，让县级的财政资源直接由省来规划和运筹，提高财政资源的调配效率，让县一级放开手脚发展经济。那么剩下的地市一级干什么呢？"经营城市"是他们的主要任务。财力资源从何处来？对城市内部不动产征税是最可行的途径。其实对地级市来讲，即便不再"管县"，只要你经营城市有方，同时周边"县域经济"发展良好，那么你作为区域经济中心的地位不但不会消弱，反而还会加强。

除了"侵占"县级财力资源，制约"县域经济"的发展之外，地市级的存在还容易引发区域分割。在市管县的体制下，越到行政级的下层，地区分割越严重，有些地方只能消费当地啤酒，外面的啤酒就是进不来。地市保护主义是国家经济发展的一个障碍，中国发展经济很大的优势在于拥有统一的大市场，如果地区分割严重，这个优势就不复存在。

再者，地市级的存在还会产生发展模式的"雷同"。比方说隔壁市建了一个钢厂，那么本市的领导就着急了，因为脸上挂不住，难道我们就只能当农业市？所以本市也必须要建一个钢厂，最终大家都成了"钢铁强市"，可问题在于一个省要这么多钢厂做什么？

此外，地市一级的"形象竞争"尤为激烈，比如说每座城市都会有形象工程，那么最后你会发现中国多数地级市的形象工程都千篇一律，都是三大件：大广场、大街道和大雕塑。省会城市修了一条观光大道，结果一个穷市的领导看了，回去也要搞，最后是劳民伤财。这种地区之间的无序竞争浪费了大量的资源，不改变这个现象，改革开放积累起来的宝贵资源还会被不断浪费。

坦白讲，我不敢保证"省直管县"会对经济发展模式的转变有多大作用，但我保证今后的城市形象工程至少会减少一半。

分税制为什么会有负面影响？

Q：有人认为地方政府的"土地财政"问题是分税制改革引起的，但也有人反对，你认为呢？

曾：分税制的确是"土地财政"的主要原因之一。改革开放到20世纪90年代中期，我国财政改革的总体思路是中央对地方和基层"扩权让利"，结果导致"两个比重"的下降，一是财政收入占GDP的比重，二是中央财政收入占全国财政收入的比重。分税制改革前的20世纪90年代初，我国财政收入占GDP比重只有11%至12%的水平，而中央财政收入占全国财政收入的比重也只有40%多。"两个比重"明显下降后，这对中央的宏观调控能力形成了很大的削弱，这是推行分税制的背景。

1994年分税制改革之后的最初几年，分税制对地方财力的影响并不明显，但越到后面影响越大，分税制集中财力的效果非常突出，导致地方财力的极大削弱。

与此同时，20世纪90年代中期之后，地方的GDP竞争越演越热，地方政府"经营城市"的压力越来越大，这就必须要找财源。而对地方政府来说，手中资源中变现能力最强的也就只剩下土地，所以就有了"土地财政"问题。同时，地方债也成为了重要的筹资手段。

政府改革为何要考虑就业问题？

Q：一个现代化的国家，除了面对收多少税和怎么花的问题，还需要考虑收税的效率如何。在很多历史学家看来，一个国家的崛起得益于税收体系的完备和高效率，比如收10块钱的税，成本只花1块，但其他相对落后的国家成本可能是5块。现在中国的税收效率高不高？

曾：不高。我国税收效率和欧美相比是3∶1到4∶1之间，即国外一个人收的税，我们必须靠三到四个人去收。举个农业税的例子，农业税取消之前，全国每年征收不到1000亿，却有70多万一线的农业税征管员，光是工资就是个大数目。北京在废除农业税前，全部农业税也就能收约8000万，但征收成本就有6000万，你还征这个税做什么？

Q：但如果效率真的提高的话，很多公务员恐怕要失业。比如在一些副部级城市，光是税务局的公务人员就有4000人，税收效率提高，多出3000人怎么办？

曾：政府机关人事臃肿，这是中国的现实。客观地讲，中国的确靠着低廉的劳动力成本和别国竞争，但这种模式带来的巨大作用是解决就业远比创造外汇要重要。很多变革只能慢慢来，就业和社会稳定是不得不考虑的问题。我们曾搞过政府机构改革，取消了很多部门，但最后发现一个局里的副手却有十几个。

政府机构的改革和选择经济发展模式一样，不能只从效率的角度来考虑，还必须考虑社会就业问题，这是中国的现实。

第三篇
资本市场之困

在中国的帝制时代，国家政权会积极保护自耕农不被大地主兼并，只要他们有独立的财产（土地），就可以直接向国家交税，从而确保王朝的繁荣。

在现代的中国，监管部门却很难保护好普通投资者在资本市场的财产，所以中国人都去买楼，而置"国家号召"于不顾。

篇章首语：
股市不应再做"小三"

台股有"严刑峻法"

1000元面值新台币的图案里有四个小孩，做出一副围着地球仪研究的模样。

你知道吗？他们四个人都来头不小呢！两个男孩是陈致中和赵建铭，两个女孩是陈幸妤和黄睿靓。水印里还有两个人，但不容易看

> 上市公司哪家没有问题，不是缺胳膊就是少腿，现在要大家出操，不是开玩笑吗？
> ——顾雏军

到，一个戴眼镜的中年男人和一个坐在轮椅上的中年女人，那是阿扁和吴淑珍。1000元新台币就是阿扁一家的全家福。你不要以为四个小朋友在上地理课哦，他们其实在说着幸福的悄悄话呢。

"妈妈你快看，我们在地球上到处都有保险柜嘞！"

这个笑话来自于台湾的"泛蓝"阵营。他们特别喜欢嘲笑陈水扁家族，还喜欢压住喉咙，学几句陈水扁那滑稽的台南腔。实际上，陈水扁家族并没有这个笑话里面这样牛气，六个家族成员无一例外都吃了官司，目前还有几个在牢里。家族被指控的犯罪多与台湾证券市场有关，吴淑珍和"驸马"赵建铭都是因为内幕交易而被告上"法庭"。

台湾最大基金公司元大宝来投信总经理刘宗圣坦言，台湾证券市场的"严刑峻法"让券商、投信（基金）时常如履薄冰。一是佣金太低，"法律"规定有严格的上限，不能多收；二是"犯法"成本太高。因此，大家的日子越来越难过，很多人都希望来大

陆发展。

长期以来，学界有一种观点是，英美法灵活的案例法特点，更能适应瞬息万变的金融市场，因此，世界两大金融中心伦敦和纽约都在英美法律体系之下。相比而言，大陆法系由于其成文法较为固定的特点，对资本市场的监管时常显得疲于应付。即便日本和德国这样的发达国家，因为其采用大陆法系，其资本市场的发达程度亦远逊于英美。

但从对权贵阶层的遏制效果来看，台湾的证券"法律"的确是大陆法系很好的标杆。台股当年"十大庄家"无一例外都被判刑，而庄家的背后全是大财团和当局高层。反观A股，这种痛快淋漓的执法太为少见。因证券违法而被判以刑事责任的案子，股民掰着指头就可以数过来。

曾任主板发审委委员的李曙光说得再清楚不过：A股的违法成本太低，如果关一年就放出来，还有谁会害怕？安然这样的500强企业都可以破产，为什么国内的一些ST小公司却只能重组？为什么国外证券律师会时常因为找不到线索发愁，而我们监管部门的线索立案率却不到二分之一？

李曙光说，中国资本市场最大的问题是司法问题，而不是立法问题。简而言之就是有法不依，执法不严，这和哪个法系其实关系没那么大。

事实上，回顾中国股市的发展历程，不难发现除了顾雏军等个别悲情人物，真正被绳之以法的业界大佬有几个？本来旨在刺激人类商业雄心和创新冲动的资本市场，到了中国大陆却变成了一种逆向激励，不断刺激人们和权力捆绑的欲望。

上市公司的"坑蒙拐骗"是表象，他们是"魔鬼代言人"，是利益输送的通道。在这个通道的另一端，则是漆黑一片，但偶尔也露出几副狰狞的面孔。

两种权贵

先被戴了绿帽子，然后又糊里糊涂地给别人养儿子养了20年，这样的人真可怜。但这种人真实地存在于这个世界，他们是中国股民。中国股民的账号里，从来不缺乏同情心，却没人为他们主持正义。

和股民相对的是权贵，它们偷走了原本属于股民和股市之间的爱情。

权贵分为两类，一是私人权贵，二是组织型权贵。

> 别人一直赔钱的领域，才是赚钱的最好去处。
> ——罗杰斯

私人权贵毋庸赘述。就像著名证券专家吴晓求说的那样，一些人会请发审委员吃饭，施以好处。更厉害的私人权贵则先拿到某个行业的上市指标，然后再去找公司来包装，最后大赚一笔。这样的例子有很多，上网查吧。

那什么是"组织型权贵"呢？和私人权贵相比，它们有两个不同点。第一，它们看起来更富有"正义性"，总是打着冠冕堂皇的理由；第二，它们杀伤力更强，如果说私人权贵是从特定的人群身上抢钱的话，那么组织型权贵便在毁坏整个股市的运作机制。谁是组织型权贵呢？不妨回忆一下国有股减持之类的往事。

如今，组织型权贵的新形式越来越多，但行为方式却都一样。打个比方，小动物们共用一只澡盆，大家跳进去都洗得很快乐，但大象却闯了进来，往里面一坐就是一年，其他动物于是就没法洗了。这样的"大象"就是组织型权贵，银行就是一个集中体现。

2008年开始，银行成为了"保八"先锋，所有的项目都需要银行贷款，但银行的资本金却不够了，于是A股变成了银行的"输血机"。以最典型的2010年为例，A股1.01万亿融资中，4270亿分配给银行股，占比超过40%。最终，GDP经济数据也好看极了，但2010年的中国股市却被称为"沉默的大盘"。

应做"二房"

从实际情况来看，中国股市的确受到了太多的制约。银监会和央行的政策其实对股市的影响更大，甚至超越了证监会。吴晓求说得很明白，一些强力部门不重视股市，只是把股市作为"补充"，地位远逊于银行。需要就挺，不需要就打。因此，有的证券从业者更自嘲说，股市是中国金融体系中的"小三"。

为何股市屈居"小三"？

显然是因为其系统重要性不足。从宏观来看，截至2013年年末，内地沪深股市的总市值是23.7万亿，而银行总资产是151.4万亿，两者比率约为15.6%；而美国股市总市值和其银行业总资产的比率却一直稳定在100%至130%的水平。从微观层面来看，中国富裕家庭超过70%的资产都配置在楼市，其他的可能在银行买了理财产品，投向股市的很少。而对比美国，其富人超过40%的资产都会配置为股票。

> 我生来一贫如洗，但决不能死时仍旧贫困潦倒。
>
> ——索罗斯

《资治通鉴》告诉中国的封建统治者，维护国家稳定只需要做两件事情：外御夷狄和内制权贵。21世纪，"夷狄"的威胁消除了，在加强国防的同时，内制权贵的命题历久弥新。在帝制时代，权贵是大地主，他们搞土地兼并蚕食自耕农，帝国存在的经济基石也就腐朽了。在现代国家，中产阶级是国家稳定的基石，只要有中产阶级投资的地方，就应该建立强大的监管来遏制权贵的侵夺。

但股市并不影响大多数中国人的财富，因此打击权贵也没有那么重要。股市不关乎系统性风险，也不关乎经国大计，这是导致中国股市"小三"宿命的根源。既然是"小三"市场，那么权贵阶层在这个市场游刃有余便是自然的事情。

2013年11月，中国证监会重启了已经暂停了1年多的IPO（首次公开募股），并推出了被称为"IPO新政"的多项改革。根据原先计划，A股将可能在2015年实现IPO的"注册制"。

但半年来，"新政"并未解决传统的"三高"问题。所谓"三高"，即高发行价格、高市盈率和高超募额，简单些说，便是将并不值那么多钱的公司股权，以超高价让股民接盘，其本质是对股民财富的掠夺。

A还是那个A股，获利者依旧是那些老面孔。饱受期待的改革，何以至此？究其原因，在于A股的"老问题"并未解决，即寻租者违法成本太低的局面没有改变。在"老问题"未解决的情况下，推行所谓"注册制"无异于把上市公司的"狼群"赶入投资者的"羊圈"。

显而易见，A股的问题远在A股之外，证监会一家的改革必然难以真正解决问题。真的要改革，当务之急是从国家层面给股市"正名"，即便不取代银行的"正房"地位，也至少不要让它再当"小三"。要给它一个"名分"，把它定位为中国国家融资体系中的法定"二房"，以严刑峻法提高违法者践踏这个市场的作恶成本，而不是继续"顾左右而言他"。

百部法律为何管不好股市

——中国政法大学教授、证监会发审委委员 李曙光

> 大陆法系以完备的法律法规为特征，中国的证券法也是如此，从1992年《证券法》起草以来，20年的立法工作已让中国的资本市场法律初具规模。中国已形成了由《公司法》、《证券法》和《证券投资基金法》等主要法律，10余部行政法规，60余件规章和法规性文件以及数百部行业规范性文件所构成的法规体系。
>
> 不过，对投资者权益的保护却并不如立法那么出色。

◆ 嘉宾简介 ◆

李曙光，中国证监会第十三届主板发审委委员，中国政法大学研究生院常务副院长、教授、博士生导师，破产法与企业重组研究中心主任。自20世纪90年代起，先后参与《反垄断法》、《证券法》、《中小企业促进法》等法律、法规及全国人大市场经济法律体系五年立法规划，国务院国企改革相关政策的起草和制定工作，是《国有资产法》、新《破产法》起草的主要专家。

李曙光教授是哈佛法学院访问学者，为参与近期《证券投资基金法》修订的唯一法学界人士。

大环境问题为何最重要？

Q：李教授，对资本市场的很多损害股民利益的现象，你的批评一直很尖锐，很直白，看来问题的确很严重。

李：原来我还比较乐观。我认为，从立法上，我们的资本市场已经到了中级阶段，但是现在看来其实还是在初级的位置。资本市场的问题其实只是大市场环境的体现，不论是体制环境、市场要素，还是人的观念等诸方面，我们都还远远没有达到市场经济的一些基本要求。比如说欠债还钱，这是天经地义的事，但现在欠债不还的事情却经常发生在大企业或者富有的个人身上。在债务市场，债权人和债务人地位的颠倒，是一个很奇怪的现象，这是我们信用环境很差的一个体现。我们连最低的信用要求都没有达到。

到了股市，这种"颠倒"则体现在上市公司、靠上市公司养活的经理人，还有一些相关利益人以及政府等，按照证券法规本该"弱势"的他们，却让中小投资者成了"弱势"的一方。为什么会出现这种情况呢？因为有些东西不是法律能解决的。

为何证券相关的司法程序有问题？

Q：如果现在让你提一个保护中小投资者的立法建议，首先会想到什么？

李：立法的完善非常有必要，但除了立法，司法和执法更应加强。要真正推动资本市场健康发展，司法体系应尽量达到"有诉必理"的高要求，做到这一点，资本市场一定会有很大进步。而现实中，法院因"没有依据"不受理，或考虑到照顾市场健康发展而不受理的情况时有发生。"不受理"的原因很多，但未必都"有理"。

拿上市公司破产清算来说，即便有股民提起诉讼，法院最终能受理吗？目前为止，还没有看到一例上市公司被破产清算的案例。实际上，很多公司早就应被清算，但结果也仅仅是重整。这等于告诉股民：坏的公司也可以投资，再差的公司也不会破产，最终必定有人接盘。我相信，中国股市很多上市公司属于这一类。

再比如创业板普遍存在的超募现象，超募资金到底是拿去做企业了，还是拿去做委托理财了，或者甚至流到私人腰包了，这些都需要加强监管，而监管途径之一就是小股东诉讼。

Q：现实中存在的"有诉不理"，是不是因为有某些操作上的障碍？

李：在实践中，一些证券诉讼的受理需要有行政处罚作为"前置条件"，就是说要等证监会处罚之后，法院才予以受理，这说明了在司法上存在严重滞后。实际上，从交易所到证监会，相关的规定是相对完善的，问题是规定的落实程度。是不是举报一起就处理一起？还是举报了很多，处理很少？处罚是仅仅隔靴搔痒做做样子，还是拳拳到肉？这才是问题的关键。

为什么退市制度难推？

Q：说到退市制度，我们已经有了，但真正退市的上市公司还是少得可怜，甚至没有。为什么退市实施起来这么难？

李：任何一个正常的市场都会"有进有退"，在证券市场，退出制度更是提高资源配置效率、保证中小股东合法权益、体现市场融资功能的必要条件。以美国为例，每年退市企业有几百家，可以给出一个统计数据：从1985年到2008年，纳斯达克总共退出13000家企业，平均每年退出超过500家。但我国的情况是，资本市场从2007年到现在，竟然没有一家企业退市。在全球资本市场，这其实是非常奇怪的现象，这是中国股市充斥着"僵尸股"、"垃圾股"的重要原因。

为什么会出现这种现象？有多方面的原因，比如很多地方政府对资本市场的"壳资源"有非常大的需求，一些公司出现退市的"可能性"，包括暂停上市，地方政府就会用所谓的政府补贴作为"非营业性收入"或"表外收入"去改变上市公司的资产负债表。这种采取不合法措施"保牌"的现象在资本市场并不少见。显而易见，当退市制度执行不力，搞虚假重组和虚假注资就有很大的空间。

英美法有哪些内容可以借鉴？

Q：你多次提到专门的证券法庭，这能解决证券案件中普遍存在的"有诉不理"吗？

李：在美国，专门的证券法庭在保护投资者权益方面发挥了极其重要的作用。就国内而言，我们现在的司法体系远远不能够保护投资者的利益，同时也不足以应付一些资本市场出现的新型案件。

首先，这些案件涉及的领域一般都是"高精专"，法院系统特别是地方法院，是不是有同样一批"高精专"的法官，这是一个问题。另外，证券类案件涉及的投资者分布全国各地，原告是当地企业或者债务人，那么地方保护因素在证券诉讼中必须考虑。上市公司可能是地方的政绩或者筹资工具，地方对当地法院又有人事和财政上的巨大影响，遇到诉讼，不排除地方政府主动去保护这个公司，从各个方面去影响当地法院。

所以，我一直坚持并呼吁，证券类、破产类案件应由国家层级的法院来受理，不应由受地方利益主导的地方法院受理。所以说，证券法院的设立，一可排除地方保护主义，二可同时解决法院的非专业化问题。

Q：目前，国内不少人都在提一个比较时髦的词，叫"集体诉讼"，这是英美证券法律的内容，在中国有没有适用可能？

李：集体诉讼对保护中小投资者利益有极高价值。很多小股民觉得，我只投了1万块钱，却要买飞机票跑到北京或者宁夏打官司，成本高，收益低，还不如忍气吞声，所以小股东都容易"息讼"。中国目前没有真正的集体诉讼，这和整个司法体系、诉讼制度和诉讼体系有关，但这个制度对建设一个健康的资本市场有很大意义，国内也正在慢慢学习和借鉴。比如，在证券民事赔偿诉讼中，我们目前已开始引入代表人诉讼等制度，这是一个好的开始。

但集体诉讼在中国也有一些市场习惯方面的障碍，比如小股东首先要登记，同时具有一定稳定性，但国内股市的投资者流动性很高，很多是投机者，不像英美市场，很多是真正的投资者，必要时会形成一个固定的社群或者团体，这个集体也愿意打官司。

为何不能只抓上市公司不抓中介？

Q：你曾多次表示，除了要对上市公司加强监管外，对中介机构特别是证券公司的监管也不可以偏废，怎么理解，难道对中介机构监管不够？

李：对中介机构，近年来，我们一直在立法上通过提高注册资本等方式加强监管，但总的来说，监管的确还不够。会计师事务所做假账的情况经常出现，律所也同样打马虎眼，用含混不清的文字出具法律意见，帮人规避法律责任。券商更容易出问题，比如IPO过程中做假账、假招股说明书，以及上市后保护性坐庄等。总的来说，对中介机构，提高资质门槛还远远不够。

除了立法上，执法上对中介机构的监管及处罚也是不到位的。比如有的案例中，券商招股说明书有假，但当时仅仅处罚了100万，或者对董事作一个警告或警示，这样的处罚太轻了。当然，处罚过轻是因为涉及到很多利益关系。

Q：的确如此，不少股民都认为对资本市场的一些违法行为，比如内幕交易、欺诈这一类犯罪处罚太轻。虽然有人坐牢，但更多案例都免于刑事处罚。怎么看？

李：应具体分析，要根据其获得的利益和侵害的利益判定。内幕交易的目的是要得到高额回报，所以处罚目标不仅是要使其追求高回报的目标落空，而且还要惩罚这种行为。很多时候，光有经济性惩罚是不够的，因为证券类案件还涉及对社会公众、不特定股民利益的侵害，惩罚应更重，很可能是刑事责任。但在现实中，即便在民事赔偿方面，判得较轻的案例也非常多，例如一个上市公司作假，罚100万，但它却已经圈了1亿。

一些人前几年案子发了，现在刑满释放，然后又重新回到市场继续赚钱。在中国资本市场涉及刑事责任的案件中，坐牢一般都是在5年以下，在我看来，有些案子又有欺诈，又有内幕交易，如果数罪并罚，坐10年以上的牢都没问题。同时，一些案件不但判罚轻，而且缓刑也用得太多。你想想，坐一年牢就能出来了，还怕什么？

独立董事不作为怎么办？

Q：在资本市场的发展过程中，证券相关的法律一直都处在不断修改和完善的过程中，对中国当前的证券法律体系的完善，你有何建议？

李：现在关键有几个方面。首先，原来的证券法对证券的定义比较窄，不利于整个证券市场的发展，现在更多金融衍生品交易开始兴起，对证券的定义更有必要调整，相关的规定也应随之出台；在资本市场的层次方面，中小板和创业板都已推出，但之前证券法并没有相关规定，未来我们还可能推出国际板，所以法律应当都要容纳这些内容。

在一些具体问题上，包括信息披露、内幕交易、证券侵权赔偿等问题，现有法律对这些方面的规定都不具体和明确，导致中小投资者维权市场找不到法律依据。比如信息披露的延报、替报、截止期都无明确规定，给了一些人很大空间。在内幕交易方面，规定总体上也过于原则，没有明确定义。内幕交易需要有个标准，有个定义，否则投资者怎么去法院起诉？

另外，上市公司董、监、高人员的责任很重要，这个责任必须细化，特别是遇到赔偿，哪些个人负有责任，并且怎么赔，我们现在都还没有这方面的规定。最早，中国曾经发生过"花瓶董事"被索赔10万的案例，但后来就再也没有发生过，对这些不尽责的独立董事，是否需要追究责任？这非常值得立法和司法上去关注。

其实我一直有个建议，中国应该成立破产管理局，英国、美国都有这样的机构，一个公司如果破产，破产管理局可以去诉讼破产公司的董事，如果公司是因为这些董事的错误决策和侵权行为破产，或者他们有内幕交易行为，那么就可以起诉他们，并要求他们赔偿。

英美法在证券体系中的优势在哪里？

Q：世界上的主要金融中心，包括纽约、伦敦、香港等都以英美法体系为主，而采取大陆法系的欧陆国家资本市场的确没有英美发达。就资本市场制度构建来讲，大陆法和英美法两个法系是否有天然的"优劣"？

李：我是这样认为的，英美法是判例法的传统，大陆法是成文法的传统，前者和现实的资本市场会比较密切，判例方式特别对资本市场的创新会有比较强的灵活性和适应性。大陆法作为成文法，一条法规的修改程序很长，没有法律依据法院也不会受理。资本市场的一些新型犯罪，比如近年兴起的衍生品相关违法行为，立法容易出现滞后，这是大陆法系存在的一个客观问题。

实际上，尽管中国的法律体系被归为大陆法，但中国的资本市场法律体系，实际上是两者的融合。比如说公司法，公司法在英美法系是州法，在中国是国家法，这和大陆法系国家把公司法作为国家法是一致的，因此公司法在形式上我们学了大陆法。大陆法系和英美法系在公司治理理念上是完全不一样的，大陆法系主要是"三会制度"，包括股东会、监事会和董事会对公司的治理，英美法系则主要是股东会、董事会和独立董事，独立董事在公司治理中扮演着很重要的角色。因此在公司治理的立法上，我们把大陆法的监事会和英美法的独立董事都借鉴了过来。

但"博采众长"未必就能达到好效果，简单来讲，监事会和独立董事都是起到一种监督作用，但"一山不容二虎"，要么是监事会起作用，要么独立董事起作用，两个都起作用的话，这两个肯定是要打架的。另外一个角度看，大家也可能认为两者能够很好地制衡对方，但实际上，两者在某些特定情况下双双变为"花瓶"的可能性更大。

资本市场的边缘地位应改变

——中国人民大学校长助理、
证监会发审委前委员
吴晓求

> 中国股市没有投资价值？这个疑问的答案在股民心中正变得越来越清晰。
>
> 对中国资本市场的发展来说，打击寻租股东、规范中介行为等无疑是保护中小投资者利益的有效手段。但对股市很难"就市论市"，国家定位、宏观调控和货币政策，这一类的因素很多时候才是决定股市价值的关键。
>
> 古人云，"功夫在诗外"。对中国股市来讲，同样"问题在市外"。

◆ 嘉宾简介 ◆

吴晓求，中国人民大学校长助理，金融与证券研究所所长，金融系教授、博士生导师，中国证券理论的奠基人之一，享受国务院专家特殊津贴，为长江学者特聘教授。

吴教授曾任中国证监会发审委委员、深交所博士后指导教师等社会职务。2003年获评中国资本市场年度人物，2005年获评中国证券市场年度人物。

寻租股东有何危害？

Q：创业板应该是中国股市的一个缩影，创板之初，最受诟病的就要数寻租股东了。你怎么看待这个现象？

吴：在《中国创业板成长与风险》一书中，我概括出了十大问题，核心问题第一个就是寻租股东。很多人认为创始股东和寻租股东互惠互利，我觉得不能这么认为。寻租股东严重地损害了创始股东的权益，但创始股东没有办法，因为寻租股东"成事不足，败事有余"。

寻租者成了股东，并不一定能使企业上市，他们常说有打通关系的能力，实际上并非如此。但他们的确有能力让企业上不了市，创始股东不敢得罪他们。寻租股东严重破坏了市场公平，上市后马上套现走人，把市场环境搞得一团糟。

第二个问题是退市机制。没有退市机制就不能吐故纳新，市场也就没有建立一个完整意义上的风险机制，必然充满了垃圾和泡沫。现在，监管部门已推出了退市机制，其正面的效果正在显现。

Q：创业板的问题，很多人认为和发审制度有关系，这个制度需要改革吗？

吴：审视发审制度，一个是从理想的角度，一个是从现实的角度。从理想角度来看，发行审核和监督分离是正确的。因为在同一个主体下，既做发行审核又做事后监督，的确会引发很多问题。因此也有人建议发行审核放在交易所，而监督由证监会负责，现行的两个交易所组建发行审核委员会。在我看来，未来的方向应该是这样的。

从现实角度出发，现行发审制度的约束作用还是非常有效的，出现内幕交易的可能性客观上被降低。如果把权力下放到交易所，"找人"的机会更大，审批者受诱惑的可能性更大。约束效果是否比得上现在的发审制度？我很怀疑。发行审核制度固然有很多缺陷，但在中国现阶段的信用体系下，这个制度有其价值所在。

发审委委员有何烦恼？

Q：你曾是发审委委员，找你"疏通"的人多不多？

吴：当然有，通过各种关系找，但我保持高度警惕，任何时候都要想想他是什么意思。但有时你防不胜防，比如一个同学电话说喝茶，那你肯定得去，可旁边坐了几个不认识的人，你就要警惕。发审委委员绝大多数对自身还比较有约束力，当然我没有证据表明他们每个人都很好，但从我个人经历来看，的确无时无刻不在提醒要约束自己。如果发行审核平台下移，市场化程度突然提高，风险会大增，对此我有点忧虑。

为何"有关方面"对资本市场重视不够?

Q：你多次提到，要从"灵魂深处"理解资本市场对中国未来的战略意义。难道我们一些管理部门对市场重要性还认识不够？

吴：中国经济要增长，甚至像美国那样持续增长百年，构造稳定而高效的现代金融体系至关重要。这样的金融体系，既能有效配置资源，又能顺畅地分散风险，构建这种金融体系的基础是资本市场。

长期以来，中国都从实用主义角度去理解资本市场，要筹资的时候就去力挺，带来"麻烦"的时候就把它边缘化，或者稍微涨一涨，就说它有泡沫，反复地打压股市。目前一些人，特别是一些重要的政府部门对发展资本市场仍然缺乏准确的理解。

政策应给资本市场更多关怀，这不是证监会一家能做的事情。比如说，决策层一方面采取紧缩政策，一方面希望从资本市场筹集大量资金，这样市场是不可能发展起来的，可能最终变成干涸的河床。

Q：你一直认为分红制度很重要，如何评论前任证监会主席郭树清推行的分红新规？

吴：说到分红政策，多年来，我们更关心市场筹资功能，忽视了投资功能。强化分红是正确的。简而言之，现阶段一定要强化市场的投资功能，而不是强化市场的融资功能，这对培育市场意义重大。

之前，我国对分红没有强制性的规定，而是由上市公司根据自己的财务状况、公司未来发展等来确定分红的多少以及分红的方式。郭树清任上，监管开始强化分红制度，目的是要真正恢复中国资本市场的投资功能。我还认为，应该将现金分红作为一个再融资的指标约束，比如，最近三年的现金分红的比例应该达到利润总额的40%。

大陆法系能办好资本市场吗？

Q：很多法学家也在讨论，中国是大陆法，世界上的金融中心都采用英美法体系，是不是中国的法律体系对资本市场来说有先天缺陷？

吴：这说到一个非常重要的问题，中国未来一定要构建全球性的金融中心，但这个路非常漫长，比很多国家都要困难。主要有几个方面的障碍：

一是法律上的障碍，英美法的判例法特征让它对资本市场的变化具有更高的"敏感性"和"贴近性"。中国法律为大陆法架构，但很多法律条文也带有英美法内容，因为中国人善于吸收，比如我们在公司治理结构里面就有独立董事和监事会，这个独立董事是英美法系的要求，监事会是大陆法系的创造，它们同时存在。最近几年中国法律，特别是《公司法》、《民商法》、《证券法》都吸收了部分英美法的内容。

更重要的是，我认为来自文化方面的障碍更大。中国文化对储蓄非常看重，人们需要把钱存在银行，一般不喜欢进行市场投资。你会发现，中国商业银行的生存非常舒服，因为钱都往银行存，银行的资金成本非常之低，所以中国的商业银行通常不会出现大危机。源源不断的廉价储蓄滚滚涌进来，这是外国银行没有的"优势"。

看看美国的银行，它们没有储蓄资源，只能靠主动负债，比如发金融债来储蓄资金，这样的风险很高的，而且成本也很高，但银行的管理水平也会跟着提高。中国大量的廉价居民储蓄进入商业银行体系，其后果一是让进入资本市场的投资少，二是惯坏了银行体系。

举个例子，德国的资本市场为什么很难发展？因为投机或者说投资文化不盛行，和北美新大陆完全不一样。

资本市场为何要有债市？

Q：在发达资本市场，股票、债券、衍生品各个品种已形成完整体系。中国债市发展远不如股市，这种"发育不良"有何负面效应？

吴：从结构看，中国资本市场的确比较畸形，债市不发达，资本市场作用就会打折扣。从融资来看，企业选择融资工具的空间很小，除发股票就是贷款，后者易受到政策周期性影响，宏观调控来了，融资就困难。完善的资本市场会有效降低企业的财务成本，还能对冲周期性政策风险。

从投资来看，很多基金都希望购买债券进行资产组合，包括养老金、社保基金等，这些基金的发展离不开债市的完善。债券市场不完善不利于金融市场国际化，股票风险相对较高，外部投资者进入中国市场往往先买债券，如一些蓝筹股的公司债，然后再慢慢进入股市。

中国债券发行实行多头管理，发改委要管，财政部要管，人民银行要管，证监会要管，可能国资委还要管一管，这样它怎么可能发展起来？其实一个部门管理就够了，这是一个体制问题。

Q：从2012年开始，地方债在沿海发达地区开始试点，内地一些政府也跃跃欲试，你认为这次试点会不会是中国债市启动的一个契机？

吴：地方债和公司债还不一样，在深圳、上海这些财政收入丰厚的城市试点没有问题。但地方债绝对不能蔓延，否则会出大事。你想想看，如果省一级政府可以发，那么县一级政府能不能发？如果各级政府都铺开地方债，那么未来会出很大的问题。

为什么中国这么多年都没有发地方债？很简单，因为中国的地方政府是个财权相对有限的主体，很多事情要靠中央政府来支持。美国的地方政府债务很普遍，但你要知道，中国的地方政府和美国的联邦州并不完全一样，很多联邦州具有完全独立的财权，因此就能"自负盈亏"。但中国的地方政府则不一样，如果发债之后到期不能支付，债务还得要中央政府兜底，这是国家层面对地方债问题的担忧。

对于地方政府的财政和债务问题，我觉得核心不是如何去扩大地方政府的收入，包括税收收入、发债收入，核心应该是要使地方政府的事权转移，有些事情根本就不是政府应该管的，没那么多事情要管，自然没有必要有那么多冗员，也无需那么多财政。与其探索通过发债的手段让地方政府的收入得到补充，倒不如思考如何理顺地方政府的职权，从缩减开支开始。以前我们改革的一个基本方向是使地方政府变得相对小，而如今，很多地方政府却越来越大，方向就错了。

Q：金融改革不能不提饱受争议的银行业，债市发展对银行有什么意义？

吴：从各国的经验看，给商业银行带来挑战，并促进其改变盈利模式的主要是债券市场，而不是股票市场。如果债券市场很发达，好企业可以选择发债，而不去贷款。发债成本一般都比银行贷款要低，而且是一次性融资，不受政策周期的影响。债市发展都伴随银行大客户流失，这就逼迫银行进行创新，不能老盯着中石化、中石油这些大型国企，目光下移就会盯着中小企业。

中国人距离价值投资还有距离

> 作为"四小龙"之首，强劲发展的外向型经济带来了充足的资金和全社会的投资冲动，让台湾股市在20世纪80年代末冲上12000点。但泡沫旋即破裂，股市跌至2000点。
>
> 在新兴市场，股市最开始必定因为投机而"超越"该地区的经济现实，但随后必然回归正常，反映经济的现实面。
>
> 大陆股市被称为"十年归零"，投资者越来越缺乏兴趣。从郭树清到肖钢，监管部门的"治理"和"规范"似乎已给A股带来一丝希望。对A股的现实和未来，台湾基金经理"隔岸观市"能看出什么不同的"门道"吗？

——台湾元大宝来投信总经理
刘宗圣

◆ 嘉宾简介 ◆

刘宗圣，元大宝来证券投资信托股份有限公司总经理，台湾投信投顾公会两岸委员会召集人，曾三度获得台湾证券期货基金业最高荣誉"金彝奖"。元大宝来投信为台湾本土公募基金规模龙头，也是台湾首批获得大陆QFII（Qualified Foreign Institutional Investors，合格的境外机构投资者）额度的金融机构。

刘宗圣为美国威斯康辛大学财务企管硕士，并在上海财经大学获得经济学博士学位。

为何台股20年前能冲到12000点？

Q：制度是一切的根本。台湾股市20世纪80年代末暴涨到12000点，然后在1990年跌到谷底，这种大起大落，是否和资本市场的制度不健全有关？

刘：可以这么解释。首先，台湾在20世纪80年代靠着"出口"经济成为"四小龙"，所以大家都有了很多钱。但整个资本市场没有得到全面发展，资本没有国际化和自由化，基金、银行的理财工具都很缺乏，投资人选择有限，所以钱都往股市里跑。

其次，地下融资公司的泛滥也是股市暴涨的重要因素。在台湾，它们被称为"老鼠会"，专门吸收资金市场的浮额，然后炒股坐庄，这个情况和大陆在2004年前后的情况一样，比如汉唐证券就是这样。为了集资，地下融资公司大量吸收存款，吸收存款本来应该是银行的业务，但台湾的银行怎么能给出20%的回报呢？所以大量资金因为地下融资公司的高回报承诺进入股市爆炒。

台湾股市在不少人看来是"一蹶不振"，但我认为其实是向基本面回归，任何一个市场都有这个过程。现在，台湾股市慢慢发展到了买低卖高，就是低的有人买，但高的基本上就不会再追，所以台股的指数将来不再容易看到高点。

如果把美国这样的成熟股市发展曲线拉长来看，它情况大概是，随着经济发展和股市成熟，指数位置会到100点，慢慢地升到1000点、5000点、10000点、20000点，但时间可能是七八十年，道琼斯指数就是个例子。但台湾的指数是在很短的时间内，用一个很陡峭的方式向上窜行，必然需要回来"补功课"。

Q：简而言之，钱除了股市没有地方去，只能去股市，这是台股暴涨的逻辑。

刘：不尽然。今天的钱没地方去，它也不会去股市。当时不完全是钱没有地方去，而是台湾人没有经历过大起大落，没有吃过教训。日本一直存在"钱没地方去"的问题，它的利息太低了，但钱绝对不会去股市。大陆现在同样存在资金泛滥问题，但钱会去房市和理财产品那里，很少去股市。

从当时全民炒股的疯狂来看，还存在投资习惯的问题。那时的台湾人都认定股市可以"一夜暴富"，世界上从来没有这么好的机会。所以老师都不会好好教书，没有电视和网络，台湾的小学老师会一边从收音机收听股市行情，一边写黑板上课。这是不是和大陆有点像？2007年，上证指数冲上6000点的时候，大陆不是也有很多六七岁的小朋友对股票代号如数家珍吗？

在成熟市场，股市最终是实体经济的反映，投资者投资的不是股市而是企业。因为台湾的经济基础还在，所以台湾股市也并非"一蹶不振"。1990年，台湾股市到了

2000 点，但 2000 年又回到 10000 点，从 2000 年到 2010 年，台股再也没有力气回到 10000 点，但中间最高也曾到过 9800 点。

Q：也就是说心理因素也很重要，台湾同胞的投机心理和大陆股民一样很重。

刘：20 世纪 80 年代，台湾股市跟欧美股市最大的不同是换手率。欧美市场的换手率约为 40% 至 50% 之间，而那时的台湾高达 400%。这是什么概念？现在的韩国股市和 A 股也比不上那时的台湾。在孟加拉、巴基斯坦这种高度不成熟的地区，同样难以和台湾相提并论。过高的换手率有心理因素的作用，但必然存在少部分人对股市的操纵。现在，台湾维持在 40% 至 50% 的水平，这才是正常的。

台湾股市为什么爱分红？

Q：大陆现在一直在强调股市的投资功能，即强化分红机制。对比而言，台股的配息率一直是很高的，为什么会有这种风格？

刘：配息率高是台湾股市的一大特色，一般高达 4% 至 5%。台湾是亚洲资本市场里配息率最高的地区之一，这种风格是台股从成长性到价值性的转变使然。

台湾过去一直以"出口"为导向，企业通过上市拿到资金后，去买机器、设备和厂房，然后接单外销，每年赚取"外汇"。企业最开始是"拿股票换钞票"，但后来发现拿股票换不了钞票了。为什么？过去企业对投资者的回报是股价高升，大家都理解企业还在发展，因此不一定马上能赚钱，但时过境迁，企业已进入下一个生命周期，怎么能还不分红呢？

这时候，投资者逐渐对除权已经没有兴趣，而是更喜欢直接的现金，就是除息。这种趋势在巨型股票表现尤为明显，比如电信股、通路股。在投资者看来，你股本已经很大，不用再膨胀股本了，你应该直接把所得奖励给我们。

有一段时间，企业做 SPO（增发新股）或者做除权的时候，投资人会弃权，对 SPO 根本没有兴趣。这就表示投资人已经告诉你，我不要你的股票了，如果你赚了钱不能给我现金，那么我就会毫不犹豫地把你的股票卖掉。这种局面导致的结果是本益比（市盈率）偏低，会给企业带来"内伤"。将来它要再筹资，就根本拿不到钱，所以企业必须要转变回报投资者的方式。

如今，台湾一旦出现公司配息不够慷慨，大家就会骂得很厉害。台湾投资者已经习惯这种很高的配息方式。比如，宸鸿就曾被骂得够呛，这是一家给苹果做面板的企业，投资者认为配息太少，但企业认为自己必须拿更多钱去再投资。

Q：看来台湾企业对股民真的很不错。A 股很多企业超过 10 年不分红，被人称为

"铁公鸡",大家拿它们没办法。

刘:台湾形成这种风格是市场机制作用,跟监管的关系不大。

企业不可能10年、20年还在成长,它一定会进入到成熟期,到了成熟期就必须把经营果实跟股东分享。台湾今天很少有所谓高成长性的股票了。所以,台湾资本市场目前有个现象是把股票当债券买,把债券当股票买。股民倾向于买高收益的公司债,其价格波动较大,同时和股价有联动。这背后代表了台湾人对股票认知的转变:股票是安全的、长期的。

如果哪家公司希望给投资者配一堆股票,一张变两张,两张变五张,但股价却跌到20%,结果总价值不变,这样的手法,台湾投资者早就不买账了。尤其在当前全球政经环境不稳定的情况下,不确定性太多,对投资者来说肯定不如拿现金。

Q:作为基金经理,可能更容易站在投资人的角度上看问题。从企业角度来看,你认为过分强调分红会不会对企业不利?

刘:现在,很多台湾企业有点"Over-capitalization",即资本过剩。这和大陆很像,企业不是没钱,而是拿着钱不知道怎么投资和扩大生产。刚上市的企业资本有限,比如只有50个亿,而竞争对手是300亿,那么它不够资本,必须从市场拿。这时它还没赚钱,不能分红,投资人相信它明天做得到,所以买一个预期。本益比最大的精神也就是这个期望值。如今,当年公司的股本经过10年、20年的累计,动辄上千亿。这些公司未必需要这么多的资本,它应该把赚的钱回馈市场。台湾很多银行和金融股都存在这个问题,在很多投资者看来,它们甚至都有减资的必要了。

为什么会"资本过剩"?不是台湾企业的问题,一是全球经济形势不好,投资机会少;二是台湾对企业对外投资管制太多。企业资本过剩会怎么样?一是股票分割,苹果公司就做过好几次股价分割。因为股价涨得太高,投资人没法买。二是公司主动减资,台湾已出现这样的公司。对企业来说,大环境不好,拿着资本去投资有风险,返还给投资者何尝不可。这样的公司股价没有涨,但起码也不会跌,每年还可以配息。

A股市还有恢复元气的一天吗?

Q:在分红方面,台股和A股可谓"冰火两重天",作为首批A股QFII的基金经理,在你看来,A股为何有这么多"铁公鸡",一点也不在乎投资人?

刘:我可以告诉你,台湾的资本对外流动是完全开放的,这个问题很重要。如果大陆投资者可以像台湾这样把钱投到全世界,"铁公鸡"还敢不分红吗?我觉得大陆股市还需要时间。2007年之前,股市乐观过了头,现在就是在回补"跳空缺口"。用白话讲，怎么上去它就怎么下来，该花多少时间去发展，就得花多少时间。

Q：大陆股市被称为"十年归零"，投资人缺乏信心。A股是不是没有希望了？如果说有希望，那么希望在哪里？

刘：大陆股市的潜力还没有发挥出来，很多投资价值还有待发掘。台湾和大陆相比，不是一个数量级的。台湾股市到今天大约1400万账户，台湾人口2300万，渗透率约为60%。反观大陆市场，10年以来，沪深两市的开户超过5000万，大陆13亿人口，渗透率还不到10%。而且，台湾的数字是重复开户，大陆并不把重复开户计算在内。因此，你可以看到大陆市场正积蓄着相当大的动能。

一开始，大陆股市没有机构投资人的概念，主要是零售型投资人。首批基金公司是从1998年才开始运作的，直到2001年才有正式的开放式基金。再看银行，2000年，五大行坏账可能高达30%，银行根本没有理财产品。所以，大陆投资者只能去投股市，从股市开始"启蒙"。另一方面，股市又是所有金融工具里风险最高的，因此投资者必然要付出"代价"。

大陆股市存在问题还有一个根源是股市和房地产密切相关，在资金上有时会像一个"跷跷板"。而房地产又和银行联动，那么就等于股市和银行联动，最后发现大陆股市的主要市值来源成分股都是金融股即银行股，那么这种"相关性"必然影响到股市的健康成长。比如，银行出了问题，必然等于股市出了问题。所以，我认为大陆的金融市场很大，但金融工具太少。如果工具都集中在股市，那么必然出现"一放就乱，一乱就收，一收就死"这种局面。

总的来说，大陆股市算是发展得不错，至少没有出过大问题。大陆股市最早存在"银证不通"，资金都放在券商那里，券商不仅是中介，它自己还炒股坐庄。2004年，大陆的很多证券公司都面临破产风险，很多家被接管，像华夏证券和汉唐证券都曾是业内翘楚，但出问题也很快。这些问题后来都解决了，尽管有代价，但股市的发展方向没问题。

说到底，大陆固然应该大力发展股市，但其他投资工具也应同时发展，比如债市，甚至包括银行的理财工具。如果没有这些"配套"，那么大陆股民付出的代价一定会更多。

Q：大陆股市的表现和GDP存在"背离"，这是客观事实，A股未来的投资价值在哪里？

刘：对大陆股市的判断，关键是看它是成长导向，还是价值导向。从"十二五"规划、扩大内需和城市化以及推出《劳动合同法》这些政策关键点来看，大陆市场正往价值的方向前进。

之前，大陆股市的 ST 炒作是大热门，但这种形态应该是"过去时"，回归蓝筹才是未来的正途。在这个问题上，我基本同意郭树清的观点。大陆经济发展这么快，却没有投资者愿意长期持有的蓝筹股，这很奇怪。但蓝筹化不是"圈钱"，蓝筹股必须在股价或分红上给投资人交代。股市应该是一个融资功能和投资功能兼具的地方，不应该是单向的融资场所。

大陆蓝筹股，未来最主要的问题是治理结构改革。同样是东方企业，日本人和韩国人在人才国际化上都比大陆要好，你看尼桑，它的 CEO 就是老外，韩国的巨型企业高层也聘用了很多外国人。国际化是大企业蓝筹化的要求之一，蓝筹公司的组织和管理都需要变革。巨型蓝筹是国资委在管，那么决策者到底是董事会还是国资委主任？你自己都无法做到透明，投资者怎么会有信心？

没有债市为何会火了楼市？

Q：提到债市，现在大陆监管部门提到债市复兴这个概念的频率很高，债市成长和股市健康具有"联动性"，这个"联动性"对大陆股市来说，重要吗？

刘：股市和债市是"跷跷板"关系，股市好债市就不好，股市坏债市就好，这是一种"平衡"。股市本来是短期理财工具，一个市场如果希望资金不要短期内进出太多，发展债市是必需的。大陆过去怕股市过热，做了很多压抑措施，但效果不佳，还带来很多负面影响，比如房市问题，这些都是因为没有债市。

为什么大陆之前不发展债市呢？因为债市作为融资工具，大陆没有必要发展。全世界的钱每年都发疯一样地朝大陆去，买房买地盖工厂，所以大陆的政府和企业都不缺钱。不缺钱为什么要发展债市？你看世界上其他国家的债市都是在资金缺乏的情况下兴起的，大陆没有这个需求。

Q：台湾债市是如何做到和股市玩"跷跷板"游戏的？

刘：台湾债市和股市的这个"平衡"作用其实也没有很好地发挥。台湾地区的殖利率水平一直很低，比日本还低，"公债"殖利率只有 1.2%。同时，台湾的邮储、保险公司大量持有债券，大量资金进来后，把利率拉得更低，这样的结果是让一般投资人觉得债市无利可图，所以也不想投资。

对比而言，大陆其实有发展债市的利率条件。大陆公债殖利率比台湾高很多，基本上是台湾的三倍。再看世界上几大工业国，他们的 10 年期国债利率平均都有 3.4% 以上。你想想看，如果债券殖利率低于 3%，还有必要买债券吗？为什么不直接存银行？

Q：台湾的金融对外开放被很多人称为"过了头"，对本土的金融机构发展极为不利。你认为呢？

刘：就基金行业来说，我举一个例子。台湾开放了一个叫"境外基金总代理"的制度，通过这个制度，台湾的资金可以没有限制地往外流。台湾居民一年有 500 万美金的额度可以汇到海外，企业一年有 5000 万美金的额度。台湾还允许全世界 1000 多档基金在岛内销售，70 多家海外的基金公司可以不在台湾取得任何执照，便肆无忌惮地销售它的产品。

如果大陆这样做，结果是什么？华夏、易方达这样的基金巨头会立刻有危机感。大陆现在的资金外流，主要还是通过灰色渠道，这其实是对本土基金的保护。台湾的基金就没有这种保护。

台湾的处罚为什么如此严酷？

Q：作为基金经理，来大陆投资，怕被烂公司"坑"吗？

刘：问题避免不了，大陆自己的基金经理都会被"坑"，何况我们。但对不规范的现象，建议大陆还是应该加强监管，有时候不妨参考台湾。以内线交易为例，台湾的监管非常彻底。

首先，台湾的很多监管是溯及既往的。比如，五年前你获取内幕消息而进行了交易，现在发现照样处罚。其次，立案率高，几乎所有投资者的诉讼都会立案。其三，内幕交易不光是民事问题，几乎都有刑事责任，可以提起公诉。

举个例子，台湾股市有一个"背信罪"，指的是上市企业大股东，图利个人或他人，侵犯小股东权利。这个罪范围很广，而台湾证券案件中援引最多的就是这个"背信罪"，所以威慑力特别强。按照规定，"背信罪"要处 7 年以上 15 年以下有期徒刑，这可比大陆高多了。在大陆，上市企业老板在外面有公司，然后和上市公司有业务往来，这再正常不过。但在台湾，可能要蹲好多年监狱。

Q：听起来，台湾股市还蛮恐怖的。对金融权贵来说，民事处罚基本没有威慑力，他们不缺钱，刑事处罚才是关键所在。大陆的确做得有点不够。回到基金业，你认为大陆基金业能从台湾同行的发展历程中汲取什么经验？

刘：大陆同业现在犯的错，跟以前的台湾一模一样。第一是只买 IPO（Initial Public Offerings，首次公开募股），往死里买，没有做长时间管理的热情；二是产品同质性高，别人卖什么我也来卖；三是没有根据自己的优势培养人才，高薪到处挖人，最终各家行为模式一样。我认为，这些错误的根源都是基金公司只注重本身一端，而忽视客户一端，不重视投资者的成长和开发，而这才是基金业的基石。

Q：作为台湾最著名的基金经理之一，大陆投资者肯定都想听你的建议，说说你有什么投资建议吧。

刘：第一，注重现金管理。投资有个原则叫"低买高卖"，大家都知道，问题在于低的时候，你可能已经没有资金去买，因为这时大家都被套牢。所以做资产投资组合的第一个原则就是现金管理。"低"还有"更低"，虽然你已经买得够"低"，但是不要忘记保留10%至20%的现金。

第二，好股票不要追高。以目前的大趋势来讲，很多好股票都会有比合理价格更低的时候，买股票应有所保留。

第三，不要忘记防守。构建投资组合要把核心持股和非核心持股区分出来，有些股票是可以先"落袋为安"的，对一些质量较高的则可以增加配置。

安东尼·波顿为什么在大陆折戟？

Q：巴菲特的书在台湾热不热？大陆股民为巴菲特着迷，痴迷于跟着巴菲特学选股、看财报，但大部分人都没有得到"真传"，亏得一塌糊涂。

刘：巴菲特在构建投资组合方面的能力很容易被忽视，他的成功绝非"一城一池"地买到"超级股票"。巴菲特的成功手法之一是危机入市，比如买富国银行和美国银行，危机入市的好处是风险已被有效降低。巴菲特绝不会因看错一档股票全军覆没，只要10只里看对5只，基本上就能小胜，甚至中赢。

基金经理人其实不太谈股票，特别是个股，那些推荐股票的书籍和电视并不会让你致富。基金的流程是，调研部门会把投资组合和选股建议告诉我们，然后在我们这个环节形成最终的投资组合方案。

Q：做了这么多年基金经理，你认为基金经理最容易出现的错误是什么？

刘：现金配置做得不够，大家都知道现金管理，但做好并不容易。没有现金，你不可能反败为胜。另外，基金经理还会去追捧某只股票。比如大陆的茅台，茅台是一家酒厂，前总经理曾被判处死刑，市场上的量超过产量，一瓶酒却可能要三五万人民币。就这样奇怪的公司，它竟有100多倍的本益比，大家还往死里买。以前，台湾的银行股会涨到1000多块，而现在只有30块，之前那种追捧和大陆资金追捧茅台一样夸张。

Q：富达的安东尼·波顿之前在大陆市场栽了跟头。他自己承认投的公司有问题，被烂公司"坑"了。

刘：投资就像交朋友和谈恋爱，不是靠人家推荐和看看报表就行的。大陆人看大陆都看不清楚，何况老外？

另一方面来看，短期内对他的投资盖棺定论也是不科学的，因为国外投资人看一个公司可能是看10年，甚至20年。台湾和大陆有个问题，就是对某项投资的评价过于功利，希望短期内看到价值。实际上，我相信很多人的投资风格和估值手段和安东尼·波顿有点类似，也肯定在大陆投了不少项目，只是现在还没有浮出水面，相信三五年之后，会有一些投资看起来很成功。

Q：在大陆栽了跟头的西方投资人基本上都承认"调研不足"，比如有公司实际拥有的经销网络，规模不到声称数字的一半。

刘：调研是必须的，实地调研不一定意味着投资成功，但不实地调研肯定不会成功。时间比实地调研更重要，投资经理人最重要的是跟着企业走一段路。时间太短，投资人只能找到股价变动的感觉，而无法发现企业的真实价值。

未来在大陆到底投资什么？

Q：那么说得再明白一点，尽管最好的基金经理不推荐股票，但是还是请求你说说看好大陆哪些行业吧。现在很多人看好消费股，说只要有13亿人的市场在，这个行业稳赚不赔。

刘：消费股会常态化，但不是最具增长力的行业。而像能源、金融这些行业其实已经提早迈入了成熟期，它们已经是目前阶段的主角，未来呢？

三个行业看起来不错。

首先，大陆存在人口和资源环境的压力，要提高生产效率，未来会用到更多高新科技，但目前大陆还没有真正建立起完整的高新科技类别，这是潜力。但我说的高新科技不是太阳能和光伏。

其次，制药是民生重要的一环，但又和普通消费股不一样，消费品毛利低，同时替代性高，竞争激烈。制药却相反。

第三是军事相关产业，从最近的领土争端和宇宙飞船的发射来看，军工业会越来越强大，会带动非常多的中下游产业。

大中华资本市场的可能性在哪里

——台湾并购与私募股权协会理事长 黄齐元

> 20年前,台湾人和香港人曾是高盛、摩根等外资券商大陆地区高层人选的首选,但现在,越来越多的职位被大陆人抢占,这背后是两岸暨香港金融版图的变迁。未来20年,东半球的金融版图和金融势力会如何变化?日本,新加坡、中国大陆、台湾、香港,它们将会如何找到自己的定位?
>
> 大陆资本市场建立之初,曾借鉴不少"台湾经验"。但如今,台湾股市疲软了10多年。台湾股市的"牛"与"熊"究竟和大陆股市有何异同?中国人就一定做不好资本市场吗?这些问题,我们不得不思考。

◆ **嘉宾简介** ◆

黄齐元,中国台湾并购与私募股权协会理事长、蓝涛亚洲总裁、宝来金融集团首席顾问。黄齐元是台湾投资银行界的领军者,尤其在TDR(台湾存托凭证)上市方面业绩显著,被誉为"台湾TDR之父"。黄齐元一直致力于推动两岸金融领域的合作,他还担任大陆并购公会理事,并获2008年度大陆并购公会"最佳并购交易奖"。

黄齐元拥有斯坦福大学MBA学位,毕业后任职于摩根大通纽约总部。之后,在两岸暨香港开始了投行生涯,曾任里昂证券董事及大中华地区投行部总经理、宝来金融集团副总裁等职。

台湾资本市场为何缺乏活力？

Q：近年来，台湾的资本市场一直缺乏活力。台湾也有 IPO（首次公开募股）审批，那么必然会有寻租，而交易中也有很多内幕交易。我有个疑问，是不是这个世界除了美国这样的地方之外，所有的后进地区都无法做好资本市场？

黄：台湾的问题和其他地区刚好相反。其他的资本市场之所以混乱是因为监管不够，而台湾却是监管过了头。

大陆资本市场的法规相当多，很多都是向台湾学习的，包括承销审批、基金公司管理等。台湾市场很小，监管起来很容易，但更容易造成监管过度。监管过度加上竞争激烈，金融机构的生存空间就很小，还会产生许多怪现象。

一个成熟的资本市场应该是完全"市场化"的，好公司和坏公司应该交给市场去评判，而不是强化审批的作用。监管应该是让公司很好地披露信息，只要把真实信息披露出来，就不应管你上市与否，风险由投资人自己负责。脸书（Facebook）上市的时候并没有经过所谓严格审批，投行的重点是说明风险。脸书的招股说明书厚厚的一本，其中 30% 是讲风险因素。

在大陆、台湾和香港，其实都存在很严格的审批，只是形式不同。监管机构都希望提高准入门槛来保证上市公司的品质，但这其实对资本市场发展很不利。

Q：台湾一个企业如果要 IPO，需要经过哪些程序？监管到底严在何处？

黄：一个企业上市，前后需要至少两年时间。这个时间显然太长，就是因为有这种严格的审批制度。第一关是必须经过台湾证券交易所或者柜台买卖中心；第二关是"金管会"，"金管会"下面设有三个"局"，分别是"银行局"、"保险局"和"证券期货局"，和大陆的一行三会差不多。

台湾还存在对中介服务机构管制太严格的问题。台湾过去的承销制度中，手续费是全亚洲最低的，在大陆和其他地区，2%、3%、3.5% 都有可能，但台湾规定只有 0.5% 不到；还有固定费率的限制，比如说规定投行做一个 20 亿的承销，但最多只能收取 1500 万台币手续费。

这种严格的监管，让中介机构很没有"赚头"，并不利于金融创新和金融业的长远发展。

台股的内幕交易有何"台湾特色"?

Q:这个费率的确太低了,大陆同行知道肯定会同情你们。

黄:除了监管过度造成的抑制之外,台湾金融业的另外一个大问题是竞争过度。

台湾的证券公司超过100家,银行40多家,基金公司40多家,保险公司20多家,金融控股公司有16家。一个小小的岛,人口才2300万,怎么能够容纳那么多金融机构?因此,金融机构必须做很多免费服务,讨好顾客。但这也是好事,让台湾的金融服务业做得非常到位。在大陆,你不是VIP,你就必须看银行和证券公司的脸色,但在台湾绝对不会。

压抑金融机构并非就能规范市场。中介赚不到钱,它们就会考虑通过别的渠道赚钱。做承销时,券商自己事先吃下部分股份,等于做了PE(私募股权投资)和VC(风险投资)的事,然后从发行溢价中牟利。比如发行价是100元,但券商却事先以50元买下来,等上市后拿去二级市场卖,就靠这个弥补少得可怜的佣金。

这样做带来的问题太多,所以现在进行了改革。券商不在IPO前突击入股了,但增发还是允许券商介入,券商同样是赚其中的资本利得。

按照常理,股票应卖给机构法人和其他投资者,哪有券商自己吃下来的道理?这是一种资本市场的扭曲现象。甚至还发生过这种事,公司CEO对券商说,你吃下来吧,没问题,但你必须把赚得的钱返还一半给我个人。这是明目张胆的腐败和内幕交易。

Q:这个例子让我想起一些落后国家的公务员系统,公务员工资很低,所以容易去贪污和寻找灰色收入。

黄:对。这是制度的问题。扭曲的制度造成一级市场和二级市场没有一个好的循环,就是企业股票的价值不能在市场得到合理的反应。

台股的大户和散户是哪些人?

Q:台股的参与者都是哪些人?有大庄家吗?

黄:台湾没有一个规范的机构法人市场。一些不规范的机构和人一直在炒,所以台湾的"证所税"很难推。目前,这是台湾金融领域民怨最大的一个问题。在普通人看来,大户挟持了当局的"证所税",而推"证所税"则能维护公平正义。台湾的仇富心理和大陆一样。

马英九和陈水扁也是学法的,总是把公平正义挂在嘴上,但这样的人不一定适合做领导人。要保证公平正义,应该用制度去改变,而不是为了某一部分人去打击某一部分人。

台湾人都对马英九不满，包括我也写文章提到：作为一个领导人，他思考的问题是如何创造财富，把蛋糕做大，而不是成天惦记蛋糕怎么切。台湾的经济这么差，不是靠分蛋糕可以解决问题的。

台湾当局的失误为什么害了台股？

Q：在一个不规范的市场里，大户最终赚的都是散户的钱，散户永远是最可怜的一群人。台湾的散户都是什么人？

黄：人群和大陆差不多，市井小民都有一夜暴富的梦想。

台湾经济的特色是两个"小"：一是企业小，中小企业为主；二是投资人小，小股民特别多。两个"小"都给台湾经济发展带来了负面影响。一方面，台湾的中小企业很少变成大企业，最后在国际产业的变革中缺乏竞争力，败给了韩国人。另一方面，散户太多，资本市场的制度难以建立和完善。要保护散户，当局应该学美国人把他们的钱集中起来发展法人机构，而不是表面上搞"公平正义"。

台湾当年曾非常自豪地说，我们的二级市场周转率世界第一，但这个周转率其实说明你根本没有长期投资的概念，是一个很不健康的市场。太高的周转率代表着风险，一旦大家对市场没信心，这个市场就死掉了，小股民一下子就会散掉，股市怎么办？

退一步讲，你通过"证所税"把这些炒股的大户从股市驱逐，你认为还会有谁留在股市？台湾需要真正的投资者，真正有帮助的可能是外来的资本，比如更多的大陆或外国法人的资金，这应该是台湾未来的方向。

Q：后起的资本市场都会提到引进外来资本，那么请问以台湾为例，QFII 对台股的良性发展有什么价值？

黄：台湾和大陆有个共同点，就是本土的机构法人并没有形成气候。

大陆证监会前主席郭树清说"蓝筹股"有罕见投资价值，但大陆的机构法人不发达，根本没人去捧你的蓝筹股。小股民的兴趣是创业板，因为那里有暴富的希望，买蓝筹股还不如买楼，对不对？

从台湾的经验来看，外资法人对于改变市场的投资习惯和稳定市场有很大的价值。有一段时间，台股的交易一直在下跌，但突然尾盘一个 300 亿台币的单子就稳定了市场。后来发现是摩根士丹利，它的这个单子让市场很快又起来了。

台湾现在最大的问题是对外来资金不友善。不久前，大陆贸促会的领导非常不客气地批评这种现象。台湾不要这么小家子气，要让陆资来台。

台湾为什么会怕外来资本呢？一个是要保护小股民，怕金融大鳄伤到他们。另一个因素是政治上的，就是民进党的阻挠。台湾相关部门一听到"陆资"心里就会害怕，因为怕给民进党留下把柄。你看，大陆资金现在已经走到全世界去了，还稀罕你一个台湾吗？摩根士丹利的股东就有中投公司，那你干脆把摩根士丹利驱逐出境吧。

还有一个重要问题是台湾对金融的发展没有长期规划和愿景。做事情都是小打小闹，缺乏五年、十年这样的战略规划。不知道这是否和台湾的领导人有关，阿扁和马英九都是学法的，除了"公平正义"之外，他们就关注细节。

Q：记得台湾曾提过要发展成为亚太的资产管理中心，但这个目标后来不了了之。为什么？

黄：实现这个目标，你首先必须有很多一流的基金公司。但台湾的现实是这个产业的发展受到很大限制，这还是监管过度的问题。

台湾对本土的基金公司几乎采取"歧视"态度。本土基金公司推销产品有非常严格的审理和硬性标准，但外国的基金管理公司却限制很少，它们透过银行渠道把产品卖到台湾几乎没有限制。从这个角度来讲，台湾有点崇洋媚外。

大陆和新加坡都比台湾做得好。它们一直在积极扶植自己的基金公司，而外资的份额却很小。但台湾却打压自己的基金公司，台湾的基金产品销售之中，外资是大头，即便外国的基金公司在台湾只有 5 个人，但透过银行渠道可以买 5000 至 8000 亿新台币的产品，这是非常惊人的数字。

大约七八年前，雷曼兄弟开发了"联动债"产品，这个产品和次级债券一样缺乏担保，但台湾监管部门只监管台湾本土基金，而不管银行渠道，最后外资基金在台湾卖出了很多这个产品，台湾投资者最后损失严重。

陆企赴台融资的障碍是什么？

Q：自从红筹上市受阻以来，大陆中小企业一直在寻求更多的上市渠道。有的选择了去新加坡和欧洲。来台募资有可行性吗？

黄：台湾的资本市场虽小，但非常适合中小企业，而且是目前阶段亚太地区最适合中小企业的上市地点。

首先，香港现在已经没有了中小企业上市的空间，都是中国人寿这样的巨型企业。新加坡呢？陆企目前在新加坡上市约 200 家，叫做龙筹股，但市盈率平均只有 5%。为什么？因为新加坡没有零售投资者，市场不够活跃。再说美国，美国市场近期对陆企很不友好。大陆的中小板、创业板呢？它们的排队太长了，如果要把符合上市资格的公司全部上完的话，大概需要70年。

相比之下，台湾是一个好选择。目前，两岸资本市场的联系还不多，但台湾的限制在逐渐松动。

陆企赴台募资有三种形式。

一是IPO。三年前，台湾已经开始允许大陆企业以境外公司的架构赴台IPO。除此以外，企业家有大陆以外的身份，也可被看成是境外公司直接来台IPO。如果陆企不以境外公司的形式赴台上市，那么台湾会有陆资比例不超过30%的限制，但这可以透过重组改变，这样的操作案例越来越多。

二是"第二上市"，即TDR（台湾存托凭证），就是说你虽然已在别的市场上市，但你到台湾可以做第二次挂牌和募资，这方面的限制相对较少。目前，台湾的TDR挂牌总共有40家，我本人经手的TDR已有13件。

第三，除了IPO和TDR之外，买壳的情况也越来越多。我和大陆的一些民营企业家接触下来，他们对买壳赴台非常感兴趣。这种方式的优点是便宜，在台湾买壳大概1.5亿到2亿台币即可，但在香港要1.5亿到2亿港币，价格大概相差4倍，但募资效果却没这么大差距。

高盛把亚太首长放在北京意欲何为？

Q：在亚太地区，很多人都会提到大中华资本市场板块。中国香港、上海、台北，还包括新加坡，这些城市怎么定位？

黄：现在，全世界都在争抢人民币离岸中心，包括伦敦、悉尼还有香港。很多人看好香港，但我有不同看法，台湾都比香港合适。

台湾是天生丽质的美女，而香港是整形美女。为什么？大陆是台商的第一投资地，在经贸互通方面，香港和内地与台湾和大陆不是一个数量级的，所以台湾才会真正产生人民币需求。香港却不然，它没有像样的本地实体企业，都是些炒作房地产的大亨。

此外，香港地价高涨，已经难以再吸引跨国公司和金融机构进驻了。除开个税的优势外，香港还很难吸引优秀人才赴港工作，许多金融机构比如高盛已经把它的亚太区最高负责人放在北京了。显然，北京的重要性正超过香港。

台湾有建立人民币离岸中心的条件。目前，国务院已将厦门定位为两岸金融中心，其中蕴含着很大的机遇。在具体操作上，厦门可以做一个离岸人民币交易所和股权交易所，让两岸的中小企业不管是台资还是陆资，都能从这个金融特区融资。这个特区是台湾成为人民币离岸中心的第一步。

上海呢？这个城市的潜力更大，但它的发展太受制于大陆的金融管制，比如人民币资本账户的开放便决定了这座城市的未来。

新加坡会成为很好的财富管理中心，目前已基本成型。当年，台湾地区和新加坡曾同时喊出了建设财富管理中心的口号，但现在台湾都不好意思提了。

台湾VC行业是怎么死掉的？

Q：有个有意思的现象，投行的亚太区基本上都不包括日本。这个国家自成一体，似乎不愿意在金融上和其他亚洲国家和地区相提并论。

黄：各大投行刚设立亚太区的时候，这个地区只有日本是发达国家，其他都是新兴国家和地区，所以就把日本独立出来了。

另外，日本是一个很"封闭"的经济体，这不是说日本不搞自由贸易，而是它的很多制度和习惯和外面不一样。之前，其他地方的手机拿到日本是不能用的，因为系统和全世界不一样。后来，他们虚心了，所以正在慢慢融入亚太。

我认为，亚太地区的金融市场未来会形成四个板块，分别是中间的大中华板块、南边的东盟板块、北边的日本和韩国两个板块。韩国其实也自成一体，既不依靠中国大陆，也不依靠日本。

现在有个说法叫"20—50俱乐部"，韩国是第七个加入该俱乐部的国家。"20"代表人均所得达到2万美金，"50"是指人口超过5000万。1998年亚洲金融风暴时，台湾地区是"四小龙之首"，韩国那时几乎破产，现在却反过来。按照经济实力，依次是韩国、中国香港、新加坡，最后才轮到台湾地区。阿扁让台湾地区沉沦了10年，这个结果一点不奇怪。

Q：你多次提到了台湾的自我封闭，"四小龙"时期的台湾好像不是这个样子。

黄：台湾为什么成为"四小龙之首"，因为它开放。20世纪80年代，全球最好的华人理工科人才都会来新竹科技园创业。现在呢，要么留硅谷，要么去大陆。

台湾的VC为什么差不多都死掉了？就是因为当局一直把VC"绑"在了台湾。一些早期曾获得当局资金的创业投资机构，当局对其投资大陆有严格限制，比如投资不超过10%，这完全扰乱了它们的经营。

我父母都是上海人，我在台湾出生和长大。20世纪90年代之前，香港的投行负责人几乎全是外国人或港台人，但现在，香港的投行高层多数是大陆人。金融版图已经改变，台湾不要还是老样子，认清形势最重要。

明基并购西门子为何会失败？

Q：你是并购专家，现在大陆企业非常热衷海外并购，因为可以"抄底"。你觉得是不是有点太着急了？

黄：我近年看到两个案子，一是大陆主权基金中国投资有限责任公司（简称中投，下同）和民企阿里巴巴合作买了雅虎20%的股权，中投出了20亿美金；另一个例子是新加坡的房地产基金普洛斯，2011年12月买了日本东京的房地产，总额16亿美元，其中也有中投的资金。

两个案例说明什么？说明大陆的海外并购越来越聪明。为什么找阿里巴巴？因为民企海外并购遇到的政治阻挠小。为什么找普洛斯？因为这个公司是全球房地产证券化的专家。

我认为，大陆在海外并购时不妨考虑和台湾合作。举个例子，联想旗下的弘毅资本曾要竞购日本半导体公司尔必达，弘毅完全可以找台湾一起合作。因为台湾半导体产业的技术和管理经验非常丰富，同时和日本企业有很多联系，这些都可以为并购的成功增加筹码。

出海并购最重要的经验是必须有开放的心态，不能靠一己之力。台湾明基曾并购了西门子的手机板块，但最后以失败告终。原因有两个：一是文化差异一直没能克服，双方融合有问题；二是财务上的估计不足，当时的明基太自信，认为自己的资金已经足够。我当时向明基介绍了一家欧洲的PE，对方希望对明基的收购提供资金支持，但明基婉拒。后来，明基没想到10亿美元一下子就被烧掉，资金成了最大问题。

TCL的李东生并购汤姆逊也是"单打独斗"，结果同样不理想。

还有一点值得注意，大陆企业时常给人"超级买家"的印象，让国际上形成了一种专门针对大陆企业的"溢价"。简单讲就是别人的东西会故意卖得很贵，因为大家知道你有钱，同时还急着购物。

联想并购IBM在我看来很难说是成功的，并购后的前三年完全一败涂地，后来联想做对了一件事，就是固守大陆市场。最后，的确是大陆市场的利润挽救了联想。并购之前那些拓展美国市场的雄心早已荡然无存。

第四篇
银行凶猛之罪

局部试点，然后全面推广，这似乎是中国经济发展的最宝贵经验。尤其对那些用常识就能解决的简单变革来说，这种循序渐进的模式非常有效，可以把阻力减少到最小。

但世易时移，金融市场的改革却很难通过这个模式去解决。让农民承包土地安心种地和改革金融市场是截然不同的两回事。

篇章首语：
金融改革没有"小岗村"

贷款投票权

如果说民企贷款过剩，一定没人信。但解释一下什么是"贷款投票权"之后，这就很容易理解了。

按照常理，公司决策本是股权说了算，但在光伏行业，放贷者的话甚至比股权还有用。这几年，中国民企掀起了进军光伏产业的热潮，其背后便离不开银行和地方政府的推动。银行可以用贷款诱惑，地方政府则施以财政扶持，一些根本不懂光伏的企业开始盲目上马。进入这个行业后，在数额庞大的支票前面，民营企业家干脆都不要话语权了，一切听银行或者政府的。

对很多民企来说，光伏是个陌生的产业，但它们为什么这么热衷呢？原因只有一个，这是一个能让它们享受"国民待遇"的行业。2008年之后，由于外部环境的恶化，沿海很多民企做传统加工业根本无以为继，于是开始逃离原有产业，准备寻求新的增长点。此时，国家正大力推动光伏产业发展，各种优惠政策纷至沓来，地方政府和银行更是一起大力推动。

"国企不屑于做这个，也不敢做这个。民企就不怕。"一家大银行地方分行的中层曾对笔者说，总行对全国各个分行的高新产业贷款量经常有考核，分行须在某个时段放出一定量贷款才算完成任务。很多时候，银行会鼓励客户进军高新产业，最好是技

> 所谓银行家，就是晴天千方百计把伞借给你，雨天又凶巴巴地把伞收回去的那种人。
> ——辜鸿铭

术密集、资本也密集的产业，光伏刚好符合标准。

对地方政府来说，每个市长都希望自己的地盘上有一个汽车产业园区，但这不现实，因此它们把眼光投向了光伏。光伏产业同样有一个和汽车类似的产业链效应，比如从多晶硅到硅片、电池片及电池组件再到太阳能光伏电站，一共十几个产业环节都可能产生规模企业。如果长长的产业链能够做起来，势必做大地方经济的数据，而这正是地方官员的升迁资本。

事实上，那些光伏产业做得最火的地方，很多都身处内陆，既没有大规模搞城市化的可能，也没有搞技术兴业的实力。因此，光伏成为了他们的救命稻草。所以有了银行、地方政府和民营企业的合谋。

敢于进入光伏产业的都是勇士，正如长官会给敢死队员每人发两块大洋一样，光伏企业的确得到了不少好处。

"你贷100万改进技术，说要提高良品率，银行都懒得理你；但你说要贷10亿，做中国第一，它们就会给你倒茶；如果你再找分管副市长，通过政府出面找银行，行长立马去你家拜年。"实际上，这种"牟其中式"的商业逻辑一直在民营企业家之中非常流行。地方官要冲政绩，行长要冲业绩，大家对数字的痴迷早已代替了商业上的权衡。摸透了对手的习性，民营企业家便让出了"投票权"。都听你们的，我只是给了一个壳资源！

民企"变坏"才能贷到款，这是中国金融体系最具讽刺意义的截面。

限制权力

改革金融体系，究竟是要让权力"多管"，还是要让权力"少管"？金融海啸后，国内流行的论调无非是美国金融体系监管缺位，自由市场因为金融家的贪婪而失灵。因此，中国作为后起的金融市场，必须在各方面加强监管，避免风险。

但事情并非如此。

20世纪60年代，是"我有一个梦"的年代，除了种族平等之外，很多低收入美国人的唯一梦想是"居者有其屋"。于是，几部法律颁布，让他们得以超越自己的经济实力去实现梦想。1968年开始，美国政府先后颁布过《紧急住宅融资法案》、《住房和社区发展法》、《无家可归者资助法》和《国民可承受住宅法》等一系列法案。这一系列法案的主要精神可简化为，每个人都享有平等的居住权，金融机构必须要考虑到社会公义，而不是唯利是图。对此，"左派"无不拍手称快，投行也高呼过瘾。

但也有人指责：实现社会公平正义的方式，正越来越被那些不负责任的政客简化为不断压低贷款门槛。

实际上，次贷危机并非像人们想象的那样，真的是因为政府对金融缺少"干涉"，放任自流。相反，政治因素过度介入才是次贷危机的根源。由于少数族裔和低收入者对政治的热情更高，因此他们的选票成了政策制定者必须考虑的因素，这无疑是以上一系列法案出炉的重要动因。对华尔街来说，既然政府要"管"，那么肯定最后会买单，为何我们不推波助澜，大赚一笔？雷曼兄弟的福尔德当时就这么想。

> 权力干预市场，只会抑制人们创造财富的动力，并且不公平。
>
> ——陈志武

管得多了容易产生腐败，这在东西方都一样。

中国股市的问题在哪？股市的问题主要是监管打击不够严？非也。刚好是管得太严所致，审批制首当其冲。首先，审批破坏了市场优胜劣汰的机制，谁能打通关系，就能上市圈钱，至于公司质量倒是次要的；其次，审批制破坏了市场的平衡，让股市可能存在严重的供给不足。供给严重不足的市场，垃圾也会被当成黄金，烂公司也会有人去买。

审批制后面是利益。有人一针见血：真让市场决定，银行动辄千亿的融资计划能有投资者买单吗？利益集团和权贵还能随便从股民兜里拿钱吗？留得"门槛"在，权贵们不怕没钱花。

既得利益

审批制是金融领域中央集权的产物，也是其存在方式。

中国的金融体系，不论是直接融资体系，还是间接融资体系，国家对资源的掌控能力都是世界第一，这一切始于20世纪90年代中期的财税金融改革。这一轮改革，对提高金融稳定系数和金融安全程度起到了很大的正面作用，但这是通过金融资源向中央集中来实现的。在这个逐渐集中过程中，形成了大量的利益集团，它们依附着这个"对上负责"的金融体系，不断蚕食着储户和散户的财富。

"对当年的金融改革，到了要重新审视的时候"，温州中小企业促进会会长周德文一语道破。他说，改革开放初期，民营经济的发展程度还很低，民营企业通过内部融资就能发展。但随着民营的壮大，民营和国有经济版图正在变迁，这种服务于国企的金融体系必须重新进行调整。

很多人认为，温州要做金融改革的"小岗村"，但这恐怕只是一厢情愿。显然，金融改革和农地使用制度改革不可同日而语。看看"小岗村"改革的背景就知道了。

首先，农业"大锅饭"让所有人都成为利益受损者，大家都希望农业生产能回归常识。因此，改革有强大的动力，却没有什么阻力。金融改革则不然，既得利益集团的强大程度超乎想象。

其次，从技术层面看，分散独立的农户业态是"小岗村"成功的前提，比如安徽农户和四川农户不会有什么经济往来，让农民好好种地，改革就成功了。而金融改革则牵一发动全身，金融资源需要在全国范围内自由流动才行，温州的变化需要看北京的天气。

可以想象，"温州金改"最理想的结果是更多民间资本获得准入许可，但这并不能从根本上解决温州危机。

温州发生危机的根源不在于"牌照"，而在于实业环境崩坏和权力对民间信用体系的破坏。这两个问题的解决有赖于整个金融体系的改革和重塑，而不是在一个东南的小城市搞试验。实际上，放宽发放牌照的限制会带来"牌照溢价"，在产生寻租的同时，有牌照的金融机构将成为新的食利阶层。这种情况在小额信贷领域已有印证，比如说很多小额信贷公司都在做高利贷，牌照其实就是一个能合法进行高利贷的政府背书。

简而言之，金融业改革的策略并不复杂，只需要权力进行更多的自我限制，让市场变得更像市场。金融改革需要的不是搞几个"小岗村"式的试点，而是应该拿出60年前公私合营那样的魄力来。

> 我不是很看好温州的金融综合改革，这种试验有一定意义，但如同病人吃阿司匹林或抹万金油。
> ——吴敬琏

企业的钱为什么让银行赚了

——兴业银行首席经济学家
鲁政委

一方面,中国的宏观融资结构中,约八成来自于银行融资;另一方面,利率管制之下超过3%的利差一直在持续。因此,"保增长"就意味着放贷,放贷越多就意味着更多的利差和更美轮美奂的银行利润表,这就是中国银行盈利的逻辑所在。

现阶段,行长们都热衷谈论中间业务增长的成绩,但有人却一语道破——中间业务可能是虚增。银行要转型,需要改变的是宏观融资结构,改变这个结构则需要经济增长模式的转型。转型与否,显然不是银行的行长们能决定的。

◆ 嘉宾简介 ◆

鲁政委,经济学博士,兴业银行首席经济学家、市场研究总监,被业内称为"预测帝",曾获评"上海金融领军人才"、2010年度第一财经金融价值榜"最佳预测分析师"。

银行扩大中间业务为何不易？

Q：因为这几年银行利差收入太高，所以银行业广受质疑，因此也有不少银行表示将提高中间收入占比，以顺应利率市场化改革。银行的这种转型看似美好，你认为容易实现吗？

鲁：这几年，放开利差保护的呼声日高一日。实际上，监管层一方面给银行利差保护，同时也通过严格监管限制其业务拓展。国外银行业的很多非利息收入业务，国内银行目前都还不能做，这就给转型带来了制度障碍。这好比养个宠物，虽然每天有人喂肉吃，但却要一直被关在笼子里。

在转型大潮下，小银行不一定要从传统存贷业务转出，一些地市级小商行也要把投行做大，这根本不可能有出路。在利率市场化方面，银行有两条出路，一是做中间业务，二是扎根有较高定价权的领域，从经营大公司客户退到小零售客户，包括居民和小私营业主。但小银行只能靠贷款业务，守着几家优质客户吃饭，不失为可行之路。在美国，资产2亿美元以下的社区银行，中间业务只占20%～25%，但大银行有45%～55%。即便在高度利率市场化的美国，小银行也只能靠吃利差，何况中国？

在严格的分业监管下，银行中间业务的收入必定不可能太高。如果中间业务占比太高，要么是假的，要么说明银行的贷款收益率太低。相反，银行业中间业务占比不高，这才是正常的，这是目前的分业监管和宏观经济结构决定的。

中国银行为何成不了"全能银行"？

Q：那你谈谈监管如何限制了中间业务拓展，什么叫你所谓的"关在笼子里"？

鲁：西方银行赚钱的三块中间业务主要是投行、资产管理、交易业务，目前国内都有严格限制。先说投行，主要是股票承销和资产证券化，在国内目前还不允许银行从事股票承销，资产证券化还处于试点阶段。

第二是资产管理，很多国际银行的资产管理业务超过资产规模。在中国，银行不能涉足商品市场，不能进股市，能提供的理财产品种类和收益率水平有限。同时，现行理财文化也对银行发展理财业务造成一定困难。比如，在银行做的理财产品亏了，客户很可能会搬张小板凳坐在门口抗议，但基金、券商、私募理财亏损，客户往往自认倒霉。既然不敢出事，那么银行就只能提供保本理财，没有风险就很难有高收益，收益率偏低，造成客户外流。

第三是交易业务，西方银行什么都可以做，债券、外汇、股票、商品以及其他衍生品。国内银行只能交易债券和外汇，而中国外汇市场规模还很小，交易也不活跃。

因此，我认为如果不改变现有的金融监管架构，银行在中间业务的拓展上，空间极其有限。不过我们应该认识到，中国的金融改革只能是自上而下的，上面开个缝，那么下面就能做，就能赚钱，这和国外是不一样的。

宏观融资结构为何是给银行"送钱"？

Q：银行业发展和一国经济水平及经济结构密切相关。宏观经济结构是如何影响中国银行业的？

鲁：利率市场化的最大障碍莫过于宏观融资结构。中国经济增长所需资金的80%都靠银行贷款，如果银行不贷款，经济增长就会存在困难。记得在2009年，宏观部门明确要求新增信贷要在5万亿以上，结果却大幅超出计划。对银行来说，只要能海量放贷，外加利差保护，它就能赚个够，自然也没有改变的动力。因此，如果宏观融资结构不改变，银行转型就是天方夜谭。

中小企业融资难有无"根本解法"？

Q：很多人在抱怨，银行海量的贷款都流向了大项目和国企，中小企业融资难却没有改变。

鲁：我们总在讲银行要服务于中小企业，要服务于三农。实际上，在美国这样的国家，中小企业融资难度仍然比大企业要难得多。中小企业为什么贷款难，因为银行必须要规避风险较高的贷款，这种规避刚好说明我国银行的市场化改革是成功的。

你想想看，2001年之前，政府叫银行贷给谁，银行就贷给谁。政府叫银行把网点开到哪里，银行就扩张到哪里。对银行来说，政府让我们做，我们就做，反正出了坏账有政府兜着。这种状态不是银行业应有的状态。不要总是认为中小企业融资难是银行出了问题，要改变中小企业融资难的状况，光靠银行还不行。

Q：那么你对解决中小企业融资难有何建议呢？

鲁：主要是两方面，一是建立完善的征信系统；二是打破利率上限，推动利率市场化。

首先，大家都呼吁要贷款给中小企业，但却少有人呼吁先建立一个完善的企业征信系统。银行要对贷款进行风险定价，信贷人员就必须了解企业的信用记录。在海外一些银行的实践中，中小企业从创建那一天起都有完善的信用记录，所以银行甚至敢于放出大笔无抵押贷款。但只要企业过去有一点违约记录，那么贷款将变得极为困难。世界上对中小企业贷款难解决得最好的地区一定是征信系统最完善的地区。但在我国，目前出台的改善小微企业金融服务政策中，关于征信系统建设的并不多。

第二，要破除动辄将中小企业信贷视为"高利贷"的观念。中小企业贷款规模小，风险高，银行必然索取更高利息，因为这样才能覆盖银行的成本。目前，按照我国相关规定，贷款利率不得超过基准利率的4倍，否则被视为不合法的高利贷。实际上，你看看国外的情况，一些信誉良好、运作成熟的小微贷机构的利率，绝大多数都超过了当地基准利率的4倍。根据亚洲开发银行之前提供的数据，亚洲地区微贷的名义利率已经超过20%，如果将手续费、佣金等考虑在内，实际利率应该会更高。

Q：尤努斯博士的格莱珉银行近年来也广受质疑，说其利率太高。印度一些地区，政府甚至鼓励小微企业违约。

鲁：格莱珉银行直接设定的名义利率是20%，但实际贷款利率肯定超过这个数据。尽管利率可能比银行高，但它真正帮助了穷人，也符合风险定价的基本规律。我认为，对于国内目前4倍利率的规定应该斟酌，它到底合不合理？民间借贷早就超出这个范围了。如果贷款的利率不够高，那么借款机构怎么去覆盖风险呢？无法覆盖风险，它们怎么生存？

为什么外资银行"狼性"不再？

Q：再和你聊点"权力经济学"。有人说，超发货币是政府掠夺居民财富的手段之一，比如当年溃退之前的国民党政府。你怎么看？

鲁：我给你推荐两本书，一本国内的，一本国外的，吴思的《血酬定律》和奥尔森的《权利与繁荣》，你看看就知道了。

Q：外资银行在国内发展了这么多年，其市场份额占比其实还不到10%，它们似乎都把精力花在了理财产品上，剑走偏锋，但却时常因产品折本而产生消费纠纷。当时，中国银行业惊呼"狼来了"，但外资银行这么多年并没有变成"狼"。

鲁：原因有很多。比如，监管部门规定了75%的存贷比，这就要求银行要扩大业务，前提是必须有足够的存款，但外资银行网点少，存款也少，业务扩张速度肯定受到影响。

银行改革的方向是主体多元化

——中央财经大学中国银行业研究中心主任 郭田勇

> 银行利润高于烟草,这并不是玩笑话。
>
> 一方面是银行利润高得离谱,另一方面则是银行可能被"打了洞",资金流向了风险较大的民间借贷领域或者说"影子银行",如果遇到经济下行和房市走软,后者造成的风险更可能波及银行体系的安危,这便是"中国式次贷危机"。

◆ 嘉宾简介 ◆

郭田勇,中央财经大学中国银行业研究中心主任、教授、博士生导师,研究方向为中国金融改革和银行业管理。曾在中国人民银行地方分行工作,后在中国人民银行研究生部获经济学博士学位。郭教授还担任亚洲开发银行顾问、中国国际金融学会理事、民建中央财政金融委员会委员、民建北京市金融委员会副主任等多项学术和社会兼职。

为什么要警惕"中国式次贷危机"的风险?

Q:对民间高利贷,你曾表示担心其形成"中国式次贷危机",民间借贷泛滥的局面如果得不到解决,最终会造成巨大冲击。问题到底怎么来的?

郭:首先,过去相当长时期,我们通过提存等数量型工具,让银行体系正常的放贷量不断收紧,但加息的频率和力度却不够,资金价格保持低位,导致大量资金流出银行,通过民间的高利率进行套利,形成了资金"体外"循环。与此同时,富人资金也不断涌入民间借贷领域。我们研究中心参与的一项调研报告显示,中国可投资资产超过1000万元的高净值人群中,有15.04%的人涉及民间借贷。这些资金投机性强,数量巨大,很难监管。

第二,民间借贷的资金,很大部分是从银行流出的,不少国有企业、上市公司甚至商业银行都是民间借贷的二传手。我曾到陕西神木一家银行考察,它有80%的贷款都是个人贷款。就常识而言,银行贷款中个人占贷款比超过企业贷款的情况基本上是不会出现的。出现这种情况的主要原因是个人贷款手续非常简便,如果是国家公务员,拿着身份证一写职业,银行可能马上就批。在这个过程中,一些金融机构,比如担保公司也参与其中。鄂尔多斯我也去过,情况差不多,政府机构这些人本身有不少钱,还能很轻易地从银行贷款,最终也成为了民间借贷的债主。

最后,民间借贷的去处有问题。它们中的大部分进入了两个领域,一是中小企业的高利贷,二是流向房地产公司。中国经济正在减速,企业利润下降越来越普遍,给中小企业的钱能否收回来是一个未知数,全国各地都有企业家"跑路",如果处理不当,情况还会越来越严重。流入房地产行业的资金同样堪忧。之前,房地产行业的毛利高,足以覆盖高利息,但这些年,由于地方政府财政负担重,不断抬高地价,行业毛利相对走低。如果这两个流向都出了问题,整个民间借贷的链条就会断裂,最终形成新的银行坏账,社会影响面会很广。

小额贷款公司为什么是"鸡肋"?

Q:近年来,中央和地方陆续推出了很多政策以解决高利贷和中小企业融资难的问题。但你一直认为放宽准入才是最有效途径,为什么?

郭:解决民间借贷问题的根本途径是改革和完善金融体系,当务之急是扩大中小企业融资的途径,就间接融资而言,应建立更多中小型银行。每到中小企业融资难,就一定有很多呼声,但最终解决的问题很少,融资难周而复始。"应景式"出台一些方案，未必会帮到中小企业，因为占主导地位的大银行并不希望给中小企业贷款。

显然，要考虑适当放低金融机构，比如银行的市场准入门槛，这样既能解决中小企业融资的困难，也能吸收民间资本。根据商业银行法，中小银行成立必须要有大型商业银行作为发起人，但国有商业银行的发起人是中央政府，城市商业银行、农村商业银行、农村信用社等地方银行的实际控制人是地方政府。因此，其潜台词就是只有政府才能办银行。最终，民间资本无法进入银行体系，只能在"体外"循环做高利贷。

再以小额贷款公司为例，我国已有3000家，但最大问题在于"子弹打光"，资本无法满足业务需要。我曾到新疆一家小额贷款公司调研，其注册资金1亿，但账上剩余资金竟只有几万。小额贷款公司不能像银行那样吸收存款，严重制约了其发展。为何不能让治理水平较高、风险控制能力较强的小额贷款公司通过"直通车"式审批直接"晋级"银行呢？农村的小额贷款公司成为村镇银行，城市的成为社区银行，这两种中小银行都是我国间接融资体系中稀缺的。

Q*：尤努斯博士拿了诺贝尔和平奖后，小额贷款公司在中国也曾经兴起一阵风潮，但这个行业有点混乱。如何看这个行业的未来？*

郭：我对小额贷款公司的前景并不看好。小额贷款公司目前普遍呈现高盈利的局面与两个因素有关，一是正规渠道的信贷紧缩，二是银行业市场开放不充分。其实，我国的普通银行ROE（净资产收益率）都能超过20%，而小额贷款公司ROE做得好也不过10%左右，小额贷款公司在不能存款、缺乏杠杆的"劣势"之下，一旦上述两个条件消失，它们拿什么来和银行竞争？银监会讲，未来要搞两千家村镇银行，如果真的搞起来，谁还愿意做小额贷款？

小额信贷要生存和发展，有三个关键问题。一是从小额信贷到微型金融，提供更多方位的金融服务。除了放贷之外，可以给客户提供包括微型存款、汇率结算、保险担保在内的各类服务。二是逐步放松利率管制，承认小额信贷必然有比银行更高的利率，这样才能覆盖成本。三是改变福利主义的观点。以前发展小额信贷，总是把社会发展目标放在第一位，希望给中低收入者补贴，但补贴性低息和优惠贷款反倒容易造成金融市场的超额需求，行业应该更加市场化，只有这样才能实现资源的优化配置。

加息为什么对中小企业是好事？

Q*：你说"加息有利于中小企业融资"曾被网友"拍砖"，你的逻辑是什么？*

郭：货币政策可以多做一些"对冲操作"，即在加息的同时降存，这就增加了银行体系的可贷资金，同时也对大企业和地方政府有一定"挤出"效应，因为其单笔贷款数额大,利息总量大,但这些大项目的预期收益率并不高,所以当利息高到一定程度,其贷款积极性也就没有了。对银行来说,它们和中小企业做生意,议价能力更强,可以获得更高的利息水平,同时还在结算等中间业务上存在较大获利空间。这样一来,资金自然将向中小企业倾斜。

银行利润高的体制根源在哪里?

Q:钱都让银行赚了,企业家都自嘲是"给银行打工"。群众意见真的很大,这个"暴利"是不是的确高了点?

郭:我不大赞成"暴利"这个词,但理解民间对银行的看法,银行的利润的确很高。银行利润高不高,我们可以从两个问题上看。首先是现象,这几年,不论是国际资本,还是民间资本,以及国有资本,最想进入的行业都是银行业,你看民间资本家都在抱怨,希望政府能降低银行准入门槛。他们的嗅觉很灵敏,都是哪里最赚钱,就去哪里。

第二是数据,我们可以看看银行业的ROE,简而言之就是这个行业投资1元钱,能赚多少钱。中国银行业协会副会长杨再平曾透露,2004—2010年,中国银行业ROE在15%~20%之间,这个数字其实是高于石油、烟草等垄断行业的。2011年,银行业的ROE已经超过20%,略低于烟草,但仍然高于石油。这样看来,你说银行的利润高不高?

Q:利润如此之高,垄断和利差是不是最主要的两个原因?

郭:在资本自由流动的经济体内,行业利润率最终会向社会平均利润率趋近。如果某个行业的ROE长期高于社会平均利润率,要么是存在资本流动的障碍,要么是存在价格管制。

首先,资本流动的障碍主要是技术壁垒和行政壁垒。不可否认,中国银行的技术创新水平一直在提高,同时在企业战略、公司治理等方面也取得了较大成绩,所以银行的技术壁垒逐渐在显现。但同时,目前银行业的确有较高的行政壁垒,准入门槛很高,所以赚钱也更容易。

其次是价格管制,就是利率问题。我国目前并没有完全实现利率市场化,银行没有直接定价权,但利率管制却给银行系统留下了足够的利差空间。亚洲金融危机的爆发,使得我们更加关注到,要给予银行一定利差保护,好让银行业能更好地抵御类似的金融危机。因此,中国银行之间的竞争都是非价格方面的竞争,这是高利润的又一个原因。

银行暴利是为了对冲未来的坏账吗?

Q:银行的确是中国金融的根本和命脉,中国经济发展80%的融资都靠银行。但这些似乎都不能成为银行保持高利润的理由。你认为呢？

郭：首先，不能忽视银行对中国经济发展的作用。1994年以前，除工、农、中、建四大行外，其他的银行主体很少，四大行在中国人的日常金融消费和促进国民经济发展的过程中都处于绝对主导地位。现在，全国银行类金融机构已超过3000家，四大行的市场份额已下降到50%以下，在促进国民经济发展中的相对地位在下降。银行是不是国民经济的根本和命脉？这个提法也一直存在争议。

世界所有的银行，要确保系统的安全性，最主要的办法还是应建立有效的风险防范机制，控制金融机构的不良资产水平，而不是通过政策红利维持行业的高利润来实现。但从短期来看，保持银行业适度的盈利对金融体系的稳定性的确具有一定价值。

民众的情绪，情有可原。比如，如果一个贪官说，自己贪污是为了拉动消费，可以多捐钱帮助他人，并且更好地为人民服务。民众会怎么看？

银行不靠利差靠什么？

Q：其实，大行份额下降，主体数量增加，中国银行业的改革也并非没有成效。

郭：几年前，有一位地方银监局的官员问我，20年来中国银行业的最大变化是什么？我告诉他，20年前，到银行借钱不一定要还，但现在，借钱不还已经不行了，支行行长会因为一笔坏账被摘了"乌纱帽"。从这个意义上说，中国的银行业一直在进步。银行业在社会融资体系中一支独大，首先是因为高储蓄，这和宏观经济结构以及社会分配制度有关系，这种局面长时间内无法改变。

中国股市为什么总在给银行输血？

Q：银行和股市的关系其实很密切，有人曾指责"中国股市一直给银行输血"。

郭：国内银行业目前的利润主要来自于利差，这又依赖于不断扩大放贷量，所以资本金约束的问题就会越来越突出。同时，因为金融海啸等外部因素的影响，我国银行在资本金方面的硬性要求门槛也在提高，因此银行的融资压力很大，压力也带到了股市。银行的融资规模大，会导致资金面不足，从而对股市带来下行的压力；另外一方面，对实体部门会产生"挤出效应"，银行融资的占比太高，留给实体经济的融资量就会相应变小。

要从根本上解决问题，关键还是在于中国银行业一定要改变这种资本金高消耗的粗放型经营模式。

推进利率市场化
不要再搞"双轨制"

> 在改革开放之初,流通领域曾有商品价格"双轨制"的说法;而如今,在金融领域同样存在着资金价格的"双轨制"。后者危害更甚,它既伤害了实体经济,也造就了新的"食利阶层",同时还损害了金融宏观调控的效率。要打破它,唯有"华山一条路",即利率市场化。

——国务院发展研究中心金融研究所副所长 巴曙松

◆ 嘉宾简介 ◆

巴曙松,国务院发展研究中心金融研究所副所长、研究员,博士生导师,享受国务院特殊津贴专家,曾任中共中央政治局集体学习主讲专家,社会兼职包括中国银行业协会首席经济学家等。在实务界,曾担任中国银行杭州市分行副行长、中银香港助理总经理、中央人民政府驻香港联络办公室经济部副部长等职。巴曙松是2009年全球青年领袖奖获得者。

利率管制对谁有利？

Q：利率管制一直是金融的"大问题"，我国目前正在逐步放松管制，但这个路还很长。就目前而言，有人认为利率管制过严对中小企业融资不利，而对大型企业贷款则有利，你怎么看这个问题？

巴：首先，过于严格的管制会使利率的传导机制受限，还会存在寻租空间。资金会从管制下的计划利率体系流出，相当部分会流向利率更高的民间融资领域。近年来，我国的民间信贷在货币紧缩时期非常活跃，其资金很大部分都是来自银行体系。银行资金通过分支机构内部人员外流，到民间放高利贷，这种事情已被媒体报道过多次。

其次，不同市场主体如果面对不同的资金价格，则意味着不公平的市场环境。部分主体可以在管制的利率条件下获得低成本资金，比如一些大型国企和地方融资平台；另一些主体，比如中小企业，则不得不承受较高资金价格。一些担保、典当和小额贷款公司等"影子银行"体系的膨胀，更将民间融资利率拉高。

利率市场化改革不是一蹴而就的，而应循序渐进地稳步推进。目前，改革大方向是没有问题的，利率市场化只是早晚的问题。

利率市场化对货币政策有何"好处"？

Q：如果实现了利率的市场化，就是说一切靠市场来决定，那么是否会对央行的货币政策效果产生负面影响？

巴：正好相反，利率市场化将对央行货币政策效果产生正面效应。目前，无论是金融机构的经营，还是央行的货币政策操作，都会受到利率管制的束缚。这种束缚，很大程度上可能让利率无法反映银行风险定价水平和议价能力；而另一方面，货币、债券市场等利率则是相对市场化地上下浮动。

因此，这实际上形成了一个双轨制的问题，这就割裂了金融市场的统一性，使政策工具的作用难以完整地覆盖整个市场。这样一来，央行固然可以通过调整存贷利率对银行利率进行调控，但对市场上的利率水平调控效果却会大打折扣。

可能会经常发生这样的情况：在央行的调控之下，总体货币环境处于宽松态势，同时贷款利率也受到限制，但仍有很多中小企业融资难，只能从民间融资并忍受极高的利率压力。显然，这不是央行想要的效果。

银行会是"受害者"吗？

Q：有人说银行最怕利率市场化，这意味着利差下降，银行会是利率市场化的最大"受害者"吗？

巴：我认为，这种说法不恰当。利率市场化应该说是让银行接受一次"洗礼"，会迫使银行进行更多的管理创新，通过提升自身经营管理能力的方式维持竞争力，而不是一味地扩大放贷规模来赚钱。利率市场化最终将为银行体系建立一个优胜劣汰的市场机制，好的银行会留下来，经营不善的会被淘汰，整个行业的主体结构向更健康的方向变化。同时，利率市场化并不意味着银行不能赚钱，即便存贷利差缩小，银行在资产负债多元化方面却有很多获利空间。

Q：除了利率市场化之外，你还多次提到放宽包括银行在内的金融主体的准入，让市场主体更多元化，这对金融改革及解决中小企业融资难有何意义？

巴：实际上，我们对中国银行业的认识存在一个误区。从整个银行业利差水平看，中国银行体系的总体利差与国际水平相比并不明显偏高，以花旗等十家外国银行和工行等五家中国银行为样本的比较显示，后者的平均净息差约为2.6%，较前者还低0.3%。实体经济抱怨的融资难和融资成本高，很大程度是准入管制导致的竞争不充分造成的。

严格的准入管制会给现有金融机构带来"牌照溢价"，使它们往往以牌照来经营，提升经营管理能力和服务水平的动力不足，因此阻碍了金融机构的改革创新。同时，如果有更多的金融主体进入市场，作为资金提供方，面对实体部门，资金价格必然会因供求关系变化而出现下降。

金融改革很大程度上应以解决中小企业融资难为突破口，积极推进利率市场化，放宽准入管制，实现融资渠道多元化。这些问题对改善中小企业融资环境更有意义，仅关注银行高利差是远远不够的。

过分城市化不如力推金融改革

——海通证券副总经理
李迅雷

> 中国的GDP规模已是全球第二，但这是有代价的。以城市化推动的经济增长终将不可持续，这种模式带来的资源浪费问题已极为严重。与此同时，巨额的债务也极大地危害着经济的健康。
>
> 对中国经济而言，下一波增长的动力并非城市化，而是改革。而金融改革又是改革非常重要的切入点。在世界很多国家的经济发展史上，金融改革都意味着对经济增长的新一轮推动。
>
> 中国也同样如此。

◆ 嘉宾简介 ◆

李迅雷，海通证券副总经理，首席经济学家，曾任国泰君安证券总经济师。在业内，李迅雷被称为中国卖方研究的探路者及实践者，他提出的卖方研究模式迄今为业内所采用，曾获评《新财富》"杰出研究领袖"等荣誉。

李迅雷还任上海新金融研究院学术委员、上海市第十三届人大常委会委员、中国证券业协会证券分析师委员会副主任等职，多次为中国金融改革建言献策。

金融改革为何是"小脚女人走碎步"?

Q:有一种观点认为,十八届三中全会之前的几年,中国金融改革的步伐出现了倒退,比如因为要搞"4万亿",银行改革也被中断。你认为呢?

李:我觉得倒退说不上,但改革的步伐有点小,好比是"小脚女人走碎步"。我之前专门写过一篇文章就叫《中国货币政策:小脚女人走碎步》,本来脚就小,还要走碎步,最终只会错失良机。我们早就在讲利率市场化、汇率自由化、人民币对外开放、资本项目对外开放等,这些改革曾经都有较好的时机,但我们没有抓住。

比如利率市场化,每次通胀水平比较低的时候,便可以考虑推动这个改革。在过去将近10年的时间内,整个通胀率水平都比较低,因此有改革的条件,但我们并没有进行改革。通胀率的提高最早从2008年开始,后来2009年又回落,但之后便一发不可收拾。2009年之前的10年,整体通胀水平只有2.1%左右。

通胀高了之后,利率市场化改革将使企业的成本进一步提高,加上经济本身比较脆弱,要推这个改革有一定的难度。关于改革的时间,我们曾流行"时间窗口"的说法,实际上,我们国家改革的"时间窗口"太少了,为什么太少?因为很多时候要服从于政治,比如奥运的时候你不能搞改革,一改革物价就可能上去,老百姓有意见,不利于社会稳定。其中的逻辑不一定成立,但我们的确是这么做的。到了世博,又不能搞改革了。

其他的年份呢?比如说油价上涨、煤价上涨,也不能改革,一改革就会让情况更严重,所以必须等到价格回落的时候再改革,而这个时间又短,最终导致"时间窗口"过少,根本等不及改革。过去这么多年,我们讲过很多次改革,实际上都是瞻前顾后,胆小怕事。

Q:银行是中国金融体系中最强大的利益集团,金融改革比如利率市场化,他们可能会第一个站起来反对。

李:从自身的利益来讲,谁都不愿意因为改革而缩小自身利益,因为利率市场化改革必然让利差缩小。任何改革举措,如果民众没有获得知情权和监督权,其最终结局只是权力再分配。因此,提高社会公共事务的透明度比什么都重要。反观历次改革的初衷与结局,往往大相径庭,这就充分印证了信息披露不充分和监督权缺失的弊端。

Q:20世纪90年代中期之前,中国曾经历过一次较大的金融改革,之后就有点像你所说的"小脚碎步"。这些年,金融改革的"遗憾"除了银行体系过分膨胀之外,还有哪些?

李:遗憾还是蛮多的,比如资本项下的开放步伐还比较慢,尤其是对民间资本的开放方面有点裹足不前。在人民币升值的背景下，这会导致大量热钱涌入中国，但我们却没有释放的手段，简而言之就是"易进难出"。一方面不断进来，一方面没有流出的渠道，这就导致了M2即广义货币增量不断上升，这是房价上升的重要原因，经济体的泡沫成分也越来越多。

世界是平衡的，通俗讲叫"能量守恒"，你在一个地方给得太多，必然在另一个地方欠下一笔账。

资本项下管制和通胀有何关系？

Q：如果资本项下开放，有人认为会影响中国金融体系的安全。这个观点是不是危言耸听？

李：但你不开放会怎么样？会妨碍未来的经济增长，任何一次改革都是双刃剑。打个比方，中国近年的反日游行中，砸车的人很多是无业青年，20岁左右，以外地人为主。符合这些条件的基本上是"新生代农民工"，跟随父辈在城市打工，但他们却没有得到良好的教育，也没有合适的工作，最终才走上街头，危害社会稳定。

如果前期给他们比较好的教育，并改革户籍制度，大城市对非户籍人口也给予必要的公共产品服务，如教育、医疗服务，那么这样的人就会更少地出现，社会就会更加安定。这就是改革的福利，但之前需要投入。改革必然有代价，不改革，看起来当期成本没有了，但是远期成本却会成倍增加。

对资本项下的开放这个问题，我们更应看到它对中国经济长远发展的意义。首先，开放对提高中国企业的竞争力有很大的帮助，企业可以更容易地到海外投资，获取全球的资源。

如果股民能自由地投资到海外，你就必须要跟纽交所、港交所竞争，A股融资就会变得比较理性。现在没有竞争，钱只能投给A股，那么A股的发行价格就会偏高，而香港却有很多便宜的股票，内地股民买不到。另外，我们的通胀为什么会起来？就是因为资本项下的管制有利于外资进入，而不利于内资流出。

如果境内的钱也可以自由地去投资美国的房地产，国内的房价可能就不会这么高。目前，在纽约买栋房子和在上海、北京买栋房子，价格其实差不多。

Q：回到货币超发的问题，你提到M2的过度增长。很多人说法很直接，说这是利益集团对普通中国人财富的变相掠夺。

李：这个事情很难扯清楚。货币超发有几个渠道，第一是外资流入，外资流入越多，外汇占款就越多，M2就越大；第二是政府投资、企业投资，投资越多，那么对贷款的需求也就越高，M2 也越大；第三是泡沫，就是资产价格上涨，这对货币供给也会有新的需求。

当然，通货膨胀本身可以看做对社会的一种税负。货币越多就越不值钱，对中国来讲，最亏的是低收入阶层或是退休人员。他们的钱没有涨，但物价却涨了很多，即他们财富增加没有赶上 M2 的增势。从 2001 年到 2010 年这 10 年，M2 的增势大概每年 18% 左右，如果你每年的收入增长没有超过 18%，这就意味着你的财富在缩水。

首先应放开的金融管制是什么？

Q：如果让你给新一届党和政府领导人提一条金融改革的建议，你会提什么？

李：首先还是放松管制。具体而言，可以放开证券发行的审批制度。你不用去管，人家要发就发。为什么这么说？A 股为什么会跌得很凶？因为前期发行价太高。前期发行价为什么高？是因为股票发行是审批的，这导致了供需的不平衡。如果股票不审批，无数股票都可以上市，那时候股价就会狂跌，狂跌之后就是置之死地而后生。

实事求是地讲，市场很多问题的根源都是管得太多。有人说中国经济是"寻租经济"，因为有管制就有寻租。

Q：中国证券市场的发展其实也是一个中央集权逐渐加强的过程。早期，证券交易所的权力非常大，但后来全部收归证监会。不少人都认为，为适应新的经济和金融形势，上面应适当向下放权。

李：对。权力下放是金融改革的一个题中之义。权力下放，交易所可以把股票发行搞成备案制、注册制，让市场机制发挥优胜劣汰的作用。以前，权力的确就在交易所，而现在，国内形成了一个庞大的纵向监管体系，这个体系名义上是为了保护投资者利益，但实际上呢？

Q：国内不少券商都公开表示，国家的管制过严，法律限制过多，导致业务开展时常受限。券商最希望打破的限制是什么？

李：券商现在最大的问题是杠杆率太低，杠杆是人类生产中很重要的工具，对金融创新来说，杠杆同样必不可少。美国证券行业的繁荣，很大程度有赖于其高杠杆率，券商可用资金一直保持在资本金的 10 倍到 15 倍之间，在次贷危机时，可达到 25 倍。

中国券商目前的杠杆率大概只有 1.5 倍左右，这个杠杆率低得有些过分。在我们的金融体系中，银行是"龙头老大"，但在美国，投资银行也就是证券公司才是"龙头老大"。

中国企业家的精神还缺什么?

Q:杠杆率过低制约了金融中介机构的发展,但在实体领域,很多企业却因杠杆率过高而资金链断裂,比如上海的钢贸企业最近就很困难。

李:钢贸企业的杠杆是怎么回事呢?很多企业存货没有多少,但却拿仅有的一点存货去反复抵押,最终导致了链条的崩溃。比如只有100吨钢材,企业会先拿这100吨去银行抵押借钱;然后又到另一家银行抵押,又拿到很多钱;拿了钱后,企业却跑到异地去买块地皮,又把这块地皮抵押,再拿到一笔钱,最后拿去放高利贷。这样一来,企业杠杆就很高了。

发生这种事情,银行固然有问题,但本身还是企业的诚信出了状况。中国整个社会信用体系需要重新定义和审视,很多东西都无规则和信用可言。市场经济的前提就是诚信,如果没有诚信,生意就没法做。

Q:民企的诚信问题好像和它们的融资难问题一样,始终看不到一个好的解决方案。

李:在经济好的情况下,江浙地区银行的坏账率是最低的,现在却是全国最高的,这种局面从来都没有过。根本原因在哪里?很多企业不是在经营企业,而是把企业当做一个融资渠道,办了企业后,就可以向银行借钱,借了钱做什么,去炒楼和放高利贷。企业的这种不诚信现象,在房地产泡沫形成的过程中变现尤为明显。

不诚信是怎么来的?一方面,中国市场经济的时间还很短,企业为获取更高收入,会不择手段,导致杠杆率水平过高。与此同时,金融体系本身的问题也是企业高杠杆率的原因。比如,在很多人看来"银行是国家的",这就很容易想到民企高杠杆率的背后,必然有银行内部人员拿了"好处"。

Q:生活上移民,政治上当个政协委员或人大代表,这是不少企业家的人生目标。部分中国企业家好像缺乏一种西方人基于新教伦理的企业家精神,你觉得是这样吗?

李:在这方面,部分企业家的确比较缺失,但和大的环境有关。在整个社会没有营造一个公平环境的情况下,企业家热衷于做人大代表和政协委员情有可原,因为这些头衔并不是目的,而是手段,他们只是希望凭借政治地位的提升来做"更大的生意"。

权贵为何不想发展债市?

Q:民企借钱的利率多数会比国企要高,但一些民企却很乐意去借钱,借更多的钱,然后去某个领域豪赌一把。这种"行为模式"是不是受到了金融体制的影响?

李：这很难分清因果。目前，中国各行业的投机行为都较为普遍，主要是市场和市场参与者都不够成熟的原因。比如说澳门赌场里的中国人很多，大家说中国人赌性大，这个侧面就是企业家不成熟的表现。企业借了钱之后不断投资，希望短期内能够获得高回报，和赌博没有本质区别。

在银行贷款时，目前主要是通过担保贷款和抵押贷款两种形式。以担保方式贷款，不需要抵押，但助长了企业非理性融资的欲望，给企业一笔贷款，银行必须跟踪钱的用途是什么，但经常会发现用途和当初所说的完全不一样。当一群企业都不行的时候，担保贷款还会引起大面积的债务问题。

Q：有人说间接融资比重大是中国国情决定的。发达国家中的日本和德国也以银行贷款为主，但英美却资本市场发达，这和法律体制及文化背景有关。中国呢？资本市场有发展的制度和文化条件吗？

李：中国融资体制的现状和体制环境和历史原因有关，中国一开始就是银行，而且银行都很大，它们都有很大的垄断性。证券业则本来就很小，所以必须找到一个突破口。突破口在于债券市场，直接融资要做大，关键是要把债市做大，但债市做大又涉及信用问题，中国企业信用和社会信用环境都比较差，所以存在很多障碍。

简而言之，股权融资是向股民要了钱可以"不用还"，所以企业愿意去股市融资，但债权融资是向投资者借了钱但"必须要还"，所以愿意融资的人没那么多。甚至在一些人看来，股市不涉及诚信问题，债市则涉及诚信问题，这样的环境发展债市谈何容易？就宏观层面而言，如果债务人借钱还不了，债权人就要闹事，如果闹事就会涉及社会稳定问题，那么为什么要让债券市场做大呢？

Q：20 世纪 90 年代初期，中国债券市场的量比股市大，但后来反而落后于股市。

李：那时主要是国债量大，另外还因为股市太小，导致债券市场相对较大。但实际上，那时的债券市场占 GDP 比重也还很小。90 年代初，一些债券最后出现兑付危机，发生过投资人冲砸柜台的事情，人民银行紧急处置，这让债券市场给大家留下极为不良的印象，认为发债风险太大。

Q：有点因噎废食。

李：债的本质和商业信用相关，除了信用环境，还需要专业的商业评估机构。但有了评估机构，它们能不能做到中立也是问题。如果评估机构做不到中立，做不到权威，那么市场上的债券可能根本没人信，信用等级低的债更是发不掉。现在的债券主要还是政府平台债、城投债，因为有政府背景，所以相对比较好发，但做大债市，必然会要发更多低等级的债。它们能不能发出去才是个问题。

二三线城市为何泡沫最大？

Q：城市化被看做中国经济发展的首要"功臣"，林毅夫教授从世行卸任回来说，中国未来20年也能保持8%的增长，不少人觉得他这话有点值得商榷。你觉得呢？

李：他强调过8%指的是潜在增长，但我觉得，即便是潜在增长也没有那么大。判断这个问题需要对中国经济有一个更深的认识。未来20年要保证高速发展，前提是城镇化进程还可以持续20年。人口从农村进入城市，建设城市要投资，新来的人要消费，要买房，要四处打工，催生了城市各个领域的繁荣，这就是城镇化拉动经济增长的理由。

但问题在于中国城镇化进程到底到了哪个阶段，未来还有多长时间的城镇化高速增长，这是必须思考的问题。如果真的还有20年高速的城镇化，8%的潜在增长还是有的，但关键是无法再有20年高速增长。

在我看来，这种增长大概到2020年就会结束。如果去做个调查，我们会发现中国农村现在剩下的都是"老幼病残"，青壮年劳动力都已去外面打工，即便没有在外面打工，也是在乡镇企业上班，这样的话，真正务农的农民数量已经很少，这意味着我们的实际城市化率可能已达到60%左右。如果这个数字要上升到70%，像中国这么庞大的人口基数是很难的，城市化率基本上会在不到70%的地方停下来。

还有一个现实问题是，我们现在到处搞建设，经济增长了，GDP提高了，就业也提高了，问题是借钱投完之后就没钱了，同时以前的钱还要还。造了房子没有人来住，修了路没有车走，钱怎么还，恐怕还不了。政府的负担在今后10年当中会越来越大，这个问题已经初现端倪，怎么办？到2020年左右，这个压力会更为明显。

Q：在内地，会有很多农村青年在广东打工，在上海打工，把钱汇回去在县城或者一座二三线城市买房。看起来准备定居县城，但实际上在县城他们很难找到工作，这种城市化并不"坚实"。

李：大城市的房子靠打工肯定买不起，对不对？这个现象其实说明了二三线城市存在更为严重的房地产泡沫。

Q：但很多学者说二三线城市反而有更大的增长和投资空间。

李：我的观点恰好和他们相反。城市发展的必然途径是集中，一定要有规模经济，一个城市如果达不到规模，很难发展起来。国外很多城市集中度比我们还要高，比如东京，其人口达到全日本人口的三分之一，GDP也超过全国GDP的三分之一。美国的几大城市也是一样。

在我看来，中国的城市化可以分成两个阶段，第一个是城镇化阶段，第二个是大城市化阶段。大城市化阶段就是中小城市人口减少，大城市的人口增加，这种转移的背后是经济结构的调整。为什么中小城市人口要减少？因为小城市很多产业的效率不高，会被大城市崛起的产业淘汰，所以那里就没有了就业机会。在城市化进入第二阶段的时候，中国的一大批小城市将走向衰落。

Q：简而言之，城市化必须给人创造就业机会，否则这个城市化就有问题。

李：怎么来创造就业机会呢？必须要有产业，没有产业怎么就业？按照世界银行近期公布的一项数据，中国100万人以上城市的人口占整个城市人口的比例是45%，全球的平均水平是72%，也就是说中国100万人口以上的城市还是太少了，小城市、小城镇太多。

为什么小城市会多？因为行政管制，每个领导都想把当地做大，就拼命搞开发区，还搞什么创意文化产业园区，搞完其实根本没人来。这种做法本质上就是房地产，造集中在一起的房子。可以做个统计，全国各地每个月都可能会新批几个园区，但真正做出规模的很少。

在一些地方，每一届政府都会做一个发展规划，然后按这个规划搞投资。钱从哪里来？一个来源就是银行。这块地明明不值钱，但一些地方政府可以请一个评估机构虚假评估。银行也明明知道这个东西是假的，但政府问我借钱，我借给你也不怕。即便能够招到商，但这些项目的投资回报率很低，产业结构也不合理，产能过剩很快就会显现，企业亏损之外，政府也很可能把钱贴进去。玩到最后，肯定会玩不下去。

中国奇迹都牺牲了谁？

Q：在任何国家，经济地位的不平等，会造成财富获取方式的不平等，你曾有个"三户论"很有意思。

李：这是我在微博上写的一句话："中国经济增长的奇迹是怎么产生的，第一是靠散户，第二是靠储户，第三是靠农户。"

为什么是储户？因为利率没有市场化，储户获得的利息非常低，利息低了挣钱的有两类，第一是银行，它们可以获得比较高的利差；第二是按官方利率拿到钱的人或企业。一部分得益的结果是贫富差距拉大，穷人是大多数，他们消费能力有限，不能进行足够的消费，所以整个中国经济必须靠投资拉动，投资拉动又会增加地方政府债务，这个模式就这样循环，但也难以持续，最终导致经济出现危机。

散户也是一样，中国散户老是"输钱"，到最后，整个股市的功能就是融资，玩到最后散户没钱了，现在你也融不到资了。

第三是农户，我们的农户一直给企业提供最为廉价的劳动力，这种廉价劳动力导致出口大幅上升，但到了一定程度后，农户越来越少了，劳动力紧张，劳动成本又上升了，劳动成本上升之后，企业成本也上升，经济还是会出现问题。现在，"新生代农民工"越来越多，他们在城市长大，不愿再干很辛苦的工作，对于社会也不满，他们都可能成为社会不稳定的因素。

可以形象地说，你在30年前占到了这三种人的便宜，那么30年以后你还得偿还。贫富差距过大，一定会引起社会的不稳定。现在，中国最高收入10%的人群和最低收入10%的人群，其收入差距可能在25倍左右。

终结银行暴利的"台湾经验"

如果要说世界上"什么人最羡慕什么人",那答案一定是,台湾银行家最羡慕大陆同仁。

目前,台湾地区金融分支机构对应单位人口的密度已超过了新加坡和日本,岛内市场饱和已是共识,唯有向外部扩张才是生路。在台湾银行家看来,大陆同行是"躺着都挣钱"。

银行要从暴利状态回归正常状态,废除利率管制、放宽金融机构准入限制,这是两个无法绕开的话题,也是台湾银行业利差不及大陆一半水平的原因。在亲历了台湾金融改革的学者看来,改革都有阻力,关键是推动力和阻力谁大的问题。

——台湾大学金融研究中心主任 黄达业

◆ 嘉宾简介 ◆

黄达业,台湾大学金融研究中心主任、台湾大学财金系/新闻所教授,台湾金融教育协会理事长,并担任星展银行(台湾)、中租控股等多家企业的独立董事职务。

黄达业曾求学于美国西北大学凯洛格商学院(Kellogg)和纽约大学斯特恩商学院(Stern),并获罗格斯大学(Rutgers)财金系博士学位。目前,还分别在北京大学新闻传播学院和清华大学法学院攻读博士学位。

台湾利差为何只有大陆一半不到?

Q：提到台湾的金融业，不得不提台湾银行业的利差水平，基本上只有大陆利差水平的 1/3 到 1/2。形成这个低利差水平，跟当年台湾银行业的民营化有什么关系？

黄：目前，台湾的利差约为大陆的 1/3 到 1/2 之间，实际上在 20 世纪 90 年代银行民营化之前，台湾的利差跟大陆一样高，一般都在 3% 以上。利差之所以变得这么低，主要是三个因素共同作用的结果。

首先，台湾当局在 20 世纪 90 年代开始积极推动市场利率的自由化，也就是大陆现在所说的利率市场化。也就是说，任何一家银行的存放款利率都不能再设上限或者下限，把限制拿掉之后，市场利率就有了充分自由化的条件。其次，台湾在 1991 年开放了民营银行准入，大量银行的设立一下子让市场增加了十五六家新银行，数量差不多翻了一番。因此，金融主体的竞争加剧，大家为吸收存款，便会把利息不断调高，为了放款则会把利息不断降低，这就使得利差越来越薄。在我看来，银行民营化和市场利率的自由化是相辅相成的，市场主体多了就需要竞争，而利率就是竞争的条件，所以要让新进入的银行活下去，必然要开放利率。

第三个原因是台湾当局在利率上的引导，就是说当局不断把市场利率朝着低水平方向引导，导致了市场利率的普遍下降。20 世纪 90 年代初期，台湾银行业的存款利率达到 8% 左右，放款利率则可以达到 12% 的水平，那么利差就是稳定在 4% 左右。到后来，存放款利率都逐渐下降，两个都降到了现在的 3% 以下。

Q：为什么会选择在 20 世纪八九十年代这个时间取消利率限制，是否因为当时的台湾经济出了问题？

黄：可以这么说。你知道，那个时间段，台湾的股市从 12000 点的最高点跌到 2000 点，然后再回到 3000~4000 点，再也上不去。这会造成什么问题？很简单，市场的崩溃必然会导致企业融资难问题的出现。其实，在股市崩盘之前，中小企业的融资难就是个普遍现象。因为台湾的公营银行都采取"当铺式"经营，就是说企业必须有抵押物，因此就只有大企业容易取得资金，中小企业的融资状况十分不理想。

股市崩盘后，更多的企业出现融资问题，越来越多的人希望市场上有更方便和更廉价的筹资管道，因此当局才有这个诱因来推动公营金融机构的民营化和市场利率的自由化。那个时候，很多台湾企业在代工业和房地产业都赚了钱，有大量的民间资本存在。尽管当局设定了一个高门槛，比如资本金要 100 亿新台币，但这无法阻止大家开银行的热情。在新进入者看来，之前的利差那么高，而且企业筹资的需求又那么大，所以认为开银行一定会赚钱。

为什么是那个时点？还有一点不能忽略，20世纪90年代的时候，台湾当局提出了打造亚太国际金融中心的计划。你要变国际金融中心，你就必须国际化，进而必须自由化，再者就是民营化。因此，当局大力推动金融的改革是多种因素综合在一起的结果。尽管亚太金融中心的计划并没有真正实现，但市场利率的自由化和银行民营化，的确让非常多的台湾企业从中受益，企业能在市场上取得更多更便宜的资金，这对实体经济是好事情。

银行民营化如何克服利益集团的阻挠？

Q：利率市场化和金融准入的放宽，两个都必然会触及旧有机构的利益。实行民营化和实行利率自由化，有没有遇到某些利益集团的反对和阻力？

黄：受到冲击最大的肯定是公营银行，它们都是既得利益者。但因为这是当局的政策，既然是公营的银行，它们也必须要配合政策的执行。这是先天的义务，没什么好抗拒的。但有一点也不可否认，任何地方的任何改革都必然会有阻力，这就要看改革的推动力是否比阻力更大。

Q：当时应该蛮多人都想开银行，他们必然是推动力。他们都是什么人？力量足够大吗？

黄：高息差的吸引力很大，当时很多财团，甚至党团，包括国民党自己在内都希望能开银行。举个例子，当时的房地产商很多人都希望进入银行业，因为他们从楼市的牛市中赚足了钱。20世纪90年代初的时候，一大批建筑业巨头进入银行业，比如说，"中华银行"是力霸集团发起的，泛亚银行是杨天生开的，大众银行则是陈田锚发起的，他们几位之前都是做建筑业起家的。

除了工商巨头想进入银行业，国民党也希望进入银行业。因为那时候台湾已经开始选举，选举是需要钱的，因此国民党需要有一个自己单独的金库来操盘。于是，国民党开了一家"复华银行"，名字听起来就很"国民党化"，因为国民党曾一度想"反攻大陆"，所以叫"复华"。现在，这家银行已经被国民党卖掉了。

因此，太多人不满银行业的既有格局，这样子就使得改革的推动力足够大，所以改革就能顺利地推行。

Q：台湾银行业目前的竞争状况堪忧，很多人认为存在过度竞争的问题。你怎么看？

黄：的确存在这个问题。原因主要是两方面的，首先是台湾的大型企业并不缺钱，因为现在的投资机会已经没有多少；第二是银行所积累的游资太多，所以银行会抢着找企业借钱。从需求面来讲，为什么大家对资金的需求不大？主要是因为世界的经济不好，台湾地区经济也很一般。台湾目前的投资环境已经饱和，形象地说，就是资金只能在银行腐烂掉。台湾金融机构难经营，表面是僧多粥少的问题，本质上是实体经济需求不足，也就是说台湾的实体经济有问题。

台大毕业生为何对投行敬而远之？

Q：银行日子不好过，有人认为是台湾融资体系中的直接融资在逐年提高，挤压了银行的空间，让银行作为中介的角色在慢慢淡化。

黄：我觉得，从世界的金融史来讲，所有的经济体到最后都会有金融脱媒的现象，就是Dis-intermediation（"脱媒"）。尽管现在的资本市场并不好，但台湾的确有这个趋势。

Q：这个世界上的金融体系有两个模式：一个是日本跟德国，它以银行为主，资本市场在融资体系中的占比较小；另一个则是美国，证券市场在融资体系中的占比很大。台湾地区现在是哪一种？大陆未来应该走哪一种？

黄：20世纪30年代是美国的"金融大恐慌"时期，之前，美国的间接融资占比绝对是占据压倒性位置的，绝大多数美国企业都透过间接金融获得资金。但到了"二战"后，美国资本市场越来越发达，美国股市在20世纪80年代到了3000点，金融出现了"反中介"现象，银行比重慢慢下降，到2000年前后，间接融资比重下降到了约60%，也就是说其直接金融增加到40%。

大陆跟台湾一定是和日本、德国体系较为接近的，未来也必然以间接金融为主要融资方式。证券市场是英美的"特产"，是从英美法律体系发源的，所以它们自然很发达。德国跟日本的经济很发达，但为什么还是仰赖银行的融资，这和其政治的民主性以及企业文化有关。换个角度看，即便美国和英国的资本市场很发达，但在其融资总量中，间接金融的比重仍然大于直接融资。

台湾现在的间接和直接融资占比约为7∶3。台湾银行业整体的放款市场规模约为35兆台币，而现在资本市场约为15兆，这个比例约为35∶15。如果把公债加入直接融资系统，那么直接融资规模可能达到20兆台币，也就是说，即便加上公债规模，融资体系中的间接融资还是占据主流，至少为融资总规模的6成以上。

Q：大陆的毕业生很多人都把投行或者说是券商作为就业首选，但我问过不少台大毕业生，他们似乎对证券业敬而远之。经历了股市大泡沫，台湾的证券业是不是一直疲软至今？

黄：如果说银行越来越难经营的话，那么证券业就只能说是很糟糕了。台湾证券业最好的时期是 20 世纪 80 年代，那时候恐怕全台湾 1/3 的人都在炒股，证券公司的人最赚钱。但泡沫在 90 年代初崩盘，台湾的券商一半倒闭，证券业再也没有了暴利，开始回归到正常的状态。大陆的证券中介之所以这样"热门"，这恐怕和行业的成长性有关，但如今，券商也很难拿到单子。

Q：除了卖方的日子不好过，买方似乎也好不到哪里，台湾不少投信公司，大概类似于大陆的基金公司，他们都在抱怨钱不好赚。

黄：世界经济不景气，投资机会就差，你要去任何地方募资金都很困难。还有一点很重要，作为中国人，我们的投资手段还有房子，这种东西可以替代股票和债券，在这一点上，两岸的同胞都有着同样的想法。房子有两个好处，第一是可以抵抗通货膨胀，第二有增值空间，而且永远有增值空间。

本土基金为何输给 QFII？

Q：台湾最初的 QFII 制度曾对台湾股市的发展起到了很好的促进作用，但最后的问题是钱都给"外来的和尚"赚了，大陆现在也在不断推动这个制度的完善，你认为会有这种危险吗？

黄：我认为，这种可能性很大。第一，境外资金专业技能比较高，这一点我们不可否认；第二，他们的资金也比较雄厚，其资金来源更为广泛，这就决定了其取得资金的成本比我们要低，因此竞争力也更大。

台湾的"经验"其实是这样的。在全民炒股的时代，大家都会非常"崇洋"，觉得境外资金的水平很高，对投资具有指标作用。所以一旦 QFII 买哪些股票，本地投资人甚至包括一些基金经理便会立刻跟风。最后，看到 QFII 卖掉，本地人也跟着卖掉。这是很愚蠢的行为，因为别人第一个买，就一定买到的是最低点，他们第一个卖，一定也是在最高点卖出，接盘的人都是跟风者。在大陆股市，这种跟风的现象应该也较为严重，否则为什么散户都会亏钱呢？当然基金也好不到哪里去。台湾搞 QFII 都已经 20 多年了，一直都是 QFII 最赚钱，第二才是本地基金公司，第三则是散户。我想，这样的排序应该对海峡两岸的股市来说都是极为适用的。

但有一点需要肯定，QFII 对改变股市"散户型"投机操作的局面有帮助，比如在早期，按照持有市值，散户约为九成，而现在已经下降到了六七成左右。尽管和美国相比，差距还很大，但这是一个较为良性的方向。

Q：银行、证券都很"杯具"，那么台湾的保险业如何呢？

黄：台湾保险最近都很辛苦，面临着严重的"内忧外患"。

首先，"内忧"就是说保险公司的模式本身决定了它的困境。保险属于"借长贷短"的行业，银行是"借短贷长"，一个保单动辄10年或者20年，就保单收入来讲，资金来源都是长期的，但资金使用都全都是短期的。因此，当市场利率是一个走低的趋势，那么保险公司实际上就是等于过去以高成本获得资金，现在却只能获得投资的低收益，这是很明显的亏本。这些年，因为银行业市场饱和，竞争越发激烈的原因，台湾的利率都是一直在走低的。

其次是"外患"，台湾保险公司很大部分的投资都是海外债券，碰到本轮的欧洲债券危机，甚至可能让这些债券变成废纸；然后，保险公司还无法忽略越发严重的汇损风险。简而言之，如果新台币升值，那对保险公司来讲就很惨，因为保险公司从海外投资汇进来的美金，要在台湾变成报表的数据，那就会变得不值钱。当新台币从21块一直升值到27块和28块，这样的幅度，保险公司更受不了。所以说，台湾保险公司目前的"外患"就是两个：一是投资报酬低，第二是汇率风险很大。

三星LG模式的缺陷在哪里？

Q：和很多台湾的年轻朋友沟通，会发现台湾地区经济界正兴起一股"韩流"，很多人都在号召台湾应该学习韩国。之前的亚洲金融危机，有人会嘲笑韩国银行的坏账，但现在韩国好像有点"脱胎换骨"？

黄：韩国经济最值得关注的现象是，三星、LG这样的巨型企业正在兴起。三星一家的产值就几乎占整个韩国GDP的18%，这在全球绝无仅有。如果有的话，可能就要算芬兰的诺基亚了。

三星、LG这样的大财团能够兴起，背后有着深刻的金融因素。韩国政府一直善于利用国家的力量来支持大财团发展，让国家的银行保证企业的贷款，给企业最优惠的利率，还给最有力的财政税收手段支持，比如降税或免税，这样一来就"人为地"增强了大企业的竞争力。资金成本低，而且资金供给很稳定，每一个战略背后还有政府的背书。对全球的大型企业集团来说，恐怕只有韩国企业有着这种特殊的"待遇"。

但韩国模式最大的风险在于"鸡蛋放在仅有的几个篮子里"，几家大财团竟然超过一国GDP的一半，这是很危险的事情。

银行为何拿民众利益补贴外国人？

Q：台湾的金融业背负太多的"政治"干扰和"立法"负担，这是你的原话。实际上，两岸的金融合作也多次受到台湾当局的干扰。

黄："政治"干扰比如说证所税、油电双涨，还有很多选举，都会干扰到企业的经营。"立法"负担就是台湾在有关规定的制定上经常会有朝野恶斗，民进党跟国民党，很多"法案"很急，但只能躺在那里，等到有关规定制定完或修改完的时候，企业环境已经变了。金融业在这方面受害很深。2000年的时候，台湾当局是民进党在位置上，那时候台湾金融业如果能到大陆发展的话，机会太大了。但是民进党八年都采取"锁台"政策，都不让金融业到大陆去，两岸在金融方面的交流几乎没有进展。直到2008年马英九上任，才开始推动ECFA（《海峡两岸经济合作框架协议》），但开放的速度还是太慢，因为有民进党的干扰。

Q：要是台湾的银行可以去大陆开银行，我想肯定赚了好多钱了。大陆银行最开始改革的时候，引进的非常多的战略投资者，都赚得盆满钵盈。

黄：坦白讲，我认为大陆还是有"崇洋"的成分在里头，第二就是金融的确较为落后，希望学习别人的经验。但你恐怕没有想到，你即便只给别人20%的股权，自己保留80%，但就这个20%也能让外国人赚翻，因为大陆的规模实在太大了。一些城市商业银行都开始引进了境外投资者，而四大行更不用说了，我觉得的确很可惜。

从行业特征和大陆的实际情况来看，银行业是一个暴利行业，更是一个高度管制和高度垄断的行业。实际上，民众要付给银行很高的贷款利率，大陆银行业的利润是以牺牲民众的利益为代价的，为什么要把钱让外国人赚呢？你居然给外国人，你卖给台湾嘛，至少利润还是让我们中国人自己赚了。对不对？

Q：你觉得当时大陆的主管官员为什么会这样做？

黄：引进外资，招商引资嘛，每个人都在争。地方政府和中央部门都在竞争。我觉得，大陆应该引进的不是这些资本，而应该是高科技，就是你自己搞不出来的东西，培育几个有世界级别竞争力的产业。银行这种行业，你认为引进战略投资者真的让大陆银行业的管理品质跃居世界级水平了吗？

银行为什么要"百货公司化"？

Q：台湾现在的金融机构多为金控模式，名字听起来很酷，好像实力很强。为什么台湾的金融业会走向金控这种模式？

黄：最重要的原因是出于金融监管的需要。银行民营化之后，银行跨业经营的情况越来越多，这就对金融监管造成了很大的困扰，银行可以卖保险保单，也可以做证券经纪，请问银行主管部门怎么管？它们可能只懂银行不懂证券、保险，怎么办？于是你们自己成立金控公司，加强自我监管。所以，台湾在2001年就出台了所谓"金融控股公司法"，2002年则是金融控股元年，大量的金控公司短时间成立，一下就有了14家，现在已经有了16家。

Q：银行为什么要混业经营，它如果不做百货公司便活不下去吗？

黄：银行的本业竞争太激烈了，利差不断走低，银行必须要增加手续费收入才行。那时候，由于竞争太激烈，有些银行几乎无法打平成本，养活自己人都成问题，所以必须开拓另一块非利差收入。

跨业经营最大的好处就是可以带来很多手续费收入，比如代为经营保单贩卖，银行全台湾都有分行，大众消费者都很信任它们，保险公司派出去卖保险的人跟银行柜台的人在一起，两个人开口说要不要买保险，绝对比保险公司单干有说服力。银行后来想，我既然有这么大能耐，干脆我给你卖保险收取佣金算了。后来，银行的胃口更大，索性自己成立金控集团，然后投资创办保险公司，就这样混业经营就慢慢起来了。

Q：大陆为什么没有对银行业开放混业经营限制，我想可能是利差太好赚了，没这个必要。

黄：你说得对。动脑筋的钱都是被环境逼出来的，台湾银行为什么竞争力比大陆好，因为台湾的同仁们太辛苦了，所以必须不断地动脑筋，创造利差以外的各种收入。大陆因为利差太丰厚，银行在经营上其实没有压力，也就没有必要去开发手续费收入。但我觉得混业经营应该是一个趋势。

将来肯定会有一天，大陆银行业的竞争也会很激烈。现在大陆的股份制银行、城市银行都在慢慢释股，更多的民间资本会进去，像包商银行本来是城市银行，主要是国有股份，但现在已经基本上民营化了。除此以外，大陆的村镇银行正在兴起，小额贷款公司也越来越多，这一类金融机构的数量变化会直接加剧竞争。民营化是个漫长的路，台湾银行业已经走了20年。

黑社会是怎样带来银行坏账的？

Q：现在很多人都担心大陆的银行业有出现系统性风险的可能性，你认为有这么严重吗？

黄：大陆银行最大的风险应该是政商挂钩。银行在对国有企业和地方政府放款时，会有很多利益的交换，包括政治利益和经济利益。这种交换会慢慢掏空银行，银行放款给国企，国企又不断转投资，国企希望自己利滚利，但如果亏了怎么办？目前，大陆银行业台面上的坏账率很低，但放款品质其实非常堪忧。对某些人来说，国企和银行都是国家的，反正吃公家，用公家，大家都无所谓。

Q：台湾银行业的放款其实也出现过类似问题，建筑业和农渔业都产生过很多坏账。

黄：首先，就建筑业来说，那时候主要是很多建筑商，就是房地产商投资或创办银行，然后把银行当成自己的小金库，放款全部集中在自己的关联公司或者子公司上。结果房地产泡沫破裂，让银行体系伤得很重，不少银行垮掉，或者被卖掉。

其次，台湾农渔会的贷款为什么会呆账这么高，这是一个"权力"问题，而不是专业问题。在台湾的某些地方，"地方选举"必须要农渔会去筹资，怎么筹资？就是通过农渔会的信用部用人头去银行贷款，分散贷款然后集中使用，实际就是最后拿去买选票。如果落选了，怎么办？人抓来没用，也没有抵押品，于是就成了坏账。

实际上，之前的台湾农渔会信用部的违约率是最低的，但因为有黑社会的人来参选，就导致了这个问题。他们会去向农渔会信用部门借款，如果对方不愿意，那么就进行威胁，最后农渔会只得采取人头贷款的筹款方式。

Q：对两岸金融合作，你有什么建议和期待？

黄：第一，监管方面要赶快"松绑"，让彼此的银行在对方都能经营对方的所有业务。第二，开设分行的限制要取消，你要开多少分行随便你，全部自由化。我不知道台湾当局为什么这么"谨慎"，台湾银行业的钱这么难赚，就算开放给大陆所有银行，它们来了也未必赚得到大钱。第三，两岸要尽量整合成一个统一的金融市场。就目前的局势而言，当局的步伐也正在加快，反对的声音也在慢慢变小，这是一个很好的趋势。

第五篇
金融风险之危

现在很多人都在谈金融风险，但热钱、坏账、影子银行和债务这些都不是主要问题。

最大的风险在人心，即社会的信用基础。

篇章首语：
最大的风险是信用风险

"资金倒爷"

"你知道这些地方有多少断手断脚的人吗？"

2008年夏天的一个傍晚，广州一家高档宾馆一楼咖啡厅，一位东南沿海地下钱庄的"大佬"反问采访他的记者这个问题。凭栏望去，外面是波光荡漾的珠江，时而飘来几丝工业废水的气味。他曾在"很要害"的部门工作，手头有上亿资金，"放水"（民间借贷的黑话）之后，他可以跟踪到每个借款老板的出入境记录。

"不是每个人都有这个本事，但放得多，你就必须注意。有些人真的很坏，借了钱就移民！""要不是这些钱，浙江和广东不会有这么多厂。"他对自己的职业充满骄傲。

"钱收不回来，怎么办？""借款人跑到国外呢？"

"没人躲得掉，他们去签注之前，我就知道了。"他轻描淡写地说。

"你们太厉害了，利息比银行高，制裁手段也比他们有力度。"

"银行不会贷给他们，那些喜欢大敞口，专放高利贷的香港人也不会贷给他们。"他很坚定。

"我们都是小打小闹，浙江人比广东仔猛得多！"他吸了口烟，做出壮志未酬的表情。

"当一个民间银行家，最重要的本事是什么？"

"没什么本事，要找对和你一起干的人，光有钱还不行，还必须有硬家伙。"他举起右手，大拇指和食指呈90度，其他三个手指则卷缩起来，整只手看起来像把毛瑟手枪，脸上则露出了好为人师的满足。

以上这段对话是笔者从业内获悉的，尽管其中或许有高利贷老板的夸张成分，但也反映了民间借贷的部分实情。

尽管中国的刑法和金融法规对民间借贷都有极为严厉的处罚规定，但权力部门在实际操作中往往是"睁一只眼闭一只眼"。掌权者很清楚，在金融体系无法有效调配资源的时代，民间信用对经济发展是不可或缺的。

事实上，中国民营企业一直是靠民间借贷来"灌溉"的，不论在帝制时代还是改革开放后的民企大发展时代都是如此。

在帝制时代，传统金融机构比如钱庄、票号都是民间信用发展的结果，每个地方都会有一个商帮，他们把信用集中起来然后再分发出去，形成一个原始的金融循环体系，支撑着贸易的流转。改革开放后，浙江人最初的资本积累也是靠着"标会"这样的内部信用机制来完成的。可以这么说，民间借贷市场是中国金融体系中最为市场化和自由化的市场。

但如今，民间信用正因为权力的介入而被异化，成为了野蛮的"生死契约"，黑社会问题只是表象。举例而言，在权力介入之前，如果资金链断裂，民营企业家的应对方式多是"跑路"，一走了事。而现在，民营企业家跳楼或上吊自杀的案例正成为常态。留得青山在，不怕没柴烧，中国富人最想活得长，选择轻生只是因为权力太可怕了。因为资金来源很多是"权力中人"，所以借款者容易遭到"合法的"暴力威胁或者侵害。

这些"权力中人"，可以被称为"资金倒爷"。他们利用手中权力从国家金融体系获取廉价资金，然后通过代理人层层转手，最后贷给中小企业，而他们则获取可观的差价。可以说，权力成为了民间借贷资金的利息膨胀剂，利息回报要求更加离谱，违约处罚则陷入"黑社会化"。

"资金倒爷"的存在，不光危及银行的稳定，更是对国家信用的透支。

国家信用

为什么并不是国家一滥发货币，群众就去挤兑银行？很简单，因为有国家信用。不论是哪一类的国家，银行信用的根本都是国家，区别只在于国家信用的滥用是否有力量来制衡。

改革开放初，中国金融资源本质上是从上往下的分散过程，这个过程戛然而止于20世纪90年代中期的分税制和银行业改革。之后，金融资源开始了从下到上的集中过程。两个阶段都差不多在 15 年左右。后面一个"15 年",民间横向信用的法律空间尽管越来越小,但仍顽强地在灰色地带繁荣发展。与此同时,国家信用成为了金融资源流动的最可靠保证,国家的纵向信用在经济各个层面几乎"一竿子插到底"。

> 货币是一种没有实质价值的符号或票券,是国家凭借权力创造的,并有权随时变更。
>
> ——凯恩斯

因为强大的国家信用,所以尽管银行坏账烂账一大堆,但储户仍然愿意把钱拿到银行存起来。因此,国家信用是银行体系生存和发展的关键,对国家的信任,也是高储蓄率最重要的心理基础。正是这个高储蓄率,让国有企业和地方政府的融资公司源源不断从银行获得了世界上少有的廉价资本。

金融资源和其背后信用资源的高度集中,为中国 GDP 的快速发展提供了金融制度的保证。但把民间的横向信用资源不断收紧,最终成就了大而无当的纵向信用体系,也意味着金融风险被集中起来,这也导致了国家信用容易被权力机构或者个人不断地滥用。

以银行体系为例,滥用者有三。

一是地方政府。尽管市长不能命令行长,但双方政治利益的交换仍然无法避免,地方融资平台一度是银行信贷部门炙手可热的客户。仔细观察,某些行长的升迁和地方大员的升迁往往存在某些"巧合"。

二是国有企业。1985 年之前,国企借钱不用还,因为那时不叫"借款"而叫"拨款"、"拨转借"。后来的银行法人改革,的确让国企在使用金融资源时有了更多的限制,但资金流动方向并未改变,廉价资金仍然不断进入国企系统。所以有的国企索性做资金买卖,比如用 5% 的利率从银行贷出 1 亿,然后通过民间渠道去放高利贷,利率达 20%,然后赚取其中差价。

三是某些有资源的个人,上面提到的"资金倒爷"便是典型。

国家信用正不断批量印刷背书协议。钞票不会被掏空,但信用却可能被掏空。在一个建立了现代金融体系框架的国家,信用资源就是钱,你即便滥发货币,大家也会默默忍受财富贬值。但如果没有了信用,大家就会挤兑银行。这种事在 20 世纪 80 年代就发生过。

不少人认为,当今的中国面临着诸如债务、热钱、影子银行之类的金融风险。事实上,只要国家信用坚挺,这些金融风险都是"浮云",以政府和国企债务而言,用金融手段冲销即可,比如多印点钱,债务也就随之"贬值",最后由普通人买单。

强大的国家信用是构建稳定的金融体系的基础，这对后发国家来说尤为重要。在亚洲金融危机的时候，韩元差点变成了废纸，但 300 多万韩国人竟然在短短两个月内捐出了 225 吨黄金（中国目前持有黄金总量刚超过 1000 吨）支持国家，这对韩元的稳定起到了极大的作用。

中国的金融体系和信用体系目前看起来依然坚如磐石。但仔细分析，却并不能过分乐观。试想一下，如果某一天真的发生货币危机，你是否愿意把家里的黄金拿出来交给央行？

信用问题的解法只有一个：在信用资源高度集中近 20 年后，不妨重建中国的横向信用体系，并把金融资源向这个体系慢慢引流，最终让两个信用体系良性互动，这才是金融稳定和实体经济发展的基础。任何转型国家的金融体系都面临资源配置和风险控制的双重难题，横向信用过盛难免有风险，纵向过盛则体系配置机能必然被扭曲。关键是找到一个平衡点。

中国金融业的信用基础从来就不是普通人之间的信任，而是普通人对国家的信任。利益集团对后一种信任的滥用，远比 100 次民间借贷资金链崩盘的作用要坏。

中国不可忽略"僵尸银行"的风险

> 中国银行体系释放了蔚为壮观的货币供应量,这是市场上货币泛滥的"正解"。面对2008年金融海啸的袭来,方兴未艾的中国银行业改革出现了断裂。银行不断突破资本金约束放贷,但资金却并未完全进入实体领域,资金不断去追逐资产价格,成就了楼市、农产品、普洱茶和茅台酒等"虚拟经济"。
>
> 作为财政和金融极为集中的国家,强大而有效的银行体系对"保增长"意义重大,但金融资产过分集中和其质量下滑带来的风险却是不能忽视的问题。对现时的中国银行体系,我们并不能过分乐观。

——广东金融学院院长

陆 磊

◆ 嘉宾简介 ◆

陆磊,广东金融学院院长,中国金融转型与发展研究中心主任,教授,曾获第十一届孙冶方经济科学奖,为该奖历届最年轻的获奖者。曾任职于中国人民银行监管体制改革专题小组、国家外汇管理局人民币资本账户可兑换专题小组、国务院农村金融体制改革专题小组,曾在英格兰银行、澳大利亚财政部进修和工作,并获选IMF(国际货币基金组织)学者,为"中国金融四十人论坛"成员。

银行业为什么会和实体经济脱节？

Q：实体经济和银行业应该是一个"和谐"的互生关系，但你在 2011 年却提到银行业资产和实体经济存在严重的脱节。那么，请问这个脱节是从什么时候开始的？

陆：当凯恩斯主义在中国宏观领域开始盛行，就从理论上为金融资产和实体经济的脱节奠定了可能性。简单讲，从我们 2011 年之前的很多货币政策看，不少实体经济面没有投资价值，但由于扩张性的货币政策，人为地降低了融资成本，这就使得没有价值的地方变得有了"价值"，这其实是反周期的宏观调控。

次贷危机就是如此。危机其实肇始于 2000 年的纳斯达克泡沫破裂，因为美国的实体经济已缺乏投资机会，但美联储却放松货币。美联储希望货币能够进入实体经济领域，拉动经济增长，但资本却认识到了实体经济部门缺乏价值，于是必定进入虚拟领域逐利。

在这一点上，中国也一样。2008 年面临全球性的危机，没有什么好办法，只得放松货币，于是货币只能去追逐大项目和"铁公基"。另一方面，一些容易得到贷款的实体企业还开始囤积资源、矿山，小老板则囤积房产，希望通过这种"投资"赚钱。

2008 年 9 月 18 日，雷曼兄弟破产，我们的政策发生逆转。我们可以明显地发现，之前的宏观调控主要是针对实体经济部门，比如铁本事件；在此之后，宏观调控开始针对房地产，其实就针对一个虚拟部门。为什么？你如果把房地产作为消费品，那么它就是实体部门，但如果是消费品，2009 年到 2011 年的房价会如此之高吗？不会，因为房地产的属性已经改变，变成了投资手段，就是虚拟部门。

从根本上讲，"脱节"来自于中国银行改革的断裂。2008 年之前，中国主要银行已先后在 A 股和 H 股上市，资本金充裕，法人治理也逐渐完善，审慎经营和盈利动机并存，商业银行法也规定了安全性、效益型、流动性三者兼顾。但由于政策 2008 年出现逆转，银行经营指导思想也发生变化，银行体系拼命放贷，资本金完全被滥用；然后又是银行不断去股市增资扩股，资本金约束早已形同虚设，贷款在宏观领域变成了"刚性需求"。

资本金滥用有什么副作用？日本有"僵尸银行"，他们不断扩张资本金，不断放贷，"大"而不能破产。中国银行业当初的改革也是想避免"僵尸银行"的出现。目前，国内银行尽管账面尚可，资本金还是正的，但朝这个方向发展下去，是比较危险的。某种程度讲，银行其实在进行赌博。

中国资产价格的"外部保险"是什么？

Q：脱节为实体经济带来的最大问题是什么？

陆：最大的问题是资产泡沫。道理很简单，实体经济表现不好，导致一切具有资产属性的商品都演化为投资的资产。什么是资产属性？农产品具有衍生品的性质，有期货，可以炒，那么它们成为了"资产"。但彩电、电脑、汽车这样的工业品很难炒作，所以它们不是"资产"。

Q：银行员工的工资，的确和资产价格一样走高。在银行利润最高的2010年前后，一些商业银行员工网上晒工资遭到网友炮轰。

陆：这是不正常的事情，银行并不是创造财富的行业，只是分配财富的行业。他们本质上是分享实体经济部门的财富。就像马克思所说的那样，借贷资本家分享产业资本家的剩余利润。

Q：这个"脱节"如此厉害，为何没有出问题？

陆：很多人要问为什么我们发了这么多货币，但却没有出现危机？这是因为我们有一个外部保险，那就是人民币有一个升值预期。你的资产已经这么贵了，为什么人们还在追逐你的资产？因为他们认为人民币还在升值，其中还会有赚头。但是从根本上来讲，人民币的升值预期是中国的经济结构导致的，持续保持贸易顺差，你一定会有升值的预期。

有个例子，即便在2011年，IMF（International Monetary Fund，国际货币基金组织）预计全球贸易增长是7%，但中国仍可以保持两位数出口增长，这无疑进一步强化了世界各国的这个看法。他们继续认为你的经济竞争力是很强的。IMF曾认为人民币被低估，于是，大家都因认为该抛美元而持有人民币，加之人民资产比通胀还要涨得快，大家又来追逐持有人民币资产，这就进一步推动了中国的资产泡沫。

但你应当明确，人民币资产"坚挺"的前提是这个升值预期。如果这个升值预期逆转，则一切不复存在。有两种可能，第一个是美国如果放弃量化宽松政策，立即实行紧缩货币政策，那么就会导致美元和人民币的汇率关系发生逆转；第二是中国出现持续的贸易逆差，虽然我们出口增长快，但如果我们进口增长更快，那么人民币的升值预期同样会改变。如果人民币真的出现贬值，房价和资源等一系列价格都会下来。这就是日本当年的情况，不能不引起警惕。

但我认为，也有一个例外的情况，那就是人民币的国际化。如果一个国家的货币能够国际化，那么汇率就不会被经常性贸易账户的差额所影响。比如现在的美国，当其他国家货币基本面的因素是贸易因素的时候，美元受到贸易影响的程度却并不大高。对中国来说，这个"例外"也正在发生。因此我在对银行持悲观态度的同时，提出一个"解法"，就是要大力推动人民币国际化。人民币国际化会使人民币成为其他国家的储备货币，这就会新增一个额外需求，这就使得人民币不会受到贸易差额变动的影响。这样一来，将不断给人民币的升值预期提供动力。

Q：银行的处境会因为人民币国际化这个"解法"而改变吗？

陆：我认为，即便这个"例外"到来，也无法改变银行的基本面因素，我们的银行仍然是相当危险的。危险在哪里？在于三个方面。

第一，银行在社会融资结构中的比重过高，资源集中于银行的同时，风险也集中于银行。

第二，银行贷款集中度太高，都是垄断企业和大项目，相比之下，其他实体经济成分的筹资成本太高，甚至可能贷不到款，如果垄断企业和大项目出问题怎么办？

第三，银行贷款过分集中于中长期贷款，比如房地产行业，就会使得资产价格和银行的安全性高度关联。另外，中长期贷款还会导致一个问题，那就是银行资产结构的"僵化"。比如，贷款如果是10年期，那么银行就注定10年内无法调整资产结构，这就等于银行给自己套上"硬约束"，对这些大客户只得"借新还旧"。高铁就是一个例子，你给它贷款2000亿，但它要盈利却是猴年马月的事情，然而你却必须不断给它流动资金贷款，来支撑它还本付息。

楼市为什么最怕人民币出现贬值？

Q：按照这个逻辑的话，岂不是解答了不少中国人关心的问题——房价何时会下降？

陆：对的，房价暂时不会降，就是因为人民币暂时不会贬值。中国在和国外赛跑。如果美国继续实行量化宽松政策，中国就没事，我认为，伯南克其实帮了中国。如果美国不实行，我们就可能会出问题。

Q：你对人民币国际化如此乐观，和其他人的悲观有所不同。人民币国际化可转化超发的影响，让别人为人民币超发买单吗？

陆：如果人民币汇率发生逆转，刚才所有担心的事情都会发生。但这有一个时间，比如两年或者一年半时间。这就要求我们必须调整结构，比如增量金融资产的结构。那种人民币国际化可以转嫁资产泡沫的观点，我并不赞同。资产价格本身有个合理估值的问题，但假设未来中国经济还有旺盛竞争力，那么资产价格就不高。

哪些是"非银行新金融形式"？

Q：你曾提到中国银行体系必然会衰落，那么什么样的金融形式可以填补进来？

陆：中国的金融体系需要一次创新，创新又分为两个层次，一是全社会金融形式创新，二是银行内部金融工具的创新。

首先，就整个国家融资体系来讲，我们过度依赖银行贷款，如果银行出问题，那么将使我们的经济体面临越来越大的危险。日本在泡沫破裂之前，几大银行在世界排名非常靠前，一开始，日本的实体经济较为旺盛，银行也到处拼命贷款。但随着日元升值的出现，资金全部涌向虚拟面，不断推高资产泡沫。此后，一旦日元贬值，资产价格便出现暴跌，银行不良资产率也随之急剧上升，出现了大量"僵尸银行"，经济也步入"失去的十年"。这是日本的情形，再看看我们自己呢？说得严重一点，我们好像正在经历日本的前面几步。

所以说一定要分散，要让更多的非银行金融机构发展起来。简而言之，这些机构出问题可能并不是全局性的。比如大家熟知的信托公司，如果一家信托公司出问题，它只会影响高端客户，在高收益的诱惑之下，信托可以说是"一个愿打一个愿挨"，即便某一家信托公司亏损，也不会有太大问题。但你想想看，如果一家银行出问题呢？显然，几个老板的破产和一堆老百姓的破产是完全不一样的概念。

新金融形式除了信托，还有合作性的金融机构。比如农村信用合作社，同一个社区内，容易区分客户并判断其资质，因而也更容易控制风险；再比如财务公司，这是一种大企业内部纵向筹资的模式，这可以让风险"内包"，一些巨型国有企业都有这样的财务公司。

其次，另一个层面的创新是银行内金融工具创新，银行不能总是吃利差。银行可以有更多的创新，可以面向实体经济搞"一揽子"式的投资组合，比如面向一群中小企业发放贷款，只看投资平均收益，而不是看某一单是否失败。这种创新必须改变银行现有的内部机制，现在银行体制还较为僵化，如果你做了一单不良贷款，就会影响你的考核。这样一来，就可能逼着大家去找那些稳当的大项目，某种程度上说，这是在抛弃实体经济。允许适当的坏账，这是正常的。

银行还可以做一些理财服务，现在银行只能做固定收益的产品，浮动收益由于法规限制过多，银行没有积极性。但从长远看，利率市场化是必然趋势，银行能吃到的利差一定会慢慢走低，中国银行业如果不做这些方面的创新，未来的收益必定堪忧。

如何看分税制改革和高房价？

Q：在任何现代国家，金融和财政是"不分家"的。你也曾说过金融改革很大程度是财政改革，能否谈谈其中缘由？

陆：中央和地方在事权和财权上的分配问题已经被讨论过很多，没有必要赘述。但不可否认，金融体系的问题很大程度是来自于中央政府的激励，加上地方政府的诱惑。这又回到了我刚才说的问题：中央放松性的货币财政政策，主要是为了促进实体经济的发展，但却不可忽视微观层面的激励效应。

在微观层面，银行的心中会一直权衡，我是给玩具、家具制造商贷款，还是给地方政府贷款更安全？最后，行长们都认识到，肯定是地方政府的项目最可靠。20世纪90年代，我们还经常存在银行"被迫"贷款的情况，市长坐在办公室，把银行分行的行长叫过来，你必须贷。但2008年以来，从来没发生过这种情况，这是银行自己的决定，和别人无关。

Q：地方政府要搞建设，要发展城市，不能没有钱，尽管市长不再"命令"银行，但还是得靠银行。这就说到了两税制，有人甚至认为房价高也是两税制的问题？你怎么看？

陆：地方财权和事权不对等是房价高的根源，这不是我的原创，而是很多经济学家和学者的观点。地方政府该做这么多事情吗？你如果要做这么多事情，你就要给自己敛财。在分税制格局下，中央拿大头，然后再做转移支付，地方便有了土地财政的问题。

我并不认为分税制必须改革，没有必要调整财权，但应该调整事权。比如保障房这样的大事，地方政府如果做不了的话，中央就要多做一些。否则你必然还是要地方政府去卖地，泡沫还会越吹越大。我认为，中央政府应承认现实，在很多问题上多承揽一些责任，否则房价还会越来越高，永远解决不了资产泡沫化的问题，最后一直在系统金融风险的危机中转圈。

为何不能片面强调对中小企业放松贷款？

Q：有企业抱怨从银行贷不到款，但另一面也不可忽视，很多民企根本就不愿做实业，反倒热衷参与全民PE（私募股权投资），对这种"产业空心化"现象，你怎么看？

陆：这个现象也是我一直不支持片面地放松对中小企业贷款限制的原因。在实体经济环境不好的时候，你把钱给了企业，它还是会去搞投机。实体经济不行的情况下，最应该做的是调结构，而不是一味地"保增长"。目前阶段，金融体系的关键是保持银根稳定和体系的安全性。在这个基础上，要让银行逐渐调整资产结构，让企业部门不断寻找创新的方向。否则，未来的情况会很严重。

另外，中国必须要立足于内需，不断制造国内的总需求。对民间资本，则要更多地放开一些垄断行业，比如将两个"新三十六条"真正地落到实处，而不是将其束之高阁，空喊口号。

"中国特色"债务问题的危险和契机

> 过去十几年,中国人只关注股市,却很少有人关注债市。但世界各国的经验都是先有债市,后有股市。对中国来说,"做大债市"的声音同样不绝于耳很多年。
>
> 股市当前的疲软态势,是否意味着资本市场只有发展债市才能杀出一条血路?就国情而言,债市应作为股市补充,还是作为资本市场支柱板块而存在?

——上海交通大学高级金融学院常务副院长
　　朱　宁

◆ 嘉宾简介 ◆

朱宁,曾任加州大学戴维斯分校终身金融教授,现任上海交通大学高级金融学院副院长、金融学教授,耶鲁大学国际金融中心研究员,并在加州大学、北京大学光华管理学院任特聘金融教授。曾任雷曼兄弟亚太股票量化策略主管和野村证券投资顾问主管,负责拓展亚太区股票交易业务,所带领团队在多项机构投资者评选中名列前茅。

朱教授本科毕业于北京大学,后赴美留学,并获康奈尔大学管理学硕士和耶鲁大学金融学博士学位。

债市为何能分散银行体系风险？

Q：2013年，监管层加大了对债市违法的打击，被称为债市反腐风暴，这也被解读为凸现了监管层发展债市的决心，当前是债市发展的最佳时机吗？

朱：目前的确是债市发展的一个良机。首先是有这个紧迫性。近年来，国债市场初具规模，但债市总体上还和股票市场的发展程度存在较大差距，目前利率市场化和汇率改革的呼声越来越高，这些改革要付诸实践，一定都离不开债市发展的配合。

就微观企业层面而言，公司债的发行将很大程度拓宽企业的融资渠道，特别对制造业企业来说，可以极大地降低其融资成本。

其次，债市和股市相比，它更能有效地避免一些股市存在的"痼疾"。因为债市以债权契约为基础，对企业约束力比股权更强。

还有一点很重要，债券市场对分散我国的金融风险有很现实的意义。举个例子，很多人认为中国的银行是安全的，但我认为对银行的风险问题并不能过于乐观。在"保增长"的大背景下，信贷扩张很夸张，银行系统容易只关注市场份额和信贷扩张速度，对信贷质量往往不重视。一旦银行出问题，后果会非常严重。

在欧美和日本，债券市场可以起到分散银行风险的作用，银行的贷款可以转化为债券进入债市，同时国际化的债市又能把风险向国外分散。但中国目前的债券市场一方面是不发达，另一方面还存在严重的分割，银行间债券市场一枝独秀，结果导致银行是债券的最大的投资者。所以说，中国的债券交易其实就是银行之间互相买卖对方的贷款，风险最终仍然停留在银行系统里面，没有分散和传递出去。

铁路体系为何能高负债运行？

Q：既然债市发展对对于中国如此重要，为什么没人愿意去推动呢？它发展的阻力主要有哪些？

朱：有两个阻力，一是银行贷款主导融资体系的经济增长模式，在短期内无法改变。另一个是二级国债市场或者说银行间债市的流通性还非常差，严重制约着中国债市的发展。目前，从债券品种结构看，国债、央行票据和政策性金融债三个券种在市场中的比重偏高，企业债占比偏低，比重不到两成，与发达市场有较大差距。

企业债为何发展很慢？有人认为是评级机构缺乏，其实这是本末倒置，供给和需求两方面都存在问题才是根本原因。首先，在中国当前的监管制度下，企业发债标准过高，达到发债标准的企业都差不多达到了上市标准。监管部门过于保守，设定标准过高。其次，在需求上，债市主要投资者是机构，但国内机构目前对债券兴趣不大。

Q：尽管中国企业债市场不发达，但一些"特殊企业"的债却是非常可观，不论是借款人，还是投资者对其高负债似乎都视而不见，比如很多大基建，特别是高铁。

朱：商法上会讲"刺破公司面纱"，投资者恐怕也是透过"公司面纱"，看到了这些特殊企业背后有着中央政府或者地方政府的背书。中国铁路系统的负债率已经超过60%，这个负债率可能已超过了以高负债著称的房地产行业。如果是一般的公司，早已没有继续融资的可能了，正常的投资者对如此高负债的企业基本上不感兴趣。但很多人都有"中央买单"的假设前提，所以导致了这类公司的融资能力还是很强。

但这种情况正在改变，当高负债高到一定程度的时候，之前的政策性银行、商业银行都开始打退堂鼓，因为他们毕竟也有坏账考核要求。现在已经开始鼓励民间资本进入铁路系统，这是一个很强的信号。

为何债市比股市更需要国际化？

Q：美国债市发展早于股市，规模也大于股市。美国债市发展历程有什么经验可供中国借鉴？

朱：美国的经验，首先是对利益主体的保护和约束很到位，特别是公司法、证券法和破产法三方面法规的完善和执行很到位。破产法尤其重要，简而言之，如果不能允许公司很好地破产，那么就不能很好地发展公司债。发债后可能破产，你就必须给债权人、债务人一个明确预期，让规则明确且可预见，这是市场交易的基石。国内对破产一直持有一种非常回避的态度，导致很多绩效差的企业长久不被市场淘汰，浪费了宝贵的资源。

再者，中国机构投资者成熟程度远不及美国，目前中国国债市场的主要机构投资者是银行，其他主体参与程度很低，比如国内基金公司在这方面也准备不足，缺乏足够的经验。我们看看中国股市，它为什么存在如此多的问题？一个很重要的原因就是机构投资者占比过小，散户太多，导致投机程度很高。以美股为例，在10年之前，就交易量论，机构和散户占比各为50%左右，但目前这个比例已经变为差不多2∶1，机构投资者占据主流；而在美国债市，机构的主导地位更加明显，超过98%的交易量都是机构进行的。所以说，中国发展债市，很重要的一方面是要有足够的机构投资者。

最后，债市的国际化比股市更重要。美国债市一开始就注重"国际化"，这值得中国借鉴。因为债市和股市相比，需要投资资金量更大，所以必须要有来自全球的投资人。同时,债券收益和利率、通胀及汇率关系非常密切,所以机构投资者必须要有国际视野。目前,美国是世界上最大的发债市场、债券交易集散地和债券投资人,中国要建人民币债券市场,离不开和海外市场的合作以及海外机构投资人的参与,一定不能自己唱"独角戏"。

Q: 怎么看待债市改善公司治理的作用?

朱: 就股市而言,除了融资作用外,大家同样看重它对企业治理的监督作用,其实债市也有这种功能。在美国,根据法律规定,大机构和银行无法持有公司股票超过一定比例,但却可以持有大量的公司债券,还可以委派高级管理人员和董事会成员,这就等于说在股市之外,为企业公司治理结构改善增加了一条外力介入的途径。

中国如果要发展债市,也可以借鉴美国的这些经验。中国应大力发展企业债,监管部门应提降低企业债的发行标准,让市场不断做大。但另一方面,也应执行严格的债权人保护制度,发债之后必须对企业加强监管,不断改善其治理和经营,最终让债务人能真正还本付息。

发展债市为何要先建设"破产环境"?

Q: 在正常的环境下,中国很多民营企业都更愿意以自有资金运营,很不愿意借钱,更不要说发债。这种文化是否会影响债市发展?

朱: 有这个问题,所以除了保护债权人之外,还应当注意对债务人权益的保护。在英美等国,一开始,法律对债权人的保护极为严格,而对债务人则较为苛刻。两百年前的美国破产法甚至规定,如果还不起债,必须得坐牢。英美法是判例法,立法者通过查阅大量案例发现,实践中往往更应该保护的是债务人的利益。

比如在公司破产过程中,时常会出现股东被排挤、利益得不到保障的情况,这对调动企业的发债欲望肯定会产生负面效应。于是,后来的破产法开始越来越注重对债务人的保护。美国破产法还规定,无力偿债的债务人如果成功申请破产保护,便可保住企业财产及经营上的控制权。苹果公司就发生过债务危机,甚至濒临破产边缘,但管理层最终说服了债权人,达成庭外和解,这才转危为安,有了后来的辉煌。

Q: 你曾有个观点,企业能够好好地破产,这是发展债市很重要的一个条件。

朱: 就像我刚才说的,世界上债券市场发展好的国家,一定有非常好的"破产环境"。这个环境包括两层意义,一个是要"允许破产",一个是企业能够"好好破产"。

首先,破产是最重要的价格信号之一。允许企业破产这是建立信用评级体系的基础条件，因为差的企业如果不破产，就这样撑下去，资本市场根本无法区分到底谁是风险高的企业，谁是风险低的企业。其次，破产程序中做到对债权人和债务人双方权益的依法保护，这是让投资人和发债人对债券市场保持投资兴趣的前提，所以要让企业"好好破产"。

实际上，不光是债市，"破产环境"对整个资本市场都有重要的意义。对股市来说，只有允许破产，公司股东才有诱因对公司进行有效监督和治理；只有允许破产，才能淘汰落后的商业模式和技术落后的产业，也才能重建投资人对上市公司的信心。但在国内，"允许破产"这个环节没有做到。

举个例子，我们在 1986 年就颁布了《破产法》，这是中国商法体系中非常早的一部法律，但也是执行较差的一部法律。20 多年了，你会发现全国处理过的破产案件可能只有欧洲某个中等国家破产法庭 1 年所处理的案件数量。而 A 股的上市公司，依法破产的情况好像根本就没有发生过。

热钱，你想把中国怎么样

> 如果一笔海外热钱要流入中国内地炒楼，这个过程是怎么样的？目前，随着人民币贬值预期出现，境内热钱已出现外流迹象。作为世界上最大的新兴经济体，热钱在中国的楼市和股市曾一度"兴风作浪"。股市低迷，楼市"有价无市"，热钱到底去哪里了？中国应如何"调控"热钱，降低其带来的金融风险？

——广东省社会科学综合开发研究中心主任 黎友焕

◆ 嘉宾简介 ◆

黎友焕，经济学博士，英国诺丁汉大学高级访问学者。广东省社会科学综合开发研究中心主任、广东社会责任研究会会长、《企业社会责任》杂志社社长。广东省社会科学院"境外资金在中国大陆异常流动研究"课题组负责人，多年跟踪研究中国地下钱庄及跨境资本流动，被称为中国"热钱研究第一人"。

热钱何时开始流入中国？

Q：大家都在谈热钱，并将其视为威胁中经济国安全的洪水猛兽。那我们梳理一下热钱的历史，它们到底是什么时候开始大规模流入中国的？

黎：热钱进入中国在2003年之前就已经发生，但活动量小，没有引起关注；2003—2006年底，以热钱净流入过程为主，规模不大，不但没有对中国经济造成危害，反而还一定程度上促进了中国经济的繁荣。

变化发生在2007年。2007年后，热钱在中国波动性非常大，金融危机造成的各种不确实性使得热钱在我国时进时出，而且规模巨大。2008年5月汶川大地震极大地打击了境外热钱的信心，尤其是对奥运会股市行情的预期落空后，热钱抽逃现象非常严重。

热钱如何影响中国楼市和股市？

Q：可否具体谈谈热钱影响股市的具体方式是什么？

黎：操作模式很简单。在明显的弱市特征下，如果有超过预期的坏消息，市场往往会有过度的反应。热钱持有者就会利用市场的这个心理特征，利用其量大的优势，给市场一个象征性打压，就会吓走众多看多者。在市场低点，热钱会迅速低成本地买进筹码，最后在适当的时机卖出，便能获取巨额盈利。

近年来，股票市场呈现出的一个规律是，每当热钱阶段性进入和流出，往往都会伴随股市暴涨和暴跌。由于热钱进出迅速，资金快速涌入和退出时往往会拖累大市，使得许多股民因跟不上热钱进出的节奏而被深度套牢。

Q：楼市呢？

黎：热钱对房地产的操控与股票市场相似，简单来说，都是低吸高抛。但与散户不同，"低"和"高"可以由热钱来操控。比如，20世纪80年代末日元大幅升值，大量资金流入房地产市场，迫使日本房地产价格指数上涨了4倍多，并最终酝酿成巨大的泡沫。90年代之后，热钱开始"看空"日本，大量流出，于是日本房地产市场泡沫破灭，日本不动产整体跌幅达到了75%。

目前，热钱主要都被压在楼市。房地产正在经历较大的博弈较量，出现了"有价无市"的拉锯行情，热钱也无法抽身。何时能抽身还要看政策与各方的博弈结果，但热钱的流出肯定会加速房价的下滑。

热钱如何通过地下钱庄流入内地？

Q：所有人都在说热钱，但热钱怎么进来，怎么获利，很多人恐怕并不清楚。假如一笔美国的热钱要进入深圳炒楼，它应该怎么进来？

黎：手法很多，比如"虚假贸易"：珠三角的地下钱庄以境外公司名义跟国内关联外贸公司签了一个贸易合同，约定外方为解决中方资金紧张的局面，提前支付部分货款以便中方能及时组织货源出口交易。预支货款入境后三个月交货期到达时，中方以货物生产出现特殊困难为由，要求外方同意予以延迟交货三个月，经多次协商，外方表示同意。到预支货款入境后的六个月交货期到达之时，中方又以原材料价格上升为由，要求外方提高出口产品价格。为此，双方协商了两个月，最后双方同意以中方赔偿外方预付款的 10% 为代价终止该项贸易合同。

显然，地下钱庄熟悉国际贸易惯例和法规，从双方贸易磋商的信件中，使人确信这是一宗出现意外的贸易。实际上，通过这个方法，地下钱庄已经把境外资金引进到国内合法"溜达"近八个月。这笔钱在深圳干什么都行。

出入境私带途径一直就有，其中出入境双牌车私带则较为突出，主要集中在珠三角地区的"三来一补"企业。长期以来，企业以员工工资、企业日常管理费用等名义，通过企业的出入境双牌货车或私家车私带资金进出粤港澳的情况相当普遍，也形成了能被监管部门理解的"惯例"，但这种过去只是私带少量企业日常管理费用的方式已经发展为替地下钱庄转移资金的重要方式。

热钱流入的方式还有很多，这些仅是冰山一角。

为何我们不知道热钱有多少？

Q：在中国内地的热钱存量到底有多少？

黎：热钱本来就不可以计算，能计算的就不一定是热钱了。因此，统计口径混乱是正常的，就看看哪种方法比较合理了。国内研究者争议很大，有的认为达 8000 亿美元，也有 1.75 万亿美元之说，先不论哪个说法正确，其数额巨大几乎是可以肯定的。

Q：那么如何调控热钱呢？

黎：热钱也是钱，上上之策是把热钱引向基础建设等生产性行业，使热钱转化为中长期资本，这对经济大有裨益。

如果要"调控"，有一个根本问题要理清。必须改变地方政府"GDP 至上"的发展模式。为追求 GDP，一些地方政府会极力鼓励外资进入那些可以短期获利的市场，甚至将海外资本进入本地区房地产市场看成是经济发展的标志,还有人把人民币升值和房价上涨的双重收益作为诱惑,来鼓励一些境外热钱投机房地产市场。这种以牺牲国家经济利益和国民经济安全为代价的引资模式一定要改变。

担保公司危机为何是风险前兆?

Q:说到金融风险,银行的问题尚未暴露,但担保公司的问题已经全部显露在阳光下了。这两年,广东的担保公司就没有过几天好日子,对吧?

黎:根据我们课题组的调研,国内大约有两成的担保企业已经出现了资金链断裂等问题。目前,在珠三角的担保公司都存在业务量下降的情况,一些公司甚至只能关门歇业。另一方面,担保费率也在直线下降,有的从4%下降到了2%,这是很严重的下滑。因为实体企业不好过,无法承担更高的担保费用,同时"僧多粥少",大家只能压价。

这样一来,很多担保公司其实处在亏损边缘。担保行业是一个"顺周期"的行业。实体经济好,担保公司就好做,实体经济下行,担保公司就跟着遭殃。

可以这么说,如果没有担保公司的存在,之前中国银行业的放贷余额绝对会大打折扣,在这个意义上说,担保公司为前几年经济的发展立下了很大的功劳。但在经济好的时候,担保公司会急于扩大业务量,给更多的企业做担保,银行看到经济形势不错,那么也会乐于放贷,但最终的问题是担保公司的资金实力已经无法承载业务量的剧增。等到经济形势不好的时候,银行出于风险考虑,要求提高保证金比例,那么担保公司就会"囊中羞涩",进而引发资金链的问题。

实际上,你会发现很多担保公司存在虚假注册资金的问题,为什么要这么做?也就是为了扩大业务,多收取担保费用而已。还有一些担保公司存在滥保虚保,对一些企业根本没有认真评估,担保价值超过企业还款能力,如果企业家"跑路",担保公司就成了"冤大头"。我们还发现,一些担保公司的内部人员还主动和企业进行"套保",他们通过"高估"的方式从银行套出巨额资金,这种情况既损害担保业也危及银行的安全。

Q:这个行业本身问题很大,就像你说的,很多担保公司都是靠"关系"吃饭,一旦银行担心风险,就会"舍车保帅",关系就没用了,就会面临危机。

黎:对。我认为政府应立即出手,而不是等待这个行业继续恶化下去。现在,珠三角的贷款企业和担保公司已经开始进一步博弈,它们的压力还会随时倒逼给担保公司,然后再倒逼银行,届时风险的传导面会更广。

富人的钱为何时常危害经济

——西南财经大学信托与理财中心主任
翟立宏

> 信托作为西方财富管理的重要方式，在中国却"被沦为"纯粹的融资工具。在发达国家，信托资产对GDP占比已超过100%，在中国却不到20%。中国人越来越富裕，但财富管理却相对落后，存银行、买房子和放高利贷成为最主流的财富管理方式。
>
> 实际上，以上这些粗陋的财富管理往往会让富人的钱成为汹涌的钱流，在经济体内部横冲直撞，时常危害经济肌体的健康，成为"有害资金"。因此，有必要让信托业回归本质，为中国人管理财富提供一条可行路径，让富人的钱成为促进中国经济健康成长的"有益资金"。

◆ 嘉宾简介 ◆

翟立宏，金融学博士，西南财经大学信托与理财研究所所长、金融学院院长助理。2006年创办西南财经大学信托与理财研究所，其组织建设的银行理财产品数据库和信托产品数据库，已成为国内同类研究机构中数据最全、更新最快的数据库。

银行为何要掏腰包补贴理财产品？

Q：现在说到信托，大家首先会想到银行的理财产品，而理财产品之中，银行必然会经常推荐"结构性"理财产品，说它的收益最高。"结构性"产品，听起来有点像"高科技产品"，认购书在普通人眼中也像"天书"，到底什么是"结构性"？

翟：结构性产品的噱头是高收益，它通常是将固定收益产品如定息债券，与金融衍生交易如远期、期货、期权等合而为一，以增强收益。实际上，我国理财市场结构性产品数量很少，因为产品要求的市场基础条件高，需要完善的衍生金融交易平台，而我国资本市场极不发达，债券市场也没有起来，所以很多时候没有真正开发结构性产品的市场条件。

Q：理财市场流传着这样一个说法：理财产品收益有时不高，但银行会自己掏钱"补缺"，然后向购买者兑现收益。其中的奥妙是什么？

翟：银行自有资金和理财资金一般都是混搭操作，比如某个时段总共投入了100亿自有资金和10亿理财资金，银行对理财资金承诺了6%的收益，但市场多变，最后10亿元理财资金的收益其实只有5%，那么银行为了兑现承诺，就可能从100亿自有资金的收益中提取一部分来弥补。简而言之，等于说银行拿自己的钱去补给理财产品，这种情况一般发生在银行需要高息揽储的时候。

但这样做会把银行的理财业务变成负债业务，对银行的系统安全性有负面影响，所以监管机构多次叫停。再从法理层面看，这种做法也是不合理的，因为产品风险也应归于买者，而不是归于银行。

Q：富人越来越多，理财需求变大，理财产品火得很。我记得很多家电企业，甚至互联网企业都把上亿资金拿去买理财产品。如何看待这一火爆行情？

翟：这种企业拿巨资去买理财产品的情况至少说明两个问题，一个就是理财产品的收益过高，高过了企业再投资的利润预期；另外，可能说明企业的生存环境在恶化，所以它们不愿意扩大再生产。

很多时候，理财产品收益过高主要是两方面的原因，要么是银行有"存贷比"的压力，它必须要高息揽储，要么是企业有资金链断裂风险，所以不惜通过银行渠道高成本融资，这种情况以房地产信托最为常见。

中国信托业的基因有什么问题？

Q：一直以来，中国的信托业被一些人称为金融业的"坏孩子"。缺钱才找信托，它和财富管理好像关系不大，这个行业为什么会这样步入"歧途"呢？

翟：这是有历史原因的。2001年《信托法》颁布之前，中国信托业经历的大规模整顿就有5次，每次整顿都是一次全行业的"清场"，行业内大部分信托公司都被直接清理掉。银行、证券、信托和保险，一般被称为现代金融的四大支柱，你想想看，其他三种机构会发生这种大面积倒闭的情况吗？肯定不会。只有信托业会发生这种情况，这说明这个行业有很深层次的问题。

到底是什么问题？中国信托业从一开始就是敛财工具，而不是理财工具。在改革开放之前的金融"大一统"时代，全国还只有中国人民银行一家"银行"，没有四大行，更没有股份制银行和中小银行，这个时候，中国的信托业就已经很发达，它被官方称为"中国金融改革的轻骑兵"，但"轻骑兵"根本就不做信托，而是成为了一个融资平台。地方政府和中央部委都有很大的资金需求，但是银行不能随便开，所以政策上就放开了信托公司这种机构。

改革开放初期，很多项目的资本积累其实都是靠信托来完成的，不论是对国企还是地方政府，信托这种筹资工具都有很重要的价值。直到各大国有银行的陆续成立，信托的筹资功能才慢慢弱化下来。

可以说信托业的基因是有问题的。即便《信托法》明确了信托"理财、财富管理"的定位，但这个行业作为筹资敛财工具的角色早已"积重难返"。每当遇到宏观调控，必然有很多人缺钱，那么一大批信托公司就马上起来了。然后，国家看到信托公司太多可能扰乱经济秩序，引发群体事件，马上又进行清理整顿。就这样周而复始，长期以来的实际情况是：中国信托业除了信托业务不做之外，其他什么都做。

Q：最火爆的莫过于房地产信托，大量的资金通过信托渠道进入楼市，一方面帮房地产商渡过难关，一方面也助长了泡沫，某种程度讲，富人的钱实际上是在危害经济。

翟：这样的信托早已背离信托的实质。房地产行业的畸形发展，让信托行业也变得畸形。信托并不是一个具有独立地位的行业，它会随时作为某些行业的"附属行业"。如果大量资金无法得到有效的管理，必定成为四处投机的游资，不断抬高资产泡沫。

Q：不难发现，信托的"繁荣"时常会有权力的介入，如果不规范，完全会成为权贵们敛财的工具。

翟：信托工具由于它的特殊性，"外力"介入的操作空间的确比银行、保险等行业要大，有能量的人如果要通过信托敛财的确更加容易。

家族信托模式为何不能"洋为中用"？

Q：西方富人会有家族信托基金，这一模式在中国是否适用？

翟：从目前国内的信用和法制环境来看，一点也不现实。信托制度发轫于英国，信托法律之所以被富人看重，在于两点，一是对受托人责任的规制极为严格，再者就是必须确保信托财产的独立性，但这两个方面在中国的信托法律中显得非常薄弱。

按英美信托法，受托人把你的钱拿走，如果没有尽到管理义务，会有严格惩处，包括坐牢这样的刑事处罚。再比如，英美法的受托人责任一定是信托法律体系最重要的环节，取证方式、量刑定罪都非常明确，并通过案例不断完善。在中国的信托法受托人责任板块中，很多东西都缺乏操作性，遇到侵害委托人权益的时候，根本无法救济。

2004年的金新乳品信托案，以及后来的金信信托案，尽管都引发了群体事件，但委托人权益是否得到保护，受托人惩处是否得当都仍值得讨论。立法和执法的问题非短时间内能理清，很多时候，大家心中已经形成一种固有的观念，就是信托就是用来筹资和敛财的。如果亏了，你必须自认倒霉，那么这种情况下，谁敢把家族的财富交给你去管理？

随着中国人的财富积累越来越多，国家和立法部门应该重新考虑对信托法律体系的完善。首先，信托法不应是一个金融部门法，而应是更高层次的民商法，比如《合同法》这样的法律，它需要规范的是一种普适的财产管理制度，而不是某一个金融行业。其次，我们应该明确一种观念，信托是一种财富管理方式，而不只是一个行业，更不只是一类机构。这种立法和认识上的偏差对行业"误入歧途"不能说没有影响。

私人银行为何"挂羊头卖狗肉"？

Q：提到银信合作，你曾表示有"银行和信托公司合作"和"银行对信托制度的使用"两种模式，银行是固定在渠道角色上，还是有别的空间？

翟：谈到这个问题，首先应明确信托和信托公司是两回事，信托公司只是金融机构的一种，信托工具则是所有的金融机构都可以采用。谁合格，谁真正能保障受托人的利益，谁就可以运用信托工具。我一直有个观点，就中国现实而言，银行的私人银行部门运用信托工具是最可行的模式，远比信托公司要"靠谱"。为什么？因为银行在客户资源、渠道、公信力上有其他机构无法比拟的优势，普通人愿意相信银行，这就让一个行业有了很好的社会信任基础。

但是由于金融制度设计方面的原因，私人银行目前并没有能很好地利用信托制度，这导致很多私人银行打着"私人银行"招牌，却很少提供私人银行服务，和国外完全是两回事。国内私人银行部门的业务实际上主要局限在子女教育、医疗等附加增值服务上，没有真正做到财富管理。

真正的私人银行应是最大限度地寻找投资领域，最大限度地运用财富管理方式，这就是"银行对信托制度的使用"。目前，银行有客户资源，信托公司有牌照，双方便采取合作分成的模式，而信托公司总在抱怨银行分得太多，自己赚得太少，这种模式就是"银行和信托公司合作"。

Q：看来私人银行有点"挂羊头卖狗肉"，为什么会这样，是否是因为监管要求太严格？

翟：可以这么说，目前的中国私人银行是在"潜伏"，这几年主要是梳理客户资源。私人银行朝着财富管理方向发展是必然趋势。国内各大银行的私人银行部门，哪一家不希望获得信托业务的资格？他们只是不愿意直说而已，或者知道说了也没用，他们都在等待制度层面的"松动"。

实际上，这种"松动"一直都在持续，我国法律对于银行投资行为和混业经营的限制一直在放宽。举个例子，1995年的《商业银行法》规定银行不得从事信托投资和证券经营，但2003年修订时加上了"国家规定除外"的但书条款，这就是放开了一个口子。现在，一些银行的财富管理业务含信托关系已是事实，他们都在"悄悄地做"。

第六篇
企业变革之惑

中国的企业为何不如它的GDP那样出色？很多人必然会说到产权问题。

但除开产权问题，针对商业本身的探讨更具有操作层面的价值。

篇章首语：
中国企业的"后发劣势"

为什么郭台铭被台湾人质疑？

这几年，台湾地区财经界有点"痛心疾首"。他们反思：短短20年不到，为什么台湾从"四小龙之首"沦为了"四小龙之尾"？为什么在亚洲金融危机中几乎破产的韩国却在技术上慢慢领先，其工业附加值在2004年就超越了台湾？20世纪90年代，韩国和台湾同时喊出"产业升级"，但为什么最后走上两条路：韩国打造了三星这样的世界级品牌，而台湾还在为如何控制代工业成本而犯愁。

> 中国到处都有"科教兴国"、"教育兴国"的口号，这都是后发劣势的表现，真正要利用后发优势应该提倡"制度兴国"。
>
> ——杨小凯

极端观点开始怪罪大陆：问题出在过分依赖大陆。大陆有潜力第一的市场，有稳定的社会以及最低廉而有效率的劳动力，因此在大陆直接"复制"代工模式是最安全的赚钱方法。像韩国一样着力于研发和品牌，反而风险更大。也就是说，背靠大陆的天然优势"惯坏了"郭台铭，而三星的李健熙却只能依靠海外市场，所以只能搞研发做品牌。的确，台湾商人在代工业上走到了极致，郭台铭甚至夸耀富士康一度占大陆出口总量的7%。

对代工模式的"路径依赖"害了台湾，让台湾犯了"错误"，在技术变革上停步不前？如果这真是一个"错误"，那么"犯错"的何止台湾，大陆难道没有被"市场潜力"、

"成本低廉"、"模仿式创新"这些"后发优势"所羁绊吗？

先说品牌，大陆合资品牌的汽车如果卖回日本和欧美，会有竞争力吗？我们的手机能卖给美国人吗？我们的电视机什么时候能从欧美通路商的"二类货柜"换到"高端货柜"？

再说研发，我们互联网公司哪个不是硅谷同类公司的复制品？如果不是语言障碍和管制，它们能生存下来吗？

"后发优势"去哪里了？"后发优势"到底是真的存在，还是经济学家的"奉旨填词"？

分析很多中国企业的发展历程，你会发现"后发劣势"要比"后发优势"明显得多。撇去产权制度的问题，即便"就企业而言企业"，也很容易发现三个严重的"后发劣势"。

劣势之一：市场惯坏企业

"投资大师"罗杰斯喜欢对中国人说你们的企业顶呱呱，但他在中国很少投资，而是"转行"做了评论员。安东尼·波顿和鲍尔森"折戟"中国的故事告诉我们，问题没罗杰斯说的那么简单。首先，地方大、人口多不一定说明企业会有市场；其次，有市场并不意味着企业能赚钱；再次，老板赚钱和企业赚钱是两码事；最后，企业赚钱和投资人赚钱更是不同概念。市场很大，究竟给中国企业带来什么？

一是商业策略草莽化。市场给企业带来的不是利润，而是不断膨胀的庞大销售系统。如果你问周围朋友都在哪里上班，很多人都会回答是销售部门；在书店和天桥地摊，除了速效致富和金融阴谋论外，一定是销售类书籍最火。企业销售系统的膨胀固然有助于解决毕业生的就业，但对企业盈利能力和核心竞争力的贡献往往低于前面这个社会意义上的贡献。家电行业曾是"中国制造"的骄傲，但如果某家企业销售队伍空前膨胀，随之而来的必然是库存积压和巨额亏损。最后，全行业被通路商"牵着鼻子走路"，一个个巨头不断因后者的占款而叫苦不迭。

问题在哪里？当工业生产力提高之后，消费者则越来越"优柔寡断"，任何产品都不是"必须的"，所以企业必须改变自己。20世纪50年代，美国人提出市场细分（Market Segmentation），80年代又提出利基市场（Niche），都是顺应大势所为。21世纪，则进入苹果引领的"创造市场"阶段，但不少中国企业的商业策略还停留在20年前，要么是机会主义的"倒爷经济"，要么是"做大做强"的粗放型扩张。客观地说，茅台倒不妨算作一个"正面教材"，至少它一直在创造市场，它根本不是什么"必需品",但却让自己在某些场合变得不可或缺。

二是技术提升的忽略。如果卖低品质产品也能赚钱,那么还有必要改进技术吗?很多人诟病中国汽车产业"市场换技术"的失败,还有人认为这是世界几大厂商的阴谋,实际上,合资企业控股权都在中方,"一把手"都是中国人,谈何阴谋?原因在哪里?在于市场惯坏了汽车厂。要知道,中国对原装进口车一直施以高关税,而民间造车最开始还要判刑。20世纪90年代,"汽车狂人"李书福只敢在半夜起来拆装汽车。

参与台湾汽车策略制定的王弓教授一语道破。在他看来,大陆能弄出宇宙飞船,汽车在技术上不是问题。汽车产业最需要的是企图心,你必须不断制造,反复改良,做个20年、30年、50年,甚至上百年,你就会越来越好了,德国人就是这样。关键是有没有这个企图心,愿意好好做、长期做。国有企业领导要冲业绩,私人企业要赚快钱,所以干脆低价拼市场,多卖点车就行,那么请问谁会耗时费力地搞什么自主研发?

劣势之二:成本优势依赖

10多年前,台湾新竹园区的半导体推销员来到深圳,山寨企业的企图心和生产效率让他们惊叹。他们给后者带来了"一条龙"的芯片解决方案,就是给山寨厂做好现成芯片组,山寨厂只需把剩余零件组装即可,成本压缩一半。此后,中国手机在第三世界所向披靡。山寨机的奇迹是中国低成本优势的最好诠释,但代价是"中国制造"和品牌二字渐行渐远。

人力成本低也是一大法宝。早年,不少中国企业家认为,中国企业成本管控能力强,如果能并购海外品牌,再加以成本控制,那么一定全球第一。TCL并购汤姆逊后连年巨亏以及联想并购IBM的挣扎,都一定程度源于对"低成本优势"的认识错误。

中国企业所谓的低成本,很多时候并不意味着成本管控能力强。在并非完全市场化的体系内,低成本是社会将一部分利益让渡给企业所形成的。简而言之,你的低成本是以别人高成本为代价的。譬如说,中国企业最熟悉的"低成本"往往来自于员工和合作伙伴,比如压低员工工资,或者占用经销商、供应商款项,但这些"中国特色"的东西在国外根本不适用。

劣势之三:金融成本困局

中国最稀缺的是好企业,而不是投资和贷款。

中国企业面临的难题,除了让人耳朵起茧的"融资难",恐怕就要算"库存难"了。

实际上,库存问题归根结底也是个融资问题。

资金成本!任何一本管理学教科书都会在库存成本中将资金的占用列为第一。东西卖不出去,折旧、腐化、价格变动不说,最大问题是占用资金,导致资金周转率低,尤其对于附加值本身不高的"中国制造"来说,资金周转率更是命门。对这一点,台湾大学著名管理学教授李吉仁说得很明白,附加值低的企业只能靠资金周转率取胜,就像餐厅必须靠"翻桌子"赚钱一样。有人做过统计,欧美企业平均库存周转率(年销售额/库存量)约为12,日本约为9,韩国约为13,而中国一般都低于4。中国企业连"翻桌子"都翻不过人家!

资金成本低,企业便缺乏改善库存管理的动因。留意资本市场,你会发现:企业受到资本追捧后,库存大多会慢慢上升,然后是库存积压,然后是盈利能力下降,股价走低,最终是资本抛弃它。北京奥运会之后,"李宁"被国内外资本狂追,变成最"不差钱"的国内运动服饰品牌,但伦敦奥运会之前,它却成为了同行业中盈利能力最差的一个。分析认为,问题出在李宁公司库存周转率业内倒数第一。在机械工程行业,三一重工曾是资本宠儿,出海收购,大长国人威风,但2012年开始,它的库存问题浮出水面。

企业拿到钱后,很少有人愿意去做品牌或者研发,从而提高附加值,而是不断"做大"。"做大"是获得更低廉资金的条件,只有做大,政府才会给你背书,银行才会给你低息贷款,资本市场才会给你源源"输血",这是恶性循环。所以中国企业的融资只有两种情况:一个是融资太难,根本弄不到钱;一个是融资太容易,拿着钱都不知道怎么花。

深层反思

邓小平曾说,改革开放要引进的是两个东西:一是先进的技术,二是先进的管理经验。

30年后,我们扪心自问,两个东西我们都得到了吗?我们得到了巨额外汇储备,却只能用来购买美国国债;我们用土地资本化的方式修建了漂亮的城市,却经不住一场大雨的考验。我们的央企被"友邦人士"吹捧成世界第一,但却找不到一个像样的世界品牌。

获得技术和管理经验的任务应该谁来完成?

在市场经济国家,这两个任务都是靠企业来实现的。不论是后发国家,还是先进国家,在和平时期,最好的技术都是企业去开发,最好的管理经验都是企业去实践和总结的。即便在战争时期，最好的军事技术很多仍然是企业掌握。因此，邓小平所提到的这两个东西其实是对企业的要求。

> 首先要做正确的事，其次才是正确地做事。
> ——管理学之父德鲁克

那么，我们可以批评那些创新乏力，并且有着以上三个"劣势"的民营中小企业吗？

答案是否定的。在多数国家，中小企业从来不是技术革新的主体。技术创新靠的都是大企业，因为后者资金实力雄厚，技术积累也较强。但在中国这办不到，大企业都靠着"特许经营"而生存，它们缺乏创新的动力，也没有改善管理的冲动。它们有着背靠世界上最大消费人群的优势，只要十几亿人每天都要衣食住行，吃喝拉撒，它们就能稳赚不赔。借助中国经济高速增长的东风，它们成为了财经媒体吹捧的"中国奇迹"。

但随着经济增速的放缓以及世界资源争夺的白热化，缺乏技术创新和良好内部管理的巨头们将面临更多变数。近年来，中国大企业群体比如央企的利润已经从2008年前后的顶峰出现了下降，挑战还在以后。

说到底，在经济高速发展的过程中，中国的大企业和中小企业都出现了"职责缺位"，没有承担起各自应该扮演的角色。他们的困惑都源于一个简单的问题，即企业和企业家有没有企图心。

企图心怎么来？

其背后是更深层的东西。

"中国制造"为何撑不起"中国内需"

> 从2012年开始，中国零售业遭遇了前所未有的困局。超市行业纷纷关闭门店，有的外资巨头还要出售中国业务，而各大城市的百货公司更是业绩欠佳。总体而言，这个行业正在出现大面积亏损。
>
> 就消费者而言，中国人正在"逃离"零售业的实体门店，取而代之的网购正成为潮流。
>
> 值得注意的是，国际上的"中国制造"一直以物美价廉而著称，但在国内门店，它们却贵得出奇。这个看似矛盾的现象，背后隐藏着中国零售行业并不光彩的"秘密"。

——首都经贸大学市场营销系主任
陈立平

◆ 嘉宾简介 ◆

陈立平，中国商业联合会专家、首都经贸大学市场营销系主任。陈教授在日本流通经济大学获经济学博士学位，对日本零售业有深入研究，目前致力于中国零售业消费者行为、零售管理、卖场营销、零售国际化等领域的研究。

中国零售业为何被称为"二房东"？

Q：你有一个观点说，中国零售业的下滑将是长期的趋势，根源在于行业现有的盈利模式。你把这两种模式称为联营制为主的百货业盈利模式和入场费为支撑的超市盈利模式。这两种模式的弊端在哪里？

陈：这两种模式最大的问题在于违背了零售的基本价值。零售的基本功能是为顾客代理购买，然后加价销售，零售商赚取差价。欧美的百货公司多数都采取这种模式，但中国的百货公司则采取联营制，本质是场地出租。

你到所在城市的百货公司去逛，会发现没有几件产品是零售商即百货公司自己销售的，全是它们从外部引入的品牌商。零售商通过对品牌商的"保底倒扣"获得利润。"保底"就是品牌商一个月必须完成多少销售额，然后在此基础上提取一定比例作为利润，这个比例约为20%到35%不等。在超市行业，卖场同样是以上架费、入场费作为利润的主要来源。

简单地说，中国的零售业是一种"食利性"的盈利模式，缺乏在本产业进行创新的热情。

Q：在一些人看来，不管"本业"还是"他业"，只要能赚钱就是好行业。尽管零售业被称为"二房东"，但做"二房东"能收高租金何尝不是好事情？

陈：做"二房东"并非就那么赚钱，即便是对品牌商35%的扣点，除开房租、人工和管理成本，利润也不会有多高。但一些国际零售商，一条牛仔裤在云南的采购成本是十几元，但在上海的终端售价却可以达到90元，这个毛利率显然比做房东强。传统的零售策略一般会采取"价格洼地采购"和"自有品牌开发"两种模式去提高利润率，做得好毛利率可以超过40%，而采取联营制，毛利率很难超过30%。

但联营制和入场费模式最大的好处是零售业不用承担风险，最直接的风险都归于品牌商，但这种模式是不可持续的。

目前，很多零售商出现了经营困难，为什么？因为利润率已经固定，但成本却不断上升，首当其冲的是房租。在中国这样的房地产市场，房租一直在涨，零售商的利润率却不见提高，那么必然会出现经营困难。

那么增加对品牌商的"扣点"不行吗？如果提高，品牌商只能把成本转移给消费者，很多商品有硬性的价格约束，太高的价格只会让顾客加速"逃离"。

Q：简而言之，这种模式会让企业有惰性，对经营创新和管理提升并无帮助，所以中国零售业才会"千店一面"。

陈：首先，这种模式会带来"经营空心化"，导致零售商定价权丧失和场地控制力减弱。定价权丧失的结果是产品越卖越贵，因为整个价格产生的流程是品牌商一手操办，最后去百货公司消费的人只会越来越少。场地控制力也是零售业的核心竞争力之一，由于品牌商分散，零售商对场内数据缺乏掌握，因而无法在产品结构、场地设置等方面进行适当调整来吸引顾客。

在这方面，欧美零售商则做得很好。它们能通过自营建立起最完备的数据系统，对消费者的习惯和偏好了如指掌，能有效地增加购物的舒适度。近年，国内一些大卖场爆出了较为严重的产品质量问题，背后根源便是零售商的场地控制力在减弱。

其次，这种模式还会导致零售业的同质化。百货公司除了场地大小有差别之外，它们能有什么本质区别吗？大家引入的品牌商都是一样的，最后只能价格竞争，最后又是全场促销。

可以这么说，中国人碰到的促销是世界上最多的，但对零售商的不信任感也是世界上最强的。

"中国制造"为何支撑不起"中国零售"？

Q：促销之中实在有太多的"猫腻"，真正的低价并不多。"食利性"的盈利模式本身就意味着必须高价才能让零售商和品牌商双方都有利可图。

陈：价格高，这应该是中国零售业给中国人留下的最深刻印象。很多欧美人去日本买东西，会觉得比欧美贵，但到了中国，他们觉得这里还要超过日本。前不久，我去了日本和西班牙，顺便做了一个小调查。同样的18种商品，日本的超市比中国卖得便宜。在西班牙，我随机调查的30种商品中有16种比中国便宜。

同样，在美国西尔斯百货只要200美金的普通西服，在中国的售价高达2500元。如果按购买力计算，这个价格大约是美国的10倍。

最要紧的是，这些服装和商品多数都是中国制造。

Q："中国制造"没有能够支撑起"中国零售"，中国产品的物美价廉有点"墙外开花"的感觉。这是为什么？

陈：一个重要因素是制造商不愿意把最好的商品放在国内市场销售。不愿意内销，这并非崇洋媚外，而是不得已而为之。一位东莞的制衣厂老板告诉我，他宁愿给欧洲的公司做代工也不愿意做内贸品牌。他做过计算，如果把内贸市场高额的卖场入场费和品牌推广费除开，他所获得的利润要比做外贸代工低很多。

中国人的人均可支配收入本身就不如发达国家，而我们的产品价格却比国外高，消费者肯定没有消费欲望。

Q：改革开放以前，中国零售业除了货源短缺、物资按票供应外，价格倒颇为公道，为什么市场化后中国零售业反而走上了歧途？

陈：有历史原因。20世纪90年代，中国零售领域的市场化改革才逐渐展开。做零售业的人面临两个问题：一是资金短缺，所以必须低成本扩张；二是缺乏经验，所以热衷于学习国外同行。

当时，国际零售巨头进入中国后一改在海外的正常盈利模式，在中国采用了一套低成本的扩张模式。一是向供货商收取入场费，二是以占压货款方式降低资金成本，这套模式非常成功，被国内同行广为效仿。实际上，中国的很多内外资连锁巨头都是通过这种对中小供应商优势地位的滥用而发展起来的。

但在成熟市场，国际巨头很难这么做，因为这是大企业在滥用优势地位，法律对此有严格规范，比如家乐福在欧洲就很难推行这一套。我国也有《零售商供应商公平交易管理办法》等法规，但实施效果非常不理想。

Q：外资巨头进入中国之后改变了经营模式，为何会"橘生淮南"？是不是曾经给他们的"超国民待遇"纵容了他们？

陈：目前在零售行业，内外资在政策上已没有差别，"超国民待遇"成为了历史。但外资巨头对于一个急于城市化的地方来说，同样会有很大的优势。比如在一座三线城市开了沃尔玛，那么地方的政绩中就多了一条"引入世界500强"。有的地方，县政府为了引进国外的超市，甚至提出可以搬迁政府大楼让位给大卖场。

同时，地产商为了缩短配套商圈的品牌培育时间，也倾向于引入知名的外资零售商。对外资巨头来说，可以低成本扩张，何乐而不为？这是他们这几年急于在内地二三线城市"跑马圈地"的原因。

但我们还应注意到一个趋势，外资巨头一定程度上正在看衰中国零售业。一些人正在从内地的二三线城市退出。这些地方的经济发展水平和消费结构是有问题的，根本无法支撑大型卖场。外资正在发出一个信号，本土零售业绝对不能掉以轻心。

日本同行的经验和教训是什么？

Q：你是日本零售业的研究专家，不妨说说日本。在经济衰退的过程中，日本零售业也遭受了极大冲击。中国经济的增速明显放缓，零售业必然面临挑战，日本的经验教训能够给我们什么启示？

陈：目前，日本零售业的年销售额和20世纪90年代的水平相比，仍然低了很多。20世纪90年代，日本的百货公司大量倒闭，造成了很大的社会负面影响。

在日本经济腾飞的早期，日本百货公司除极少部分特殊商品外，绝大多数都是自采，以提高周转率和降低采购成本来盈利。在20世纪60年代以后，随着经济高速增长和大众消费的崛起，日本零售业认为原有的模式影响了百货的扩张速度，因此一种被称为"委托销售制"的模式逐渐成为了零售业的常态。委托销售的意思是厂家委托百货公司销售产品，如果商品卖出去，厂家要向百货公司"返点"；如果卖不出去，则百货店不承担任何风险。

这种制度和中国的联营制是一样的，即零售业靠场地盈利，而非自己搞经营。20世纪60年代早期，日本百货业的商品自采比率超过60%，到了2000年前后，比例下降到了10%。

因为依靠场地盈利，所以日本零售商无法控制内部品牌商的价格变化；而随着房租的上升，品牌商只能提价来应对。于是很多日本人开始"逃离"百货公司，而选择海外购物，和现在的中国人一样。那时候，日本商场的东西比纽约还贵。1993年，有日本人感叹说，在纽约46美元卖到的东西，到了东京要100美元。

以上这些问题种下了日本零售业在经济衰退中急速萎缩的种子。另外值得注意的是，从20世纪80年代开始，日本很多零售企业在资产价格上升的狂潮中开始进军房地产，热衷于充当"物业管理者"。到了90年代初，日本的房地产泡沫破灭，多元化导致的负债迅速压垮了很多零售商。

Q：这些年，不少中国零售商也热衷于进军房地产，比如上市圈到的钱，或者供应商占款都可能被拿去投资物业。在这一点上，日本和中国何其相似！

陈：对。当行业出现了严重同质化的时候，除了扩大规模或横向扩张之外，已经没有办法找到其他提高利润的办法。

日本零售业曾遭遇到的挑战还在于人口老龄化、少子化趋势和日元升值的影响。这些情况，当今的中国也正在遇到。比如，我国从0岁到14岁的人口数量已下降为以前的一半。

Q：不过，日本零售业在经历痛苦后，一些基于供应链整合的新业态模式已经出现，比如"百元店"。它们价格低，质量也好，在经济衰退时期极具市场。它们成功的精髓在哪里？

陈：经济衰退，消费者收入降低，但消费者在短期内却不愿意降低对商品品质的要求，这是日本"折扣店"或"百元店"在20世纪90年代兴起的背景。优衣库是重要代表。这种新的业态模式可以称为"零售制造业",零售商对产业链进行整合,单纯的采购商品和加价销售已非盈利的主要手段,而产品设计、质量控制和成本控制才是盈利的核心。

但是,要让中国的零售业在短期内改变原有模式,几乎没有可能。企业内部已经形成了既得利益部门,它们足够强大,原有的架构和模式就很难变革。过去,一旦经济波动,房租、人工等成本上涨,零售业就会有变革的声音,说要摆脱旧有模式。但一碰到经济好转,变革的声音马上就消失了,大家又回到了原来的样子。

Q:电商的崛起,会不会是一剂猛药,让"食利性"零售业没有退路,进而逼迫它们变革呢?

陈:当然,中国的年轻人正"逃离"商场,电商崛起的速度超乎想象。像1号店这样的公司,每年有200%的增长,这也意味着传统零售商失去顾客的速度是惊人的。零售业必须变革,已经没有退路了。

钱多了为何让企业做"傻事"

——中欧国际工商学院会计系主任

丁　远

> 金融危机之下,"不差钱"的中国人除了购买奢侈品外,还热衷于购买企业。在中国资本市场,超募早已司空见惯,突如其来的巨额现金时常让企业产生扩张雄心。另一方面,资金进入也加大了业绩压力,在部分企业家看来,通过并购"做大"成为了可行路径。但实际上,流动性驱动的并购非常危险,日韩和中国企业的"前车之鉴"并不少。中国企业应如何抓住机遇并购做强,同时汲取上世纪日韩企业的教训?

◆ 嘉宾简介 ◆

丁远,中欧国际工商学院法国凯辉会计学教席教授、金融学和会计学系系主任,《国际会计学杂志》联席主编、《中国会计学刊》副主编,加入中欧之前为巴黎高等商学院(HEC)终身教授,并于2005年获法国国家级会计学博士生导师资格。

2011年5月,丁远在A股市场创立了"丁远指数中性基金",成为中国内地金融会计学术界对冲基金第一人。他同时还在中国、欧洲和北美的多家上市公司和金融投资公司出任董事。

出海并购的方法论是什么？

Q：这两年，中国企业出海并购的案例越来越多。如果要为中国企业海外并购支招，你首先会想到什么策略？

丁：第一是买得便宜。买得便宜，回旋余地就大。我写过一个案例，北京四维约翰逊公司，这家公司的运钞车非常知名，到处都能看到，它的海外收购值得国内企业借鉴。它先后收购了一家英国的运钞车企业和一家德国的高端救护车生产商，我问企业负责人，你们的成功经验是什么？他跟我说，买得便宜。其实这家企业犯了所有海外并购中国企业容易犯的错，比如空降的两位"海归"无法胜任高层岗位，当地聘用的高官又发生贪污等等。但是，什么坏事都发生过，最后的并购却是成功的，主要原因就是被收购企业卖价低。

收购价格过高，就会产生溢价，反映在合并报表上就是商誉，在账上就要作为资产，资产增长，分母变大。但如果并购之后，合并的利润却没有增长，企业的压力会很大。为什么这么多企业并购后会倒下，因为它们越并购，资产就会变得越重，而预期的盈利增长却没实现，企业就被压垮了。

中国企业在海外并购上不犯错误是不可能的，但买得便宜是可能的。当你的购买价格太高，就不会给你留下犯错误的空间，并购失败的可能性就非常大。

Q：如何才能买得便宜呢？

丁：有两个因素会影响价格，一个是时机，一个是心态，这和农贸市场买菜是一样的道理。我一位 EMBA 学生的企业收购了一家德国的机床厂，买得便宜，因为时机好，他也不着急。他跟德国人打交道超过 10 年，最开始是和瑞士、德国的纺织机械巨头在中国常州做合资企业，充分了解德国人的商业习惯。到 2009 年，当他的收购目标企业——一家德国的机床公司开始出现"订单荒"的时候，他才开始洽谈购买。而整个决策的时间很长，会让你把这个公司看得更加清楚。为什么要买，买来干什么，想得越清楚，你失败的概率就越小。

必须指出的是，并购时企业都会聘请投行做顾问，投行从它收费考虑，出的方案一般都是必须买，并且买得越快越好。在企业家看来，似乎"过了这个村就没有了这个店"，最后仓促买下，忽略了很多本来可以规避的风险。中介机构的方案和意见，仅供参考，他们是"媒人"，"结了婚"才能拿佣金，企业家心中要清楚。

为什么中国特色低成本有局限？

Q：中国企业善于控制成本，很多企业领导人在收购国外企业的时候，都会表示我们要把低成本带到并购的海外部门,从而扭亏为盈。

丁:联想也是这么说的,认为 IBM 是穿着皮鞋炸油条,中国人则可以"拧出利润"。但实际上,中国很多企业的低成本模式,主要是文化和制度因素带来的,在海外会"失灵"。企业在国内,和上下游的伙伴沟通成本很低,比如一些企业会利用行业地位占用经销商资金,成为低成本资金的重要来源,大家也有一种默契,这都基于中国独特的文化和制度背景。

在国内,尽管企业家经常抱怨政府,但诸如联想、TCL 这样的企业,作为北京、广东当地的明星企业,遇到很多问题,政府会主动给你"熨平"。问题在于,把跟政府的默契当成核心竞争力,到了国外必然"两眼一抹黑"。最典型的案例是,中铁建在沙特建设铁路的时候,遇到劳工纠纷和工程进度等问题,人家政府根本不帮你,事情越搞越复杂。

比如激励机制,中国人的激励方法在国外是不行的。有个故事很典型,李东生让法国高管周末开个会,人家竟然说星期一再说,李东生感到很吃惊。另外,用中国人那种"假大空",跟人家谈使命感、责任感,在个人主义盛行的西方社会行不通。中国员工对一些制度的容忍度很大,人的弹性很大,这种成本优势拿到国外能有用吗?

苹果为什么把几乎所有产品生产线都建立在中国,劳动力廉价这只是因素之一。2007 年,乔布斯发现 iPhone 屏幕有瑕疵,中国深圳的工厂可以在半夜紧急集合 8000 名工人,半小时内全部上岗,12 小时一轮班为 iPhone 换玻璃屏幕。这样的"中国奇迹"别说在美国,在其他发展中国家也未必做得到。

文化和制度造就了高效而低成本的供应链,但只有中国才有。李东生告诉我,他去波兰和墨西哥考察过,珠三角对于制造业的配套,世界上任何地方都找不到。

Q: 东南亚特有的文化和制度似乎同样适合做低成本制造业,制造业在向印度尼西亚、越南转移,你怎么看?

丁:去过越南,你就知道,跑到 50 公里便是他们的"高速公路"。东南亚的基建还达不到现代化大规模制造业的要求。

日韩企业的前车之鉴是什么?

Q: 说到并购,不能不说 20 世纪的日韩企业,然后又不能不说韩国大宇。它是亚洲企业的缩影,曾位居 500 强,是新兴市场最大的跨国企业,当时规模超过沃尔沃、施乐、富士通这些企业,但却在 90 年代末兵败如山倒,问题在哪里?

丁:大宇带有明显的亚洲企业特征,它是一种明显的国家主导和公司创办者"双主导"的治理模式,这意味着它不会按市场规律"出牌"。在企业战略上,扩张主要通过跨国收购。国家控制的银行给它低息贷款,杠杆率极高,但流动性充裕。在汽车业,它在苏联地区、东欧收购了大量企业,甚至包括拖拉机厂,这些企业原有的体制问题和"包袱"最后成了"定时炸弹"。最后由于会计和贷款欺诈以及汇率问题,问题全部爆发。

亚洲很多企业会盲目追求规模,规模大了政府会"兜底","大而不能倒"。汉城奥运会之前,大宇已陷入危机,但政府出于"面子",紧急给予了8400亿韩元的救助。银行、投资人、债权人、会计公司以及其他利益相关者之后更加追求"神话"。1997年之后,三星、现代、LG 这三家大集团的负债率比都在下降,只有大宇还在飙升。破产,仅是时间问题。

现在,中国的大型国企很多,在财务上、体制上和那个时代的韩国企业有很多相同之处。前车之鉴,不可不察。

Q:这些问题是不是你曾提到的"Asian curse"(亚洲诅咒)的深层原因决定的?

丁:在20世纪90年代,日本和韩国的同一个行业的企业,财务杠杆都远高于美国。韩国直到1973年才有股票市场,作为"四小龙"腾飞的那段时间,企业高增长都是来自于信贷资本,特别是政府主导的融资项目、融资贷款等。因为政府希望企业朝着自己所希望的方向发展,加之商业银行被政府拥有和控制,这种导向一发不可收拾。包括大宇创始人金宇中在内的韩国企业家心中都很明白,企业越大,就越容易贷到款,因此就要不断把企业做大,即便做出问题,政府最终也会兜底。

按当时韩国的财会制度,不需合并报表,因此企业集团之间的内部交易不抵消,在集团内部流动,成为所有成员的销售额。种种迹象表明,大宇集团这样的韩国企业早已违背了基本的法律、会计和管理制度,一味强调规模和销售额的路快到头了。

日本企业的问题同样严重,日本人强调财团经联会之间的合作,同一经联会之下的企业之间,一般不对贷款利息的延迟支付进行处罚,延期还款的情况很普遍。最终形成的一个怪现象是,拖欠应收账款竟然普遍成为了日本企业融资的重要手段。

我们应该思考,日韩企业以前的问题,我们现在是否又遇到了?企业越大越好是个误区,中国企业家之间也曾流行"小舢板焊到一起就是航空母舰",这是有问题的,航空母舰不是这么造出来的。

韩国企业的正面经验在哪里？

Q：日韩企业又有那些正面经验可以汲取呢？

丁：从日韩的经验来看，世界上所有的后发国家，能做到世界前列的产业都是制造业。这个行业的产品附带的文化内容不多，不论强势还是弱势文化的市场都容易接受。之前，很多中国企业家打造"民族品牌"都选择了这个行业，就是这个原因。

上世纪八九十年代，就在其他韩国企业为"民族荣誉"疯狂扩张时，三星却开始回归主营，放弃横向扩张，负债率不断下降，但利润却开始增长。之前，三星在法国是最低档的电器，微波炉、洗碗机什么都做，但品牌比索尼、松下差很多。现在，三星的东西少了，但品牌已和日本人处于同一档次。

Q：你多次提到"回归主业"，大家都知道这个东西的确重要，但当下的中国企业在这方面似乎很彷徨？

丁：对。法国安盛集团董事长曾对我说，金融危机的最大好处是让大家"回到地球上"。企业家开始关注根本的东西——主营业务，要持续做自己擅长的行业。我曾去参观一家苏州齿轮加工厂，他们是钢筋厂转过来的，企业家认为两者用料差不多，又能赚钱，所以就改行了。还有一家温州企业，之前做服装，但服装利润越来越低，于是投资了十几亿做造船厂，结果厂建完了，金融危机来了，很长时间一个订单都没有。

在欧洲呆了12年，我明白一个道理：为何全世界的奢侈品都是"欧洲制造"？欧洲的家族企业非常值得尊敬，工业革命到现在，好多代人，几百年都只做一样东西，品质就是经久不衰的品牌，这最值得我们学习。反观我们的民营企业，"富二代"愿意做主业的很少，太累了，都想做PE和房地产。

当然，这种彷徨并不只是民企自身的问题。

传统民企模式
搞不成现代化

——浙江大学民营经济研究中心主任
史晋川

> 以地缘、血缘、亲缘为基础的人格化交易，是中国民间资本流动的主要模式即"温州模式"，这也是温州民间借贷风波的制度性原因。当前，各界都热衷谈论"温州金改"的方法论，并试图从中分一杯羹，但对于温州旧有金融模式的流变却没有兴趣研究。事实上，知过去，才能面向未来，底层金融，需要的从来都不是另起炉灶，而是高层放权。

◆ 嘉宾简介 ◆

史晋川，浙江大学民营经济研究中心主任，教授、博士生导师，享受国务院政府特殊津贴专家，研究领域为中国民营经济发展和区域金融建设。社会兼职包括国家社会科学基金评审委员会委员，上海、杭州、宁波、温州市政府专家咨询委员会委员等。史教授为复旦大学经济学博士，并先后在芝加哥大学、伦敦经济学院和哥伦比亚大学做访问学者。

"温州模式"为什么越变越坏？

Q：早在2003年，你就在公开演讲中表示，民营企业的温州模式将有所改变，这些年来有变化吗？

史：温州模式在变，但向不利方向的变化，比向好方向的变化要多一些。为什么？温州民间借贷最开始是标会，是消费型的，资金规模小，同时人数较少。这意味着资金筹集和使用的人际关系圈子很紧密，地缘、血缘、亲缘为基础的人格化交易方式，能在民间金融活动里起到保证合约执行的作用。

但现在的民间借贷用途已不是消费，而是生产，资金使用规模扩大，不再是几十万、几百万，而是至少几千万甚至几亿，资金筹集和使用圈子里的人际关系非常疏远，人格化的交易方式根本没有办法来保证合约执行，问题就出来了。这就是导致温州民间借贷出现这么大的风险，产生这么大的影响的制度性原因。

温州金融改革的重点在哪里？

Q：现在，温州将建设金融改革实验区，你觉得温州未来的路是什么样的？是变成PE注册中心，成为资本输出地，或是产业升级，或者还有别的路，您怎么看？

史：我认为，温州应从城市、产业、金融三方面来做。首先，温州城市化建设落后，导致吸引和积聚要素的功能没有发挥出来。同时，一个地区要转型升级和自主创新，要有新的要素和新的要素配置方式，特别是一些高端要素的积聚，没有很好的城市化是做不到的。温州的城市化不是为城市化而城市化，而是为了积聚要素促进转型升级而城市化。

第二是产业转型升级可以考虑围绕一些大企业进行。大企业输出品牌、研发技术和新产品，然后构建现代营销网络，大量小企业来做加工和服务的外包。这几年，义乌围绕着梦娜、浪莎等企业已形成以大企业为主，中小企业加盟外包的"现代产业集群"模式。像浙江的低压电器、服装、袜子行业，大企业自产比例仅为30%到40%，而60%到70%是小企业生产的，大企业把精力放在研发和品牌上，这一点温州也可以借鉴。

改革为什么必须要下放金融权力？

Q：民间借贷摆脱这种人格化交易模式，有什么更有效的模式？政府"招安"民间资本这条路能否走得通？

史：温州应建立和产业转型升级契合的金融平台，把分散的产业资本集聚到新的金融平台，再反馈到产业里去。中小企业融资难，因为银行是大银行，贷款企业是小企业；银行国有，贷款企业是民营，这就决定了融资难。我不赞成在温州搞比较大的金融机构，应鼓励民营资本进入金融领域，建立更多的城市商业银行、农村商业银行，或者一些小额贷款机构。不能用很粗的水管去浇灌细苗，应滴灌，建立一个金融的滴灌系统。

同时，在监管上应加强监控，但最好是中央和地方两级监控，比如区域性中小型金融机构，审批权、监管权都放给地方，跨地区大型金融机构则仍由中央监管。

Q：民间资本积累起来多数用于放贷，一个原因是缺乏投资途径。大家呼吁放开民营资本准入已有很多年，但阻力未曾小过。

史：国家先后出台了两个"三十六条"助推民营经济发展。从国务院这个层面来看，发展民营经济是大原则和方向，问题在于部分掌握"生杀大权"的部门并未严格执行。比如说杭州跨海大桥，国有资本一进去，其他民营资本就要退出来，这就是"国进民退"。为什么？因为在很多地方，只要有国有资本控股，甚至原先只有民营资本，但只要国有资本参与，它就一定要变成"老大"，就不按照现代公司治理规则出牌，这就是民营资本生存现状。

广东为何比浙江贫富差距大？

Q：广东很多老板都认为，浙江的民间资本比广东要发达很多，在民间已经形成了很多幕后大财团。你觉得江浙跟广东民间资本的发展成熟度是不是的确存在这样的差异？

史：我大致同意这个观点。浙江的民间资本的兴起比广东要早，广东的经济发展模式是一种"外源"模式，工业化最初的资本不是内部区域内的老百姓积累的，而是港、澳、台的资金。

而浙江经济的发展模式并不是靠外部资金，它是一种"内源"模式，也就是说它的资本是靠浙江各个区域的老百姓自己积累的，比方说从"鸡毛换糖"、弹棉花这样的行商开始，然后从行商到坐商，有一个店面或者商铺，最终所有的坐商自发集中到一起，在浙江形成了一大批小商品市场。然后又进入了第二个阶段，又从坐商的商业资本变成产业资本，就等于说原来是挑着担子卖纽扣的，现在又开始在全国投资企业，生产纽扣、拉链，还形成一个完整的产业链条。

"外源"模式决定了资本可能因为经济环境和产业环境的变化而抽走，因此资本不一定会留在广东境内，而"内源"模式形成的资本则更加愿意在当地继续投资，扩大再生产。所以，你可以看到浙江最富的地区和最穷的地区之间，其差距要远远低于广东最富的地区和最穷的地区之间的差距。这种现象从另外一个侧面论证了"内源"发展模式会使得区域发展相对比较平衡，而"外源"模式就没有这个优点。外资是不会到穷乡僻壤去的，它会永远选择条件最好的区域，并且它还会不断地搬到别的地方去。

第六篇 企业变革之惑

索尼盛衰留给中国企业的管理学七问

> 形象地说，日本企业的好日子好像在上个世纪就过完了。近几年来，流行"终身雇佣"的日本企业出现了大规模裁员浪潮，这在战后的日本企业发展史上极为少见。日本企业到底怎么了？是"疾在腠理"抑或"疾在骨髓"？地震和汇率因素之外，是否还有一些更深层的体制原因需要反思？日企"盛衰"对中国企业又有何借鉴意义？

——复旦大学企业管理系主任
苏 勇

◆ 嘉宾简介 ◆

苏勇，复旦大学企业管理系主任、教授、博士生导师。苏教授先后在日本大阪产业大学、美国华盛顿大学和麻省理工学院斯隆商学院做访问学者，其主持项目获2012年度国家社科基金重大项目立项。社会兼职包括中国企业管理研究会副理事长、上海生产力学会副会长等，并任航空、汽车、百货和钢铁等行业多家上市公司独立董事及顾问职务。

一问:"综合商社"的优势为何不再灵验?

Q:索尼、松下、夏普这些大家都熟悉的日企巨头近年都有"日薄西山"之感。日元汇率和地震两个因素固然有影响,但日企曾引以为豪的"综合商社"模式何尝不是到了要反思的时候?

苏:"综合商社"模式的确对日企盛衰影响很大。实际上,从明治维新开始,由于技术、资本等领域和欧美的差距,日本很自然地发展出了"综合商社"的大财团模式。这种模式最显著的优势是资金成本低,大财团本身拥有金融机构,给财团内部的"儿孙公司"在利率和门槛方面都有"优惠",这是竞争者不具备的,这就使得资金成本转化成了竞争优势。

这种模式还有第二个优势。"综合商社"旗下或相关联的中小企业能有效地抵御风险,因为它们的订单都是来自上游大企业,并非直接面对海外客户,故而订单较为稳定。相应地,稳定的订单能让中小企业埋头研发,比如几代人都只做一种零件的情况在日本中小企业中很常见,长时间的精益求精之后,质量必然世界一流。最终,上游企业生产出的产品也是顶尖的。"综合商社"模式实际上形成了一个良性循环,这是"日本制造"在20世纪70年代之后风靡世界最重要的制度原因。

Q:日本企业的这种模式让我想到赤壁之战,曹军把战船都连成一片,以增加稳定性,但最后却败于火攻。实际上,对电子消费品行业来说,"太阳每天都是新的",这种"综合商社"模式看起来有点落伍了,是不是真的跟不上时代的变化?

苏:不是日本人落伍,而是产业世界变化太快。在工业化时代,对后发国家和地区来说,"综合商社"模式是很好的企业战略选择,但在后工业时代或者说信息化时代,它的问题就会暴露出来。大财团的"儿孙公司"数量庞大,但问题在于产业链过长,对市场变化的反应比较迟钝。即便上游大公司的决策层感觉到市场已经变化,但要整个产业链掉头,却是非常缓慢的过程。

现在,以电子消费品行业为例,纯粹的产品质量并不是决胜关键,消费者体验才是最重要的,而好的公司不但能紧跟消费者口味的变化,而且还能引领消费者的喜好。苹果不断地推陈出新就是例子,而反观索尼,我们对它的记忆可能还停留在20世纪90年代的walkman身上。的确,日本同类的企业在walkman之后,除了游戏机之外,已经很少推出有世界竞争力的产品。

天生敏感的日本人并不是不知道世界在变化,而是他们的公司太"重"了,想要调头太难。

二问：代工厂的公司股票为何不被待见？

Q：20世纪80年代开始，管理学界便有"轻质公司"的思潮，公司"轻"和"重"是否真的意味着竞争力？"轻"和"重"到底是什么？

苏：我以富士康为例说明这个问题。尽管富士康代工了绝大部分苹果产品，但苹果不会持有富士康的股份。苹果的芯片部分来自Intel，但苹果对Intel的股票不感兴趣。同时，苹果的部件分配给全球上千家中小企业制造，但苹果和他们只是战略联盟关系，没有资产纽带关系，这就是"轻"。

遇到产业变革，苹果可以放弃或者重新选择合作伙伴。而反观日本企业，"儿孙公司"一大堆，互相持股参股很普遍，这就对上游企业形成了牵制，小则牵制产品换代，大则牵制战略变革。有时候，放弃一种市场上已经式微的产品，可能意味着好几家"儿孙公司"没活可干，上游母公司有时候不得不考虑这个问题。

同时，富士康为什么要不断降低成本，提高良品率？因为苹果和它没有资产纽带关系，做得不好，苹果就不要它代工了。相比而言，如果上游企业是你的股东或者母公司，你还会这样努力吗？

Q："轻质公司"除了资产的"轻"，很多时候还代表着制造环节的外包。比如有基金经理说，他一定不会买代工厂的公司股票，这是不是走极端了？

苏：这种说法有它的道理所在。耐克公司就是很好的例子，它只掌控品牌和渠道，甚至研发和设计都会部分外包给其他公司来进行，但这不妨碍它的产品竞争力是世界级的。

世界上这些优质的"轻质公司"的例子都说明，在信息化时代，很多行业物理意义上的"核心技术"概念正在消亡，因为技术在被标准化和模块化之后，很容易从市场上买到。技术的壁垒正在不断地降低，这对企业竞争提出了新要求。企业应该做的是跟紧消费者的需求，让产品给消费者最好的体验，这才是根本。某种程度上讲，在信息化时代，"消费者认同"才是"核心技术"。

三问：中国公司"轻质化"为何有三大障碍？

Q：中国的"制造业"很大程度是加工业，工厂都在中国，那么请问中国公司还有机会走这条"轻质化"之路吗？

苏：在未来，好的公司一定会是"轻质公司"。但中国公司要走这条路，还有很多障碍。首先，是社会环境的信用问题，我发单给你，你不交货，货不对板怎么办？企业的信用问题一直困扰着我们。以前，企业三角债、跳票情况很常见，这方面的改善还需时间。你如果毫无信用可言,这样的战略联盟恐怕很难奏实效。第二,生产环节的质量控制不够。为什么苹果只给富士康做,而不给其他公司做,因为大多数代工厂的质量控制都不行。第三,物流问题很关键。物流的效率和成本,这两个因素目前在中国都不容乐观。

"轻质化"是趋势,中国的好企业走这条路没问题,但还有很多社会层面的"基础设施"要先建起来才行。

Q:简而言之,"轻质公司"就是要整合资源,乐于分享产业链的利润。当然,如果你足够"牛",就像苹果那样,自己吃肉,富士康喝汤。对吧?

苏:的确,整合资源是CEO首先要考虑的问题。一位复旦EMBA是位地产商,他对这种"轻质公司"的概念有异议。他说,作为CEO,应该尽可能把所有的利润都变成自己企业的利润。但我告诉他,你干脆砖头都自己烧吧。

从人类的工业发展来看,经过上个世纪后半叶的产业变革,生产环节其实早已变得"吃力不讨好"。首先,技术进步让生产的可替代性增强,利润必然趋薄;其次,生产环节的投资很大,机器设备的折旧很高,所以很多欧美企业都不愿意做。

Q:说到"轻质公司",一些电商企业显得非常典型,比如它们和物流公司联盟,发单给工厂,自己掌控品牌和市场。目前,电商行业这样的模式很普遍,最出名的比如凡客,你如何看待这种模式的前景?

苏:作为学者,我很难评判这个行业的未来,但我可以举一个之前的案例来窥豹一斑。以前,上海有一家著名电商叫做批批吉(PPG),专门做男式衬衫,2005年创立时非常火爆,被称为服装行业的戴尔,但公司在2010年就倒闭了。

这家公司的问题实际上折射了中国公司的"轻质化"之路还很长。对于PPG的倒闭,最普遍的说法是营销成本过高,资金链断裂,但实际上仔细研究这家公司你会发现,它的危机开始于质量问题。在公司的销售暴增之后,代工厂数量增加,原先PPG的直接质量监控开始变得无法满足需要,于是采取了第三方质量监控的方式,但这恰好是质量问题的开始。既然你完全靠品牌,那么一次大规模的退货和换货便足以毁掉一家完全靠品牌生存的"轻质公司"。果然,PPG在2007年遭遇了一次大规模的退货潮,这刚好是企业发展的转折点。

当然,PPG的问题还出在营销渠道选择失误和消费者的"沟通"不畅方面。

四问:"消费者认同"到底是什么?

Q:说到企业和消费者的"沟通"或者"互动",好像所有企业都知道消费者是上帝,但为什么多数人都做得不怎么好呢?你是消费者行为研究的专家,怎么看?

苏:不知道你有没有注意,淘宝有一个很重要,但大家都习以为常的功能,就是用户评价。但这种功能在中国的电商行业并不是一开始就有。比如PPG在其运营的几年中,在开放网友评价方面做得并不够,而凡客或者后来的其他电商,在这方面做得要好很多,他们很大程度上也是吸取了PPG的教训。

对于"轻质公司"来说,其获得"消费者认同"的最重要手段就是保持企业和消费者信息渠道的畅通。只要你能够及时获取用户反馈,便可以调整公司运营策略,保持和消费者的"同步性"。"轻质公司"的核心竞争力就是"船轻好调头",如果你这一点都做不到,竞争力也就无从谈起。

五问:企业做大为何总会遭遇库存难题?

Q:世界经济形势不明朗,各国企业都遭殃。日本企业裁员,中国企业则大面积遭遇库存难题。比如三一重工、李宁公司,而它们都曾一度是屈指可数的明星公司。

苏:具体而言这两家公司的库存问题是不同因素造成的。前者是机械工程行业,这个行业的销售基本和基建投资成"正相关"的关系,世界经济不好,投资跟不上,挖土机就卖不出去。

运动休闲服饰则存在低门槛的特点,只要有资金,就能无限制地进入,并且无限制地扩大产量。但前后"两头"——研发和渠道却容易被忽视。运动休闲服饰实际上和电商一样,是"轻质公司"的一种典型,因为它们大多数都没有工厂,都是靠别人代工,因此"两头"极为重要。耐克为何比对手要强,因为它这"两头"强。

Q:怎么解决库存问题?

苏:只有两个办法,一是降低产能,二是调整产品结构。还有一点非常重要,就是重新审视渠道建设。比如一家著名的服装企业,为了扩大市场占有率,迅速推进加盟模式,形成了1/3直营,2/3加盟店的结构,但最终问题是导致消费者和企业市场部门缺乏有效"沟通"。尽管企业花了大价格请国内外一线影视歌星代言,但最终没有达到应有的品牌效果。

"轻质公司"好调头,调头的方向需要准确的市场信息,而准确的市场信息又来自于高效而牢固的渠道。渠道有问题,信息沟通必然受阻,再"轻"也没用。

六问:中国能走"综合商社"模式以提升技术吗?

Q:回到日企。我们都知道,日企的特点之一是"终身雇佣",但近几年的裁员大潮让人始料未及。上世纪，日企也曾遭遇困难，但低潮期也是"大家紧一紧"就过了，很少裁员。裁员是否意味着日企管理模式在改变？

苏：一方面，一些日本企业如果不裁员，它的成本根本无法控制，情况会变得更糟。另外，日本企业的管理在改变，他们崇拜美国人，美国企业有好的东西，他们一定会学。比如，他们先是学美国人的质量管理，后来又学德鲁克，在企业高层，日本人"勇敢"地引进外国人做本国企业的"一把手"，这一点，韩国人做不到，中国人也很难做得到。

实际上，回顾美日产业竞争，这对中国很有借鉴价值。最开始，日本人学美国人的质量管理，加之自己的成本优势，成就了日本的经济奇迹。但20世纪末21世纪初，美国产业界的创新热潮让日本企业措手不及。除了在互联网领域的绝对优势之外，美国先是有IBM、HP这一批企业的创新，然后又是苹果的崛起，这些都是日本企业不具备的，但它们正在学习。

我要提醒一句，中国人没有必要过分唱衰日本企业。要知道，日本企业的学习能力很强，更重要的是它们并不是简单的模仿和"山寨"，这和一些中国企业完全不一样。

Q：尽管很多人对"综合商社"模式多有质疑，但这种模式对日本从落后国家到一流工业强国的跨越起到了极其重要的作用。中国现在是世界工厂，但多数领域的技术恐怕都不如日本，是否有必要借鉴这种"综合商社"模式先把技术水平搞起来？

苏：综合商社可以看作金融和制造业的融合，而中国没有这个条件。中国的金融业有严格的准入门槛，同时，业已形成的金融巨头很难演化出日本式的综合商社。按照中国的商业银行法，银行不能参股企业，但日本的法律却规定银行可以参股企业，尽管有一定的比例限制。中国基于金融安全的考虑，可以预见，未来也很难放开银行和制造业之间的融合界限。

中国还存在国有企业和民营企业的界限，民企和国企是不能随便互相参股的，但在日本则不存在这个问题。

七问：遇困才改革为何多数以失败告终？

Q：日企肯定在变革，但纵观企业历史，大企业逢困变革，多数都未能达到效果，比如柯达，但IBM和GE却改革成功了，柯达为何没有它们的好运气？

苏：我认为柯达缺乏战略前瞻性，更确切地讲，它认识到了数码时代对传统胶片产业的冲击，但却没有意识到这个冲击有多么严重。柯达面临所有大企业共有的"大企业病",大企业病会让企业缺乏变革动力,乐于维持组织和管理模式上的"惯性",最终放弃变革。

柯达变革的决心和力度比不上 IBM,即便在引进几任新的管理者之后,企业也并未进行必要的"瘦身"。以 GE 为例,韦尔奇的原则是"不能成为最好,就必须砍掉",而今天,GE 的几大板块的确成为了全球"最好"。IBM 同样如此,在成功从硬件提供者转型到服务商后,IBM 的变革决心依旧很坚决,它的个人电脑业务排名全球前三,但仍然壮士断腕,卖给了联想。IBM 的方向很明确,要变成"生产性服务业"的领军者。柯达一方面挺进数码业务,但却竭力维持原有业务和原有模式,这也牵制了新业务板块的推进。简而言之,变革不是修修补补,要"痛下杀手"。

Q:从本世纪初陷入危机后,柯达公司曾有意多次聘请"外脑"介入,但为何却没等来郭士纳、韦尔奇这等人物?

苏:引进"外脑"并非百试百灵。融合度问题是关键,惠普和康柏合并,最终导致美女总裁菲奥莉纳离场,这说明文化融合已经失败。

除了文化融合,另一个方面不容忽视,那就是股东对企业的影响,很多时候会束缚"外脑"进入后的改革。柯达多次引进"外脑",都是处在财务恶化的节点,具有财务上作出改变的紧迫性,股东对盈利、股价等极为敏感,"外脑"如果不能在短时间内扭转以上数据,出局是早晚的事情。很多大企业不停地引入"外脑",走马换将,但最终复兴无望,就是这个缘故。"外脑"要的是企业框架改变,而股东要的只是财务好转,这便是冲突的根源。

华人企业给世界带来什么

——台湾大学管理学院副院长
李吉仁

> 被西方人加封"世界工厂"的名号之后,中国企业热衷于高呼"转型升级",所谓"抢占价值链高端"的尝试从来没有停止过。作为后进经济体,充当代工厂的角色似乎是不可避免的宿命,从20世纪70年代的香港和台湾,到现在的长三角和珠三角,最原始的代工制造实际上占据了制造业的最大比重。核心技术、品牌、渠道……世界经济版图之中,中国企业的转型升级梦逐渐浮现,但能否最终成为现实呢?

◆ 嘉宾简介 ◆

李吉仁,台湾大学管理学院副院长,国际企业学暨研究所教授,曾任台湾大学EMBA项目负责人。李吉仁是华人管理学界的策略名师,曾应邀借调到鸿海集团担任人才发展项目负责人,因此也被媒体称为"郭台铭军师"。

李教授先后就读于台湾"清华大学"和台湾大学,并拥有美国伊利诺伊大学香槟校区企业管理博士学位。

香港和台湾为何走上两条道路？

Q："二战"之后，香港地区和台湾地区应该说是中国工业化较为成功的两个地区，改革开放后，大陆一直在学习它们。两地经济都以加工业起家，但后来走上了两条不同的路，似乎形成两个"流派"：台湾企业多数固守实业，并在国际产业链上不断尝试产业升级；香港企业则转入房地产和资本运作。为什么港台两地会走上不同的发展道路？

李：首先，如果不能开工厂，你怎么做实业呢？开工厂需要地理空间，香港由于地域限制，实业扩张必然面临瓶颈。其次，香港的转向和英国人治理有很大关系，英国人对香港的定位是贸易和金融中心，再加上法律制度和英美接近，使得它比亚洲其他城市更容易发展成为国际金融中心。实际上，香港大约在1995年到2000年这段时间有过做科学园区的计划，但后来也放弃了。

台湾为什么能持续做实业，并诞生高质量科学园区和企业，有几个因素非常关键：第一是拥有"脑袋"条件。上世纪七八十年代，台湾留学生很多都在美国念电机、电子专业，念完书又留在美国的电子业获取实践经验，他们被美国大公司训练到一定程度的时候，正赶上台湾着手发展半导体的时代。以前的台湾跟现在的大陆很像，"海归"带回了智力和技术力量。这些"脑袋"回来之前，尽管很多跨国企业在台湾有分支，但核心技术很少在台湾，台湾只能做简单的家电代工而已。因此，一大批"脑袋"回归台湾，正好弥补了台湾在技术上的不足。

第二是当局有意识地进行推动。"脑袋"回来后没有资金，当局就主动投入大量资金，把大家组织起来做研究，比如成立"工业技术研究院"，让"海归"们把孵化成熟的技术带出去创业，然后当局再不断进行资金支持，其中最突出的产业就是半导体。现在，台湾的TSMC（台积电）、UMC（台联电）两大企业已位居全球半导体制造业前两名，这两家公司最初也是从"工研院"转出来的。

相比而言，香港则不具备这些条件，"脑袋"和工业基础的条件都不具备。不过在我看来，香港也并非完全放弃了实业，如果把贸易算作实业相关产业的话，香港也有非常好的转型升级经验，比如利丰集团，现在其市值已接近200亿美金，这种以贸易商起家，通过整合全球供应链，最终提供整套服务方案的模式对后进经济体也非常具有借鉴意义。

Q：除了房地产和金融，看来香港也有亮点。那么你认为利丰模式对大陆企业的借鉴意义在哪里？

李：撇开房地产跟金融，香港跟产业有关的其实就是贸易商，它充分发挥了香港的比较优势。要从贸易商做供应链整合,一定要能够利用最快的物流、资讯流、钱流和人流,这些资源刚好是香港的优势。

我们应该看到,大陆的优势其实更多。说得直白一些,现在大陆赚钱要比台湾容易,为什么?因为台湾的"机会财"越已来越少,而大陆处在转型之中,"机会财"还很多。为什么大陆房地产商容易赚钱,因为他们是在赚取经济、政治转型中的"机会财"。台湾这些"机会"都已成为历史,比如说土地,它们该握在谁的手上,现在已被掌握了,商人要在土地上打算盘,并无太大暴利可言;再比如台湾的金融市场,差不多已经饱和,而大陆资本市场却处在改革之中,大陆的银行利差超过3%,如此高的利差必然让一些人赚钱很容易,而台湾的利差却只有百分之一点几。

回到利丰模式,我觉得物流应该是大陆企业的机会之一。大陆容量比台湾大,但资金流、物流等基本的"货畅其流"都还没有完全到位。我认为,房地产、金融、流通这三方面的服务,大陆还有非常大的商机有待发掘。相对于缺乏地域纵深的香港,大陆经济的发展形态应该和台湾较为接近,同时又是台湾规模再放大百倍。其中的机会不言而喻。

台湾半导体产业如何抢到先机?

Q:台湾半导体产业先是代工,后有设计,然后再不断朝产业链高端推进。现在,大陆从中央政府到地方政府,以及产业界本身都在不断大声呼吁"转型升级"。就半导体这个产业来讲,台湾有何升级经验可供大陆借鉴?

李:不能忽略历史机遇的因素。全球半导体产业在上世纪八九十年代曾经历巨大变革。1980年之前,半导体产业基本上由全世界10个企业垄断,他们都采取"一条龙"模式,从芯片设计到制造出货,全都自己完成。当时IBM就是这样,自己设计芯片,有半导体厂,接下来设计产品,还自己把产品卖出去。

但随着产业的全球扩张,"一条龙"模式逐渐有了改进的空间,这给了台湾很大的机遇。TSMC(台积电)和UMC(联电)现在是全世界半导体制造代工第一和第二的公司,它们的兴起就是看到了这个机遇。一个芯片从投产到出货,过程大概需要45天,中间经过60道或70道工序,因此半导体制造的设备非常贵,投资巨大。随着当时全球需求的扩大,制造量需要有更大的飞跃,但投资就成了障碍。TSMC和UMC成立之后,它们就强调说,我不做设计,我只做投资巨大的制造环节,我帮你们所有人做制造。外商当然说可以。

TSMC和UMC这样的代工厂还帮助培育了大量的半导体设计公司。之前,世界上独立的半导体设计公司很难生存,他们必须依附 IBM、Intel 这种公司,因为后者才有制造工厂,才能把设计变为产品。

如果你的设计和 Intel 冲突,他们一定不会帮你制造,你就很难生存。台湾代工模式的兴起就解决了这个问题,你不用找 IBM、Intel,他们都在我这里制造,你找我就行。因此,小的半导体设计公司如雨后春笋般发展起来。把设计和制造环节分开,这是当时国际产业变革的潮流,这个潮流就是台湾企业推动的。大陆基本上就是复制台湾的模式,展讯、中芯都是在这个潮流下成长起来的,后者甚至直接由从 TSMC 出去的人创办。

现在,半导体行业大块电路板的时代已经结束,半导体慢慢缩小为小芯片,东西越做越小,那么设计和创意就越来越重要,大陆和台湾设计公司的发展空间也在逐渐拓展。总的来说,台湾半导体产业的成功其实就是借助了"一条龙"模式向"设计制造分离"模式变革的历史机遇。

郭台铭是怎么崛起的?

Q:鸿海也是台湾产业界的奇迹之一,鸿海的崛起是否也借助了国际产业变迁的机遇?

李:这个故事更长,我需要简单梳理。世界上第一台电脑由苹果在 20 世纪 70 年代末制造,IBM 直到 80 年代才涉足 PC,但其 99.99% 的业务都是大型主机,它不看好 PC,认为 PC 不会成为一个潮流。所以它当初做了一件今天看来"很笨"的事情,它把芯片交给 Intel 做,把作业系统交给微软做,而这"一软一硬"其实它自己都会做。

IBM 的决策给 Intel 和微软带来了巨大机会,同时因为没有看到 PC 的机会,IBM 还无意中采用了开放架构,结果导致竞争者一拥而入。最大的对手是康柏,产品完全跟 IBM 一样,但胜在价格便宜。有了低价竞争者,所有 PC 商的压力陡然变大,为降低成本,纷纷开始把制造外包,于是电脑外包代工的大潮开始出现。外包交到哪里?台湾接到了。

之后约过了 10 年,电脑制造业在 1995 年前后又开始了一次革命。之前,电脑都在代工厂组装好,然后运到终端市场。但康柏认为,这样等于说在路上积压了大量零部件成本,干嘛这么笨呢?于是"空机出货"模式开始兴起,零部件进了美国海关之后,再去工厂组装,这样既利于控制成本,也更贴近市场。比如要卖 10 台,它才装 10 个微处理器上去,这时采购微处理器更接近市价。"空机出货"模式非常有效率,如果按照之前的"整装模式"全部装好从台湾飘洋过海,要在太平洋花 15 天,这 15 天的零部件成本都积压在海上。

富士康为什么会出来？就跟这个转变有关系。富士康开始只做连接器，在1995年前后才进入PC代工领域。富士康成功的关键在于对制造链条进行全局性整合，成为全球性组装工厂，在"空机出货"的模式上不断改进，不断为客户缩短制造时间，降低成本积压。

企业该赚"管理财"还是"机会财"？

Q：机遇，看来不论对于个人，还是企业来说都极为重要。说到PC行业，不能不提到联想，这是大陆最出名的公司之一，柳传志也被尊为商界领袖。但也有人曾多次质疑联想在赚"机会财"，比如急于并购，热衷于横向扩张，还做起了私募资本。我们聊聊联想，它收购IBM这个战略，是好战略吗？

李：基本上是一个好战略。

首先是收购时机选择得当。IBM在20世纪90年代初大亏之前，早已决定退出PC市场。IBM为什么自己创造了PC，却要放弃PC，道理很简单，当初做了错误决定，把最重要的两个部分，一个心脏——处理器，一个神经系统——操作系统，交给了Intel和微软，然后它再也无法左右这个产业的发展。IBM更换了CEO，但新上任的郭士纳也认识到，如果凭借IBM的旧有体制其实没有办法打PC的仗了，公司只能向服务转型，而不做产品。所以，IBM必然要把PC处理掉，这是千载难逢的机会。一个全世界的大品牌愿意把品牌借你用5年，让你进入到它的本土市场销售，对联想来讲，这是很好的跳上一线品牌的机会。

但品牌的风险也不能忽略。PC这个东西，说实在话，品牌带来的价值其实也并没有那么高。市场两分，一部分是机构购买，一部分是个人购买。机构购买，比如这个机关要买300台，那么品牌最重要，因为采购以后，坏了找IBM肯定没问题，品牌背后代表了售后服务，戴尔也是如此。但个人就不一定了，价格便宜更重要，你说维修得好不好，反正小店也可以修，而且PC也没那么容易坏，对不对？所以，品牌的价值对这两块市场是不一样的。

Q：并购之后，联想的海外业务其实出现了长时间亏损，柳传志等高层也承认并购存在一些估计不足。结合联想的案例，你对大陆企业通过并购进行产业升级有什么建议呢？

李：从战略上来讲，联想一跃成为PC世界舞台的前几大品牌，这是不能忽视的价值。一个后进国家的企业，就算投上亿的钱去拼，恐怕也很难达到这次并购的品牌效果。但问题在于,品牌终究不会是你的,5年后IBM就拿回去了,所以在这5年期间内,你怎么整合才是关键。大公司全球化运作的结构、产品开发的概念、销售营运的方法,这些才是并购最重要的价值,能不能吸收,要看联想的组织能力。

一般来讲,并购有两个战略要点,一是时间,一是整合。按一般学理和既往经验,通常并购的时候都会高估自身整合能力,因为只有对整合能力和整合价值"高估"时,达成买卖的诱因才足够大。

对这个案例,我从战略角度基本认同。即使不再使用IBM品牌,以联想现在的量和组织架构,以及大陆的市场基础来看,支撑一个全球品牌问题不大。退而言之,至少联想消灭掉一个竞争品牌,如果IBM落在竞争对手手上,那么你将面对一个更强的竞争者。

PC产业未来从哪里赚钱?

Q:说到联想,再多聊点这家公司。联想并购IBM之前,做过一些多元化运作,因为它觉得做PC没有掌握核心技术,利润太低,所以想改变。

李:不光联想,所有PC硬件商的利润都不高。未来世界不是硬件的世界,硬件不再是赚钱工具,将来的潮流一定是硬件之上的软件价值、服务价值,以及你最终帮客户解决问题的解决方案,可以叫做"3S"(software、service、solution)。现在及未来,硬件商的利润只能靠数量和规模。如果PC企业要走多元化,应该是往这个"3S"的方向走。

Q:不过从已经发生的情况看,某些PC商的"多元化"主要是横向扩张,投资私募,甚至房地产,你怎么看?

李:这个不奇怪,所有的研究都表明,大部分公司自有现金流量过多时,都会做"坏事"。听起来是蛮奇怪的走法,纯粹是为了盈利而盈利。盈利和赚钱这个目标没问题,毕竟公司要对股东负责。但企业战略也不可忽略,管理者应当问问自己,你的企业10年后想成为什么样的公司。

PC行业利润很薄的客观状态无法改变,因为一切都过于标准化,在这个领域要继续走下去,只有靠规模和速度,规模降低成本,速度换来市场。所以要继续打胜仗,必须在这两个条件上保持优势,富士康在代工领域的独霸地位就是靠不断保持这两个优势守住的。

如果不安于低利润的现状,那么必须作决定,你未来要变成什么?人类的计算和智能型需求未来很长时期都会存在,PC不会马上死掉,但PC的赚钱空间却在改变。比如智能化,事实上这是非常好的转型方向。对于和主业相距太为"遥远"的多元化,我还是持一种质疑态度。PC 的经验对你做房地产有什么帮助?真的要赚钱,临时换一批人来做就行。

企业多元化到底是对是错?

Q:大陆的民营企业经过 30 多年的发展,很多人都热衷"多元化",比如做皮鞋的要做太阳能,做服装的要做造船,其中也夹裹着很多政府推动"产业升级"的因素。还有房地产、私募,哪个地方容易获得利润,他们就去哪里。做大做强,其实很迷茫。

李:这是我刚才说的"机会财"。大陆跟台湾有很大不同,现在台湾大部分公司都在乖乖赚"管理财",因为"机会财"已经不多了。大陆在转型,"机会财"比"管理财"好赚,有了前者,谁会在乎后者呢?大陆一些企业家可能认同这样的观念,"先做大,再做强,自然会变优",台湾刚好相反,很多人希望"先做优,然后变强,接下来你才能变大"。企业家的想法很容易理解,在大陆,"大"有一定的好处,比如政府支持,但台湾则不一样,我们已经不再有那么多制度空隙。如果不是企业有革命性的创新,几年内就快速崛起的神话要在台湾上演已越来越难。

台湾企业为何把员工"老板化"?

Q:台湾既然进入了"管理财"阶段,那么请问台湾这些成功的企业,它们在管理上有没有一些共同的优点呢?

李:首先,台湾企业最厉害的地方在于流程管理,这样的特点的形成是自然的选择。因为台湾技术原创性并不强,而制造业基本就是标准化,标准化就可以效率化,效率化就可以规模化,几个因素叠加在一起就形成了台湾企业管理优势。台湾最开始是给美国人、日本人组装家电,学到了很多工厂管理技术,半导体时代、PC 时代到来之后,台湾企业家又在之前的工厂经验上精进了很多。这一点应该感激美国人和日本人,最初的管理经验其实是他们教给台湾的。

第二个经验是激励制度,这是台湾的特色。过去 20 年,台湾特有的股票分红制度把员工"老板化"。企业把盈余转成股票配发给员工,但这和一般股权激励不同,配发时不按市价,而按照票面价。打个比方,100 块台币的股票账上成本却只记 10 块,员工以 10 块拿到,转手卖就卖 100 块,其中收益相当可观。这种形式不太符合国际会计原则,但公司只花 10 块钱的成本奖励你,你却能从市场上拿到 100 块。只要把公司股价做高,差价就会变大,所以形成一个诱因,你只要好好干,你创造的价值就会显现在你的股票上。这个方式的本质是公司给你分红，却让资本市场买单。

但到2013年，台湾企业必须在财务报表上跟国际会计准则接轨，台湾公司不能这么做了。

第三，台湾人的"脑袋"还不差，为什么，因为教育普及。脑袋不差，再加上我们中国人特有的勤劳品格，以及后面强烈的创富动机支撑，企业成长的动能就非常强，这些因素不断渗透到管理中，就让台湾企业的营运非常出色。

台资企业为何都很"抠门"？

Q：其实在不少大陆员工的眼中，台资企业被认为最"抠门"，待遇普遍低于欧美同类岗位，这是为什么？是否因为企业处在全球产业链的较低环节，导致利润偏低，进而影响到员工待遇？或者还是源于管理文化的差异？

李：这个需要跟你解释，和刚才说的激励制度有关系。台湾工薪族其实基本上不计较月薪，我们都看年收入，后者包括了年底的股票分红。这就是台湾企业的薪水逻辑，其实也就是"小老板精神"的体现。

比如你是一个人才，今天值100块钱，欧美外商的HR会告诉你，尽管你的才能在市场上可以找到100块的工作，但我们用130块聘你，给出30元的溢价，因为我们觉得你有潜力。你高不高兴，肯定高兴。接下来，他会继续告诉你，但公司希望你做出200块的绩效。你愿不愿意，还是愿意，为什么？还是因为多拿了30块。这就是欧美外商的逻辑。这种逻辑延伸下去，如果哪一天业务缩减，或者你创造不到200块的业绩，欧美外商HR就会告诉你，对不起，我们的契约到此为止。但你也不会怪他，因为他该付的都付了，还多付了30%呢。不是吗？

台湾厂商的逻辑是，你有潜力，我也知道你的市场行情是100块，但我先付你70块好不好，如果我们做到200块，我再加你60块。最终，你薪水事实上可能还是130块。如果你还犹豫，台湾厂商还会补充说，其实你还可能做到250，如果做到250，我就分你更多。台湾厂商在薪酬上没有上限，台湾企业很多人的薪水都是70，但最后都会拿到130。

Q：这种制度和"小老板精神"一脉相通，但是否也是出于降低人力成本垫付的目的呢？

李：欧美外商和台湾厂商为什么有这个差别？因为如果我付你130块，我的人资成本马上垫到了130块，那么我可能没有办法接客户的单子。但如果我先支付70块，我就有办法继续扩大规模。为什么台湾企业更具成本优势，其实关键就在这个地方。

台湾企业并不是不愿意给钱，而是不愿意"齐头式"支付人力成本，这也是一种管理的技巧和经验。

韩国企业和台湾地区企业有什么不同？

Q：韩国企业薪水偏低的问题同样广受诟病，它们在管理上和台资企业有什么共同的地方吗？

李：韩国企业不一样，韩国前五的公司主宰了韩国50%的经济。企业规模一直很庞大，并且是产业链"一条龙"吃透，但之前的问题非常多，比如会计问题、贪污腐败等。1997年亚洲金融风暴给韩国人上了一课，他们才开始改变。

举个三星的例子，三星这几年发展非常快，它做对了几件事。第一，大胆把西方的优秀经理人吸引到公司高层，就是"买脑袋"，敢于支付高薪，但绩效考核也非常严酷，如果经理人没达到要求，直接辞退，这种做法已不太像亚洲企业的做法，像欧美外商的逻辑。第二，在国家支持下，像三星这样的公司有非常强烈的企图心，它的目标是世界性的，没有把自己定位为韩国或亚洲公司，这种企图心会决定它的整个格局。不过，韩国企业引进欧美职业经理人仅仅是出于学习，到最后真正掌权的人还应该是韩国人，这是韩国的文化特征决定的。

Q：你觉得台湾企业的企图心够不够大？

李：坦白讲，我觉得不够大，大陆企业机会比较好，因为大陆是世界上最大的市场，也有可能成为世界最大的经济体。现在，大陆的世界级企业还不多，扣除几家石油公司，再把那些做国家特许业务的企业拿掉，恐怕没有一家算500强。也有很多大陆公司的企图心非常大，大国心态蛮强烈。我觉得，它们接下来要做的事情是吸纳更多聪明的脑袋进去成就这种企图心。企业最后"成也是人，败也是人"，世界任何一家企业无一例外。

富士康靠什么转型？

Q：大陆从政府到企业界都在谈转型升级，而台湾也面临着代工业的变革。比如你就说过，代工业经过了十年的发展期，现在成本已越来越高。那么请问大陆企业要从较为低端的代工业向价值链的高端转型，应该何去何从？富士康这种代工巨无霸还能撑多少年？

李：台湾代工业转型的确已变成很严重的问题。代工企业的规模都是巨无霸，富士康是3.3兆，广达作为全世界最大的笔记本代工厂也达1兆多，代工企业动不动就是上兆的企业，但利润率不高，必须靠资产周转率来赚钱，就跟餐厅一样，一张桌子一天到底翻几次，翻桌次数越多越赚钱，这是代工模式的本质。

仔细考察这种模式，你就会发现它的转型为什么困难。生产太标准化，标准化就没有办法差异化，没有差异化就没有多的附加价值，没有附加价值利润必定提不高，这是铁律。但标准化和规模化又是代工厂存在的基础条件，这个问题就变成"命门"。你敢不敢做非标准化的东西，你敢不敢做量少的东西？因此，对代工企业来说，转型必须要求其营运的逻辑结构有本质上的改变，做出这种改变并不容易。

施正荣讲过微笑曲线，用它分析台湾代工业非常合适。代工业都分布在微笑曲线中间，它的附加价值最低，左边是上游的研发和设计，右边是下游的品牌和市场。要转型就要往两边走，但代工业往上游升级一是需要核心技术，同时还必须减少量，怎么办？上万人的大裁员，大陆地方政府会同意吗？如果往下游升级，这就等于"跟所有的客户为敌"，苹果会同意吗？戴尔会同意吗？

所以富士康什么都可以做，它就是不能做品牌。怎么办呢？于是，一些代工企业，包括富士康在内都在尝试做零售通路，不生产终端产品，但为客户销售产品，做"客户的客户"。

中国人应该如何营造自有品牌？

Q：台湾企业转型升级，其实也有成功的例子，比如华硕、HTC，他们最开始也是代工起家，成就品牌的因素是什么？

李：台湾营造品牌并无独特之处，全世界的品牌经验都是一样的。第一是独特性，独特性支撑品牌的独特价值。

第二是时间持久，品牌特殊性要和使用者不断"沟通"，靠时间累积，越陈越香，只要你对消费者的特殊性承诺持续下去，品牌承诺就能变成资产，这时候才叫品牌成功。就像放烟火，放两把烟火你就走了是不行的，你必须长时间放烟火，人家才知道原来今天是烟火节。对企业来说，品牌积累期间不能做错事。

第三，品牌一定要有市场的量去支撑以上两个因素，世界级品牌很少从一个小市场上出发，它一定要有一个较大的市场支撑才行。

Q：那请你分析一下宏达电的HTC是如何从代工做到品牌的？

李：第一是HTC的独特性。2001年前后，微软希望把操作系统延伸到手机上作业，因此找到HTC来做手机硬件，还为HTC牵线给欧洲的运营商。跟运营商合作，看不到HTC的牌子，牌子挂British Telecom（英国电信）。但HTC是一家有企图心的公司，既然我手机做得不错,我怎么能一直没有牌子呢?于是它跟电信运营商协商,这样好不好,前面挂你的,后面挂我的,至少让人家知道这是我做的。

这样的事情,理论上一般不会在代工环节发生,没有人愿意让代工厂商的名字跑到前台,但在3G智能时代,新的行业合作模式给了代工厂机会。因为对运营商来讲,它不是要赚手机的钱,而是要赚使用费,你和它并不完全冲突。所以你只要能给它一点好处,让它在硬件上少花钱,它就会容忍你品牌的成长。

HTC的特殊性在于它直接进入3G智能时代,而台湾当时也还没有智能型手机的运用空间,这无疑彰显了品牌的独特性。事实上,HTC一直抢在苹果前面做技术开发,做全世界第一个安卓(Android)手机,做全世界第一个touch,第一只4G手机。

第二,品牌还需要持久的时间,现在最大的问题在哪里,HTC在作业系统上还有一些关键零组件不如竞争者,这在未来竞争中会比较辛苦。开发作业系统非常贵,苹果有自己的作业系统,安卓手机是开放的,当所有人都做安卓手机的时候,你的独特性就只剩下上面的应用,所以HTC还要建构持续的独特性,这个过程还很长。

第三,市场是否足够大?HTC的市场其实不光是台湾市场,欧洲和美国是它最大的市场。就这个方面来讲,其实大陆企业的机会更多,大陆市场的规模不是台湾能比的。比如我也常跟台湾的厂商讲,不要只定义你的母市场只有台湾,你应该以大中华区作为母市场。

实际上,台湾大部分品牌的成功都是从台湾之外的市场开始的,比如捷安特最开始做欧洲市场,大陆卖得也不错。对品牌的构建来说,能用全世界当市场最好,至少可以思考以大中华区为市场。大陆企业有这么好的母市场,差的只是前面两个因素。

代工转品牌怎么才不得罪客户?

Q:谈到客户对代工企业做品牌的"容忍"问题,捷安特也是从代工起家的,它不怕和客户冲突?

李:代工转品牌某种程度上要看"机缘",电子业代工很难转品牌,因为你卖终端产品,而客户也从终端产品上赚钱。宏达电为什么能做手机品牌,因为客户电信商不是从手机赚钱,是从手机的增值服务赚钱。要避免和客户冲突,还有一个方式是异地发展,比如捷安特当初做品牌时,代工客户在美国市场,它的品牌则针对欧洲市场。

代工企业转品牌能成功,企业家必须有非常强大的企图心。2006年,HTC决心要做品牌,不再让电信商挂牌。当时的宏达电并不是有危机要转型,代工的钱非常好赚,2005年和2006年是宏达电获利最高的时期。这是非常好的时间点,各种条件都具备,错过就没有了。宏达电、捷安特经验都说明，品牌是一个策略选择，一定要选对地点和时间，一定要在自己的架构还没有被客户牵制的时候推动品牌战略。

华人家族企业如何转型和"接班"？

Q：聊聊华人企业的"接班人"问题，有没有看过大陆很多的"富二代"，他们不愿意做父辈做的制造业，希望做PE，做房地产。台湾有没有这样的事情？

李：台湾企业长则60年，多数在35年内，第二代、第三代正在接班路上，未来10年是台湾创业世代交棒的10年。不少台湾"第二代"认为，自己如果和老爸做一样的事情，很难比老爸优秀，"少主中兴"的故事要上演并不容易，所以想做别的。问题在于，老爸永远希望所有权有人继承，交给别人不放心。在台湾，我看到的大部分"第二代"是被逼去接棒的。台湾大部分企业家家族观念很强，除非你有什么特别的叛逆和缺陷，或者老爸特别想得开，要不然担子一定是你的。

我认为，家族企业经营的"职业经理化"需要一个过程，可以尝试先建立家族和经理人共治的结构，关键要让所有权和经营权在充分信任的基础上分离。制度架构特别重要，你可以想想看，如果专业经理人知道自己的"天花板"是副总，他就不会做到最佳。

建设品牌需要时间，这更涉及家族企业的传承问题，欧洲很多品牌都有家族企业的背景，比如说BMW。我们中国人一直有"几房"的概念，兄弟也是几房，有家族会议，每一房都能走出自己的天地，这是最理想的状态。在这个过程中和经理人"共治分享"，才是关键。

台湾家族企业已有这种"共治分享"的趋势。比如家族企业把新的事业布局安排好后，家族股份浓缩在控股公司，用控股公司来代表家族的股权，投资下面的事业体，事业体大部分交给专业经理人打理。事业体可单独上市，相当于经理人自己在创造事业。形象来讲，家族企业创造了一个邦联体制，最上面的是"邦联会"，就是控股公司的董事会。

东亚企业的独特模式有何合理性？

Q：谈企业一定不能不谈企业和政府的关系，有一种叫"东亚模式"，比如你刚才提到的三星，它在发展的过程里，韩国政府其实把它当作国有企业来对待，比如以政府信用背书贷款等。现在，大陆最大的企业也都是国有企业，企业和政府之间的关系不言而喻。如何看待这种"东亚模式"？

李：如果制度环境到位、市场有效，政府其实不用做什么事，应该相信"看不见的手"会远远胜过"看得见的手"。但如果市场严重失灵，这种情况的发生就在情理之中。东亚是比较晚进的地区，如果你把全世界看成一个大市场，形象来说，就是有钱人和穷人做生意，如果完全按照市场规则去做，你会发现穷人可能越来越穷，有钱人会更有钱。为什么？发达国家和发展中国家有资源的差异性，其实应该是互补互利的，但事实并非如此。

打个比方，后进国家种植香蕉，但发达国家进行机械化种植的效率远胜过你，成本更低，你的香蕉被打败，你什么都干不了，怎么办？因此，国家在大型企业的国际竞争中进行一定程度的介入，让竞争优势能充分发挥，这个做法并不奇怪。但企业也不应被国家过度保护，韩国在亚洲金融危机的时候就有惨痛教训，关键是寻求一种平衡。

大陆也应找到这种平衡，国家的手要伸到哪里，伸到什么程度，这是需要考虑的问题。如果国家的手全部抽掉，你看多少公司会倒掉？一些国有银行 1/3 的资产是政府欠的钱，某种程度上看，这笔钱是不用还的。如果银行完全独立，金融体系的高比例坏账怎么办？把企业完全放到市场规则之中，银行欠款该收回就收回，该打消就打消，有多少银行会破产？

我认为，有些问题是历史原因造成的，国家和政府的手终究会慢慢抽出来，关键是在抽出的过程里不断保持平衡。

第七篇
经济弱势群体之艰

中国经济领域的弱势群体一是中小企业,二是农民阶层,他们时常因无法享受"国民待遇"而赢得同情。

实际上,他们本身的力量却并未得到发挥,根本原因是他们都缺乏足够的"社群化"。

篇章首语：
弱势群体需"社群化"发展

方言和金融

河南省人口约为 9400 万，中小企业数量约为 38 万家。浙江省人口约为 5400 万，中小企业约有 108 万家。仅温州一市，人口不足 800 万，中小企业却超过 30 万家，接近于河南全省的数量。

从某种程度上来说，中小企业是一种"普世价值"。世界上超过 90% 的城镇人口都背靠这个群体谋取养家之需，因此所有的政权都无法忽视这个群体的诉求。在中国，中小企业最广为人知的诉求是"融资难"。

为什么要有抵押品才能放款？大家都在骂银行，说银行的操作方式和旧社会的当铺没有差别。但实际情况是，银行不愿意把钱贷给中小企业和道德并没有太大关系。广东一家银行的副行长曾对笔者抱怨，一些民营企业家流水账单是假的，厂房是临时租用的，你叫信贷人员怎么判断风险？

行长其实说了大实话。中小企业和银行之间有着天然的信息不对称，因此中小企业融资难是个不折不扣的世界性难题。解决这个难题，需要降低的不是大银行的放贷门槛，而是中小金融机构的准入限制。不过，换个角度来看，中小企业自身更有很多工作要做。它们亟需向"社群化"回归，而不是响应政府"产业升级"和"加强研发"这类不切实际的口号。

"社群化"有什么用？作为温州人后裔的台湾《商业周刊》创办人金惟纯有一番精妙论述。他说，"社群化"背后是金融资源的自然配置。以温州商帮为例，外人很难听懂温州话，所以温州人容易被外人隔离，这反倒使得他们容易抱团，抱团就意味着内部建立了很好的信用基础，最终实现了内部的金融互助。改革开放肇始，温州商帮便第一个完成了资本的积累。

同样的情况还有潮商。1939年，一个操着潮州话的年轻人从广东来到香港，除了商业上的雄心，他看起来一无用处，在港英洋行的眼中，他够不上目标客户的标准。但他是潮州人，这是一种金融资源，他做塑料花的启动资金也都来自于亲戚和同乡。他是李嘉诚。

研究中国商帮的历史，不难发现，方言越难懂的地区往往培养了越多的商人。在广东，潮汕话最难懂，但潮汕商会却是联系最紧密的商会，会员通过商会内部融资，实现金融互助的情况非常普遍。在珠三角一些地方，中小企业从银行贷款的综合成本高达20%，但如果是潮商通过商帮的内部融资，利率有时会比银行利率还低。

和温商和潮商形成鲜明对比，另外一些地区的商会则形同虚设，只能通过会员一年一次聚餐来证明其存在价值。

回到文章开始的数据。一位在深圳做生意的河南企业家说，河南在广东地区的客商之间很少有"老乡"的概念。河南方言属于"北方官话"，从语言上讲，河南人很容易融入其他地区的社群，但这也决定"老乡"间缺乏凝聚力，也削弱了中小企业发展的社群化信用基础。没有这种基础也就没有发达的商业文化，所以一省的中小企业数量只能和沿海一市相提并论。

乡愁转化资本

尽管在世界航海史上建树无多，但中国商人却以舟车劳顿和背井离乡著称，描写他们妻子独守空房的闺怨诗足以成为一个文学流派。

> 商人重利轻别离，前月浮梁买茶去。去来江口守空船，绕船月明江水寒。
>
> ——白居易

中国商人为何热衷于出远门？首先，从古至今，中国最成功的企业很少是技术原创型，大多都是贸易商，因此异地交换是商业的最主要形式；其次，中国是世界上内部不均衡最严重的国家之一，这就必然要求资金流、物流和人流在超越乡土的范围内流动；最重要的原因在于，中国商人多与官僚有密切联系，因中央集权的需要，官僚多异地任职并频繁调动，因此商人的势力也会随之转移。

"行商"带来的问题是信用不稳定。尽管近代金融业的技术手段很大程度解决了异地征信的问题，但社群化信用的原始价值却没有发挥出来。社群化信用的重要前提是中小企业愿意保持规模，不盲目扩张，银行能以最低的成本掌控企业的信用状况。很多时候，后进国家或地区会对德国和日本的中小企业啧啧称赞，但却往往忽略一个事实：德国和日本的中小企业很少异地扩张，更不会在全球开分公司。这就有利于它们从当地银行获得稳定的资金供应，这是社群化信用带来的"竞争优势"。

在社群化信用的利用上，美国的社区银行是最好的例子。一家社区银行的客户就是社群内的企业，数量寥寥可数，但最主要的20个客户却可以给银行带来超过80%的利润。社区银行因为和客户处在同一社区，其对企业信息的掌握也较为全面，因此放贷的风险和调查成本都不高。金融危机以来，"1年倒闭20家银行"这一类的新闻成为了国内媒体唱衰美国的主要方式之一。但实际上，它们却把美国银行保有量超过1万家，其中社区小型银行稳定在8000家以上的事实进行了"选择性删除"。

相比而言，中国银行保留量则少得可怜。按照中国银行业协会的数据，截至2014年1月，该协会共有362家会员单位和3家观察员单位。银行保有量少，中小银行体系不发达，直接因素是准入门槛高。但从另一个方面来讲，也是因为我们社会中的社群信用资源未尽其用。

农民群体

除了中小企业群体之外，中国经济版图中的另一个弱势群体是农民阶层。

在农业以"小农"模式为主的国家和地区，农民在经济上主要面临着两方面的伤害。一方面，"小农"生产的分散状态，使得农户无法对抗成本飙升和市场变动的冲击；另一方面，农产品价格长期保持低位，使得在整个产品的价值链上，农民只能拿到最微薄的一环。

> 只有在集体中，个人才能获得全面发展其才能的手段。
> ——马克思

东亚是世界上"小农"生产最典型的地区，但在不同地方，其农民收入情况却差异很大。以农业人口人均收入比非农人口人均收入的比值而言，日本长期高于110%，中国台湾约为80%，而大陆则不到40%。

差异从何而来？台湾农业专家说得很透彻：农会最强的地方，农民收入就越高。日本农会的力量最大，所以日本农民最富。比如，农会可以影响进口政策，限制外国竞争农产品的输入，同时也可以推动提高农产品价格补贴，这些都是真金白银。因此，日本的农产品的价格位列全球最高序列。而日式料理一直有着"少而精"的特点，这正是日本农民经济地位在饭桌上的体现。

农会组织，其实可以看作农户的"社群化"。作为弱势群体，面对其他强有力的利益集团，只有通过联合才能有效地表达自己的利益诉求。某种程度上来说，农会组织已拥有一定的"政策制定权"，这和农业合作社专搞金融互助、统一销售等老套路有着本质区别。

对弱势群体来说，"社群化"的确是个好工具。中小企业通过"社群化"，可以发掘自身信用资源的富矿；而农民阶层的"社群化"，则可以通过影响市场的规则制定，来改变东方"小农"群体几千年来的经济弱势地位。

当然，这条路很难。

中小企业需要的不是"官话"

——台湾中小企业总会副理事长
张大为

> 台湾目前的中小企业数量约为 124 万家，其中员工数量在 5 人以下的微型企业有 27 万家。全台人口为 2300 多万，差不多每 20 人就拥有 1 家中小企业，数量超过大陆任何一个省份。
>
> 在台北大街小巷，除了小餐厅外，你还可以看到相当多的创意、文教、商贸类小微企业。在台北西门汀随便一条不到 100 米的老旧街道，至少有 10 家以上的企业招牌，这种"盛况"绝对无法在北京的胡同或者上海的石库门看到。
>
> 中小企业发展需要一个充满"人情味"的经济环境，而不是面对每天都在寻找漏税线索的税务人员。

◆ 嘉宾简介 ◆

张大为，台湾中小企业总会副理事长、台湾"工商建设研究会财经委员会"主任委员。张大为还担任台湾"中华征信所企业股份有限公司"总经理，目前该公司在大陆地区的北京和上海设有分公司。

中小企业需要什么样的"人情味"环境？

Q：台湾的中小企业人均拥有量在亚太地区名列前茅，如果让你向大陆推荐一条台湾扶持中小企业方面最好的经验，你觉得可以推荐什么？

张：我很难给出答案，中小企业的发展和社会大环境有关，一两条经验是无法说明问题的。台湾目前有中小企业124万家，其中有27万家是员工数量在5人以下的微型企业，因为数量太大，而且规模普遍偏小，所以你找不出来哪些是所谓"代表性"企业。这些企业能够存在，最主要的原因是得到了很多人的"照顾"，因素很多，但我们一般认为"产、销、人、发、财"是最重要的五个要素。这五个要素都得到了很好的"照顾"，人需要生活在具有人情味的环境中，中小企业也是一样，每个要素我都用例子来说明。

就"产"而言，台湾有一个有当局背景的"生产力中心"，这个中心某种程度是企业的顾问，可以直接到工厂车间指导生产的改进，这种外部机构进行技术辅导的方式，对提高"家庭作坊式"中小企业的生产和管理水平很重要。

在"销"方面，当局联合民间专门成立了贸易协会，负责组织台湾中小企业去全球推广。你想想看，如果一家中小企业要做这个事，肯定成本吃不消，而且也不专业。台湾很多中小企业，特别是一些著名连锁品牌能够进军大陆市场，最初就是通过这种所谓的"台湾精品展"开始的。

在人才培训上，台湾的"金融研训院"对企业管理人员的培训非常有效。台湾中小企业以外向型为主，一些最基础的国际汇率、国际会计、国际商法都对中小企业至关重要，因此"金融研训院"发挥了很大作用。目前，该院每年培训中小企业主场次超过200场，辐射了全台湾。有时候你会发现，台湾中小企业主的财会知识、国际金融知识在亚太地区算是较好的。这种培训和高收费去拓展人际关系的EMBA项目完全不同，是真正在提升中小企业的知识和管理水平。

剩下的两点一个是研发，一个是金融财务。首先谈研发。"工业技术研究院"是台湾最为重要的技术研发机构，很多研发成果是对中小企业开放的，每年都会有定期拍卖，中小企业可以去竞标，很多中小企业的创业就是从"工研院"的成果开始的。一些看似很微不足道的技术，大企业没有兴趣，但是中小企业却可以从中看到商机，然后做成产品行销世界，这样的例子非常多。

最后是"财"的问题。20世纪50年代，也就是国民党刚到台湾不久，当局就成立了"输出入银行"，专门给"外贸企业"提供保险，这也是后来大量中小企业投入加工领域的金融基础条件。另外,不得不提台湾银行业的民营化,民营化让台湾银行业的利差从3～4个百分点下降,并稳定在现在约1个百分点的样子,这就缩小了企业的资金成本。更重要的是,台湾有相对完整的征信系统,中小企业的信用情况在系统中有较为完整的记录,有效地解决了信息不对称的问题,贷款也更加容易,这个我们后面再细说。

中小企业大搞研发为何是"官话"?

Q:说到研发问题,目前大陆一些地方政府在呼吁中小企业要加强研发,抢占产业链高点,以此作为摆脱危机的措施。你认为是不是有点不切实际?

张:这应该是一种大家非常熟悉的官话。中小企业哪里有做研发的条件和资本?一家中小企业拿出3%～5%的营收,用来提升产品品质已经是很大的比例,最多提高到10%,这已是中小企业财务上能承受的极限。即便是一家中型企业,营收1000万,拿出100万搞研发,也根本无济于事。100万你能研发出什么东西来?

与其说搞研发,倒不如说是中小企业要有一种"研发的心态"。就是说要不断观察市场,适应不断变化的新需求,推出新产品。举个例子,美国的威尔刚(伟哥)最开始是心血管病人扩张血管的药物,但有企业发现了那个时代的人类已经有了提高"生活品质"的需要,于是就去申请了这个专利,进而改进并推出了专攻男性的产品。这种药物的化学结构其实早已广泛使用,申请专利的企业其实研发投入也不大,关键赢在了"研发的心态"。

还可以举一个台湾的例子。大概上世纪七八十年代的时候,有一位台湾成功大学的毕业生去美国闯荡,他发现在美国的医疗纠纷中,麻醉师和病人的纠纷非常多,原因是麻醉师很难控制好麻醉剂剂量,容易发生病人在做手术时醒来,或手术后迟迟无法苏醒的情况。

他认为其中有商机,于是请教了很多医生后发现,血氧浓度和血液中麻醉剂的计量密切相关,同时前者也决定了血液的颜色。他就想,如果有一种产品能够根据血液颜色对麻醉师发出指示,那么一定会大卖。他随即返回台湾,找到"工研院",最后整合了"工研院"的好几个技术,开发了一种指套式的仪器,可以让麻醉师控制麻醉剂量。仅在当时,每台售价就到5000美金,这被誉为台湾的一个商业神话。

Q:关于研发,去研究机构购买专利倒不失为一种成功的"研发外包"模式。

张:如果真的要研发,我觉得台湾的"产学孵化器"应该是很成功的例子,也可以说是"外包"。尽管中小企业不单独做研发,但台湾有的中小企业在做很尖端的产品,这很让人吃惊。比如一家之前做纺织品的企业,现在因为购买了专利,能够从咖啡残渣中提炼纤维做成特种纺织品,目前,这家企业已经在全球处于最领先的地位。

我认为,中小企业本身能力有限,应该树立一种"外包"概念,为了缩小成本,有些环节完全可以"外包"给科研机构。研发可以在新竹的科技园或者"工研院",测试在台北的实验室,而生产则放在靠近港口的高雄市,这是非常好的模式,很多台湾中小企业都在尝试。

Q:在大陆,除了要中小企业做研发的呼声很高外,对中小企业创品牌的期望也很高。

张:这也不能强求。台湾的中小企业从20世纪60年代开始发展,到现在已经半个世纪了,但真正做成了品牌的就寥寥几家。宏基、HTC、捷安特、康师傅、7-ELEVEN、华硕等等,其实真的不多,我们掰着十个指头都数得过来,对不对?所以说,中小企业不能为了创品牌而去创品牌,你本身根本没有那个实力。

加工企业的利润空间还剩什么?

Q:加工业利润降低,这是世界趋势。台湾企业的优势在于成本控制和流程管理,是不是在中间的制造环节,企业还有很多空间呢?

张:绝大部分台湾企业主都知道施振荣讲过的"微笑曲线",台湾企业最自豪的也就是微笑曲线的中间环节,就是制造。在工厂效率、物料、人力等方面的成本控制上,台湾的企业可以说是世界一流。你看iPhone这样的产品,52%以上的利润都被苹果拿走,再除开通路商和其他环节,留给郭台铭鸿海集团的只有2%。台湾企业有时候自嘲为"茅山道士"(毛三到四),就是说我们作为制造环节的企业,利润很低,也就三四毛钱,但我们能把制造工厂做得很好,所以也有利润可图。

不管经济形势怎么变化,产业怎么变革,生产环节是永远需要的。没有必要过分要求让企业进军"微笑曲线"的两端,中部的生产环节,也可以向有更高附加值的生产提升。

台湾中小企业中有很多这样的例子。我印象最深的是一家台湾中南部的螺丝帽企业,企业在全球的份额居第一,基本上决定全球螺丝帽的价格。台湾中南部曾经发过大水,淹到了这家企业的厂房,于是就造成全球螺丝帽价格的上涨,这是很有意思的事情。但即便是全球龙头,做螺丝帽的利润还是越来越低,怎么办呢?这家企业选择了向医用螺丝帽进军,专门制造牙医使用的螺丝帽。最后发现,之前1吨螺丝帽获得的利润,竟然不如现在几十克医用螺丝帽的利润高。

还有一家台湾企业之前做塑料帘幕，主要供给全球的厕所使用，但这种产品有什么利润可图呢？于是，企业转型做医用的尿袋和输血袋，利润一下子也上来了。

这些例子都说明，企业并不是在做研发，它们更多的是以"研发心态"紧盯着市场，并不断改进产品和技术。单靠一家中小企业做研发，在世界上任何地方，都是很不现实的。施振荣最开始创业的时候只有几十名员工，那个时候，我想他也不会做研发。

什么是银行的"蛋挞效应"？

Q：大陆中小企业抱怨最多的就是"融资难"，而且利息高，不光是民间借贷利息高，银行利息也不低。请问台湾中小企业是不是日子要好过一点？

张：你是否在台湾注意到一个和大陆截然不同的现象？大陆银行的网点都设在地段很好、租金很高的街面，而台湾不少银行网点竟被放到某个小巷子的二楼和三楼。其实，民营化之前的台湾银行业也和大陆银行一样"财大气粗"，但民营化改变了局面。银行是个赚钱相对容易的行业，只要有利差，你又能控制成本和风险，就一定能赚钱。20世纪90年代之前，台湾银行业的利差也和现在的大陆相当，那个时候全台湾的银行数量只有现在的一半，利差却是现在的2～3倍，一般有3%以上的水平。

银行业全面开放之后，台湾银行业出现了明显的"蛋挞效应"。就是说有个台湾人发现澳门的蛋挞很好吃，回到台湾也开始经营这个生意，结果大家纷纷效仿，蛋挞店全台开花，结果生意利润趋薄，越来越没钱赚，最后好多店关门大吉。银行也是如此。银行业的激烈竞争带给了中小企业很大好处，资金成本明显下降。因此即便面临新台币升值、欧美债务危机这些严峻的外部经济形势，台湾中小企业仍然能挺过难关，坚强地生存下去。

为什么台湾信用体系比大陆完善？

Q：银行业的充分竞争改善了中小企业融资状况，但台湾银行业也因为部分中小企业的贷款发生过大规模坏账问题。银行应该如何去控制风险呢？

张：世界上所有地方的银行业都会面临信息不对称的问题，因此，建立一个完善的征信系统非常重要，这也是我刚才提到"财"的主要方面。目前，台湾的征信系统应该算是相对较为完善的。一方面，银行业自己投资组建了联合征信中心，把台湾相当一部分中小企业的征信数据都纳入其中，银行可以直接进入查询；另一方面，第三方的征信机构也在台湾占据了极大市场份额。

进入征信系统后，如果一家企业有不良信用记录，那么它在任何一家银行都无法贷款。因此就形成了一个非常好的良性循环，越来越多的企业愿意主动去做征信。可以这么说，目前台湾超过 90% 的中小企业都有征信观念，这是一个很好的信用氛围。以台湾"中华征信"为例，我们每年会做 2～3 万笔征信业务，对于台湾来说，这是很大的量。

不过，这种征信经验在大陆做起来阻力会更多。台湾很小，所以信息互通很容易，而大陆还需要走更长的路，但市场很有潜力。目前，台湾"中华征信"就在北京、上海有了分公司，业务成长也很快。

金融危机对"四小龙"的伤害为何不同？

Q：台湾曾经是"四小龙"，韩国也是，两者的中小企业发展模式是否有区别？有人说，中国大陆的中小企业应该学习日本，对此你作何评价？

张：韩国和台湾地区的中小企业发展模式区别非常大。我一直认为，韩国并没有成功的中小企业经验，韩国都是大型企业居主导，比如三星、LG 占据国民经济的主要部分。韩国的经济奇迹完全是韩国整个国家在背后推动，所以他们的经济有很大的风险。在亚洲金融危机的时候，韩国遭受了重创，为什么？因为中小企业不发达，三星、LG 这样几个大财团一旦出问题，整个经济就一损俱损。台湾地区当时遭受亚洲金融危机的冲击要比其他地方小很多，韩国在 1998 年的经济增长是负的，而台湾地区约有 4 个百分点的增长。可以看出，除了解决就业之外，中小企业还有一个重大作用是分散经济风险。

就日本而言，其中小企业也缺乏独立性。日本的商社非常发达，一个大集团周围围绕着无数的中小企业，形成一个产业的生态圈，也就是日本人经常说的"共荣圈"。中国大陆的中小企业要学习日本的模式，我认为未必可行。因为大陆的巨型企业都是国有企业，而中小企业多为民营企业，它们之间如果要形成紧密的经济联系，恐怕还有很多障碍要克服。

台湾在蒋经国时代就认识到了中小企业的重要性，他还亲自指示要加强对中小企业的辅导和融资支持。那个时候，台湾也有很多公营的巨型企业，但它们的定位都是化工、水电站这些中小企业没有实力进入的行业。同时，它们还会在自己的产业链上为中小企业留出空间，比如石油行业就有很多中小企业集群。台湾最引以为豪的半导体产业的成长主要都是民营中小企业的功劳，它们中诞生了宏基、宏达电这样的企业。在台湾，最具成长力的产业并没有被公营企业占据，而是给了民营企业。如果不是这样，台湾当年也一定不会成为"四小龙"。

李登辉是如何伤害台湾中小企业的？

Q：李登辉上台时，曾号召台湾中小企业不要"向北"即进入大陆市场，而要"向南"即向东南亚发展，结果导致台湾中小企业进入了低潮期。

张：这政策显然是错误的，吃亏的是台湾的中小企业。台湾中小企业的未来，肯定离不开大陆市场。你看看，台湾现在发展最好的企业，哪一个离得开大陆？东南亚有很好的天然资源，但政治却比不上大陆稳定，更没有大陆丰富和优质的人力资源，这一点，我想每一个台商心里都是很清楚的。那时候，一些台商的确去了东南亚投资，但最后不少都失败了。台湾当局的领导人变动，经常会对中小企业的生存带来负面影响。

我们看看日本，它的中小企业之所以生存良好，主要有两个方面的原因。一是它们都生存在大集团的"共荣圈"中，能够得到财务上、资源上的"庇护"；二是尽管政府首相"走马灯式"更换，但它的文官体制较为优良，经济政策一般有很好的连贯性，首相换了但对中小企业的政策不会变。台湾则不一样，四年一次的当局领导人变动，很大程度就是一场新的"财务分配"，新领导人的上台往往不是中小企业的福音。

我认为，一直以来，台湾中小企业的市场都是靠企业家自己去寻找的。现在六七十岁的台商，很多当年都是揣着一张机票，就直接飞到世界各地找市场，他们连当地的语言都不会。中小企业的嗅觉很灵敏，他们不要当局这种不顾实际的"指挥"。

为何中小企业需要自己的"金马奖"？

Q：你一直没有回答我第一个问题，你认为台湾当局对中小企业的发展，采取的最有价值的经验是什么？

张：当局一直把中小企业看成台湾经济的根本，这一点认识应该算是吧。因为就业问题太重要了，国民党和民进党的"竞选"都会打出"中小企业牌"。举个例子来说，你知道台湾有金马奖和金曲奖，这是艺人最高的荣誉，很多艺人就是通过这些奖项一炮走红的。作为一个艺人群体，这个奖实际上是给他们一种精神上的鼓励和事业上的提拔。对台湾的中小企业来说，它们也有自己的"金马奖"、"金曲奖"，这叫做"磐石奖"。

"磐石奖"是1992年由台湾当局创立的，"磐石"的意思就是中小企业是台湾经济的基础，所以希望这个基础能够一直坚如磐石。首先，这个奖项的目的在于树立中小企业的标杆，让获奖企业的经营模式广为人知，其实也就是让台湾所有中小企业能够互相学习，互相激励。其次，它能够为获奖企业带来信誉的提升和很实在的经济利益。一些中小企业在获奖后其实就等于获得了资本市场的入场券，尽管台湾股市现在不好，获奖的优质企业要获得融资也并不难。

有个细节要告诉你，台湾金曲奖和金马奖，只是龙应台到场，而这个中小企业的颁奖典礼，则是马英九到场，可见当局对中小企业的重视程度。

Q：什么样的企业能获此殊荣？

张：一定要是中小企业，实收资本额在新台币 8000 万元以下者；或经常雇用员工数未满 200 人者；成立时间在 5 年以上。最近 3 年中，有 2 年的税前税后均获利，且最近 1 年无累积亏损。

Q：这个标准有点像大陆创业板上市的标准。

张：的确，获得磐石奖的企业基本上就获得了资本市场的许可。

怎样做到"产、官、学"的配合？

Q：在中国传统的商业文化中，权力和商业总是密不可分。大陆富豪以地产业为主，这刚好是"政治性"最强的产业之一。

张：这个问题永远都存在，不只是在大陆，在台湾也一样。你看磐石奖标章的中间有三条直线，它的寓意很有意思，三条直线分别代表了产、官、学三个方面的配合，中小企业要生存和发展必须要有政治上的帮助。但我认为，作为企业家绝对不能过分偏重于"官"的成分，"学"更为重要，你必须有优良的商业模式或者很好的研发，并且懂得"产"的大势走向。

华人都有很强的小老板精神，你看北美、东南亚、欧洲，很多小老板都是华人。大陆的政策应该更多向中小企业倾斜，关键是要营造一个全面的"照顾"中小企业的大环境，那样的话，中小企业发展状况一定会有很大改观。

中小企业
为何要敢于对
权力说"不"

——中国中小企业协会副会长
周德文

> 中小企业对经济和社会的重要意义不言而喻。"十二五"期间,中国经济将进入转型期,加快和促进中小企业发展,培养大批优质并具有国际竞争力的中小企业无疑是"重中之重"。
>
> 尤其值得一提的是,中国人越来越认识到,要真正发展和壮大中小企业群体,除了为其创造良好的金融环境之外,还需维护其合法权益不受侵犯。
>
> 作为中国民营企业策源地的温州,在这个新潮流之下,再次走到了前台,创建了中小企业"维权"领域的"温州模式"。

◆ 嘉宾简介 ◆

周德文,温州中小企业发展促进会会长、温州管理科学研究院院长、高级经济师,被称为"温州中小企业代言人"。周德文是浙江省人大代表,并任中国中小企业协会副会长、民进中央经济委员会副主任等职,多年来一直从事中小企业发展研究和维权,曾被评为"2008中国民营经济十大年度人物"。

中小企业最怕什么样的伤害？

Q：温州金融改革正在推进，最终结果我们不作推断。不过，促进中小企业发展光靠金融手段肯定不行。有时候还必须"维权"，对政府部门说"不"。你被称为"温州中小企业代言人"，经常帮中小企业主持"公道"，请问中小企业当前最需要维护的利益是什么？

周：目前，有些执法部门"自由裁量权"太大，动不动就对企业罚款，罚款都成为一个习惯，好像不罚款反而不正常。有的罚款明摆着是不合理的，但中小企业可能没办法，行政诉讼的成本太高。在这样的情况下，就需要一个团体去交涉，比如执法者原来提出罚款 15 万，但经过交涉，只罚 1 万，前后相差 15 倍，但这个罚款的差额却很可能决定一家小企业的生死。对不对？

有一个企业，税务部门说要罚它将近 40 万，但当时我们经过调查发现这个企业第一有些冤屈，第二处于困境之中。我们及时通过跟税务部门沟通，向其领导反映，然后领导又给下面打招呼，最后减轻处罚，最终罚了 5 万。

从实际情况来看，政府的很多公务员，或者最基层的执法人员在行政执法的过程中，容易掺杂个人意志甚至个人利益。能够尽可能取消这种不合理的处罚，实际上是在减轻企业负担。

Q：这样去交涉，岂不是和执法部门"与虎谋皮"，他们怎么能答应？

周：我们会里（温州中小企业发展促进会）有八个法律顾问，组成了一个律师团，每一个案子我们都会认真分析，然后提出针对性的意见。有时候，我们能够发挥的空间并不大，但是我们绝对不能让执法部门"把歪的说成正的"，明明没有违法，你硬要说它违法，那肯定不行。

为何反对 GDP 和税收"双增长"？

Q：一旦上头有税收指标，国税、地税很多时候会往每个片区"压任务"，随便去查几个大户，找问题也不难。遇到这种情况你们怎么办？

周：这种情况我们会及时跟政府部门进行交涉，比如有的为了完成税收会搞"超期纳税"，把明年的税先提前纳了，这个是违法的。

实际上，在包括温州在内的沿海地区，地方政府也是越来越开明的，像 2012 年这种企业遇到大困难的时期，中央就明确要求地方不能交"过头税"，就是想整治这种超期纳税的情况。执法部门心中也很清楚，部分执法者也很心虚。所以如果有人出来制止和协调，并不是没有改善的可能性。

这些不规范的执法行为全国都有，不仅仅是温州存在，各地政府都出现过这种情况。GDP 和税收的"双增长"是个很重要的评价指标，要求每年都"双增长"，一厢情愿地制定每年递增 30% 的目标，这完全违背经济规律。当经济不好时，我们就应少纳税，杀鸡取卵，请问以后谁来交税？

Q：站在某些部门对立面维护中小企业利益，不怕有人对你有意见吗？你是不是有什么后台？

周：我没有任何后台，我是草根。我在政治上没有任何背景，这个可以去调查。我能够理直气壮，关键是我不是为私利去做，如果为了私利，你看到官员就会心虚。在处理问题的时候，把事情都摆到桌面上，政府有的部门开始不理解，但时间越长了反而越理解，局长开始不喜欢你，但最后他会开始尊重你。因为他觉得你这样的人太难找了。

在从宏观形势来讲，从中央到地方，各级政府都认识到了中小企业对于经济和社会的巨大意义。政府机关里恐怕没有人会真正希望中小企业都倒闭，工人走上街头或回到家乡，最后成为不稳定因素，最终伤害的是所有人的利益。对不对？

中小企业利益为何需要"有组织"？

Q：全中国像你们这样真正给中小企业主持公道的组织还真的不多。其实民营企业的组织有很多，比如工商联和私营企业协会，但它们好像没有你们这样"激进"。

周：中国中小企业、民营企业的组织太多了，上面一有要求，下面就成立一大堆。但是，能站出来为企业维权的人或者组织太少了，有些组织可能也就每年聚一次。工商联和私营企业协会的官方背景很强，它们做了一些事情，但也有它们的难处和限制。

我要声明的是，我从来没有站在政府的对立面，我们一直在和政府进行有效的沟通。很多领导很开明，很有水平，也很有责任心，会帮助解决问题。

拿我本人来说，可以说在全国有那么一点影响力，但其实我也是浙江省的人大代表。有时候，以官方给我们的政治身份出面为企业维权，政府会比较重视，领导能作出一些批示，事情真的就能够解决。

Q：我国对民间组织的管理一直很严格，但商会却是遍地开花。很多大城市的外地商会基本上就是一年开一次会，搞搞娱乐活动就算交差。有企业反映商会形同虚设，有问题还是要直接找政府分管领导。

周：在目前的环境下，这些商会没有真正发挥作用。我们国家在不断发展进步，未来会逐步进入"公民社会"，商会就应该大胆维护它所代表的这部分商人的利益，即便承受巨大压力，也要去做，否则你的存在有什么意义！？

前两年，杭州600个企业被银行抽贷压贷，面临停工倒闭的危险，结果企业家通过《南方周末》的记者打电话给我，希望我站出来帮他们维权。但我不在杭州，所以只能很遗憾地告诉他，我不能直接去，但可以间接为他们呼吁。一位媒体朋友转告我，有企业家说，为什么在杭州没有周德文？这说明企业的维权意识正在加强，但是也苦于没有这样的组织存在。

我们其实希望告诉中小企业一个道理，国家是支持你们的，只要在合法经营为社会创造财富的前提下，你们就应该敢于维护自身合法权益，敢于说"不"。

经济波动为何让富人缺乏安全感？

Q：你说过温州中小企业的确存在停工和半停工的状态，但一些学者却表示浙江根本不存在中小企业倒闭的情况，你怎么看？

周：这几年，我最生气的事情不是对政府，而是对这些无良学者。政府讲形势大好，我无话可说，因为官员要稳定，要顾全大局，但有些学者就的确太过分了。他们罔顾事实，拼命顺着政府的意思去鼓吹。比如2011年中小企业陷入这么大的困境，大批企业停工倒闭，他们仍然指鹿为马。到了下半年，这些学者一个个都闭嘴了，因为到了2011年七八月份的时候，政府也开始承认中小企业出现了倒闭的问题。

你知道吗？那时温州中小企业至少20%以上处于停工、半停工或者倒闭状态，纸再也包不住火了。有些学者的"精英意识"太强，他们面向的是官员，而不是中小企业。

Q：一遇到社会问题，"打土豪"、"吃大户"在所难免，这是中国社会几千年的规律。富人总是在经济波动时期有不安全感。现在，温州企业家准备移民的多不多？

周：实际上，企业家没人公开表示要移民，政府会不高兴。但大量的企业家实际上已经在办理移民手续，很多人买了绿卡准备长期居留，但不是加入外籍，说白了就是"脚踏两只船"，因为他们很担心国内的政策会变化，财产会受到损害。

根据我们的调研，在温州企业家中，直接有国外居留权的约占40%左右，其他可能有20%至30%正在努力办这些手续，总得来说超过一半的企业家可能有绿卡或国外居留权。

为何"温州模式"将取代"苏南模式"?

Q：20世纪80年代，中国经济发展流行三种模式，一是苏南模式，一是温州模式，还有就是广东的珠三角模式。现在，苏南模式式微，乡镇企业已经不再辉煌，珠三角也"腾笼换鸟"，低端加工业内迁，温州模式也遇到了问题。你觉得这三种模式各自出了什么问题？

周：这三种模式已经发生很大变化，可以说基本上都统一到温州模式上来了。为什么？苏南模式原来是以乡镇企业为主，但是现在乡镇企业已经全部都卖给民营企业或者改制成民营企业，民营企业就是温州模式；广东的外向型企业因为这几年的变化，外资企业在国内的优势都没有了，所以很多都开始撤出去，要不就是把企业卖给当地资本，实际上也基本上都变成了本地民营企业，实际上变成了温州模式。

在我看来，"苏南模式"某种程度上是计划经济的残留。"苏南模式"以集体经济及乡镇企业为主导，和国有企业一样，都存在效率相对低下的问题。同时，由于产权不明晰，企业越是发展越是容易造成利益争端，最后导致股东和政府"反目成仇"的现象很多，所以这种模式自然而然会慢慢退出舞台。

第七篇 经济弱势群体之艰

大陆不应忽视农村和粮食安全

> 大陆和台湾的农业都属于分散的"小农经济",这样的农业业态注定了农业最容易受到"伤害"。因此,保护农民利益成为了稳定农业生产的前提。否则,"猪肉价格危机"便会不断地上演。
>
> 在大陆沿海的2亿多农民工,越来越多的人选择返乡,如何解决这些"过剩劳动力",将是长期而艰巨的任务。横向比较,日本农业人口的收入是非农人口的110%,台湾地区是80%,而大陆则不足1/3。如何提高农民所得,让返乡农民工安居乐业,这是大陆必须重新审视的问题。粮食危机,其实距离我们并不遥远。

——台湾大学农业经济研究所所长
徐世勋

◆ 嘉宾简介 ◆

徐世勋,台湾大学农业经济学系教授,曾任该系主任兼研究所所长,为台湾农业经济研究领域著名学者。徐教授在美国德州农工大学获得经济学博士学位,先后任教于宾州州立大学、德州农工大学和普渡大学,后返回台湾大学任教。徐教授参与了台湾多项农业经济政策制定的咨询工作,并致力于两岸农业经济研究和实务规划的交流,还为大陆数个地区农业政策的制定提供过指导。

农业大学为何热衷"非农化"？

Q：现在大陆有一个趋势，农业大学逐渐不搞农业，觉得农业"丢人"，所以要搞综合性大学。台湾却在最好的大学一直保留农业经济学系，为农业经济领域的政策制定提供有效的咨询，为什么会有这个差别？

徐：你说的这个现象我也注意到了。有个故事可以告诉你，一位大陆农业经济学的教授说，自己的系已经被扩充为"经济管理学院"，农业经济系成为了其中一个系。以前研究农业经济的人开始在学院"抬不起头"，学院内部先是国际贸易系最热门，后来又是国际金融系最热，尽管这两个系的学生找工作也很麻烦，但学生都愿意去上。

现在，学院马上要选拔院长人选了，农经系的人尽管学术水平更高，但危机感很强，学院内部大多数人都觉得这个系有点落伍和过时，院长不能从这里产生。因为经管学院要改善教师福利，需要资金，必须要办在职的 MBA 和 EMBA 班，但农业经济系的教师拿出去怕人家笑话。所以财富决定地位，农经系越发边缘化。于是，很多教师干脆放弃了研究，发论文也只发经济学或贸易方面的文章。

这个趋势很不健康，大陆的经济之中，农业仍占据很大部分，还不能说实现了工业化。大陆为什么会有这种轻视农业研究的现象，背后可能和农业的定位有关系，当政治上或者产业界对某个领域没有足够的认可时，自然在学界就没有了地位。台大为什么会保留这个农业经济系，这和台湾一直很重视农业有很大的关系。这个后面我们慢慢说，我先给你介绍一下台大农经系的情况。台大农经系每年招收 50 名本科生，全日制硕士 25 人，博士 6 名。农经系每年还为台湾各地的农会培养总干事 30 位，还有亚非拉的海外学生大概 12 人，这个系在台大不算小。

Q：台湾在 20 世纪 80 年代就是"四小龙"，工业化程度按道理是高于大陆的，农经系有没有感到"英雄无用武之地"？

徐：一点也没有。20 世纪 60 年代正是台湾工业化的一个高潮时期，但农业经济系反而壮大了，开始招收硕士生。20 世纪 80 年代末，台湾已经是"四小龙"之首了，半导体产业世界首屈一指，但农经系反而开始招收博士生。可以看出，台大农经系的发展和台湾的工业化是一个"正相关"的关系，这和大陆恐怕有点不一样。在我看来，越是工业化程度高的地方，农业越是重要，因为农村人口越来越少，农业必须要提高生产力和效率，才能满足需求。

为何只有农民组织能维护农民利益?

Q:德州是小布什的老家,这个州是农业州,很保守。你所就读的德州农工也是领域内最顶尖的学校。那么请问美国农业的特点在哪里?

徐:德州农工是一所很保守的学校,它之前是军官学校。为什么保守,因为工业化容易让农民的利益受伤害,所以要十分敏感。美国农业最大的特点是农业企业的"发言权"很大,足以影响下至地方州市,上到美国国家的政策制定。农场主在选举时,会非常有分量,比如很多会成为州议员。这个情况其实和台湾地区有点像,比如台湾很多农会的负责人就有官方背景,有的是"立法委员",甚至有的人家里面就有好几位"立委",所以这些人影响力很大,如果他们为农民代言,那么就没人敢伤害农民的利益。

Q:说到底是必须"朝中有人",对吗?

徐:这是当然。你知道世界上什么地方的农会力量最大吗?这些地方必须具有两个条件,一是已实现民主化,二是小农经济盛行。为什么,因为只有民主化,当局才会允许农民建立组织。小农经济的特点则是很容易受到当地工业化和国际贸易的伤害,所以必须要农民的力量很大,才能维护自己的权益。日本和韩国的农会最强,比台湾地区还要强,因此,他们的农民就最富。

Q:很多政治学教科书会说,工业化会形成工业产品和农业产品的"剪刀差",从农村获取工业化的资本。工业化对农民的伤害是这样的吗?

徐:这个伤害会直接体现在农业人口和非农人口收入的差距上。我告诉你一个数据,日本的农业人口人均收入是非农人口的110%,即比后者高1/10,而在台湾地区,农业人口人均收入是非农人口的80%。台湾地区和日本有差距,但比世界上其他很多地方要好。大陆的数据是多少呢?有数据显示,2011年大陆农村居民人均纯收入6977元,城镇居民人均总收入23979元,如果做一个除法,那么前者不到后者的1/3。

为何日本"小农"能赚到钱?

Q:为什么差距这么大?

徐:看看农产品的价格就可以了。我发现一个有意思的现象,日本大街上的胖子很少,比台湾地区少,而台湾又比大陆少,为什么?你知道吗?背后是农产品价格的差异。不要以为我是开玩笑,日本人的食物很精致,根源是其物质的匮乏,台湾地区也同样面临这个问题,台湾的中部是山,人口都主要居住在西部沿海,可耕地并不乐观。所以在日本，农产品的价格是非常高的，这其实就是对农民的"补贴"。

怎么让社会形成一个农产品价格较高的机制呢？这背后，农民组织起到了很大的作用。如果经济体内部生产的农产品价格太高了，消费者肯定不愿意。那么贸易部门采取的办法很简单，通过进口即可。但是农民组织可以通过选票反对进口，对吗？这样不就保护了农民的利益吗？

再比如，一个地区是否愿意从财政拿出资金来补贴农业，这也需要政治的博弈。以台湾为例，每一位65岁以上的老农都可以获得每月7000新台币的补贴，叫做"老农年金"，差不多1500元人民币的样子。台湾农民不用像大陆的农民一样去买社保，到了年龄直接领一辈子。不要以为给这个补贴农民就满意了。前段时间台湾在搞"竞选"，农会又出来发声了，他们告诉"候选人"，7000元的标准太低了，必须提高到1万元。

"老农年金"是什么样的流程呢？这个钱是直接从台湾的财政预算里面拨给农会的。目前，台湾各地农会每年1/2的预算都是为这个老农补贴准备的。农民为台湾经济的发展做了贡献，他们应该拿到这个补贴，不是吗？

Q：除了补贴，发展农业加工业的增收作用明显吗？

徐：对。台湾农业人口收入中的40%～50%来自非农产业，比如农产品加工，或者外出打工。农产品的产业链其实很长，但大部分价值都被非农部门拿走，这部分价值到不了农民手中，那么就必须发展农产品加工业。另一方面也要求农产品必须从重量到重质转变，这个过程其实也就增加了农产品的附加值。在日本，农产品的质量都是一流的，还有精美的包装，这些价值都被农民拿走了，所以它的农业人口平均收入才会高于非农人口。

台湾农民和大陆农民相比，还有一个巨大优势是地方小，农忙可以回家，不耽误农业，就等于拿到打工和农业"双份"收入。从台湾最北边的基隆到最南边的高雄，也不过四个小时，和大陆的农民工完全不一样。

"农企业"是怎样改变农村的？

Q：大陆约有2亿农民工在沿海打工，但外贸形势越来越不好，如果农民回乡怎么办？

徐：这个问题我也有体会。我刚在广州访问过几位台商，他们都在珠三角开工厂，但好几位都打算关门歇业。一是工资上升，二是环保标准提高，环保局会经常来查。有一位台商打趣说，"卖机壳的比不上卖鸡排的"。我知道已有台商把厂迁到越南，大陆农民工回流农村是一个趋势，尽管速度不会特别快，但需要做好准备。

Q：怎么做好准备？当年大陆农民收入的提高就是靠外出打工，回乡收入降低了怎么办？

徐：发展"农企业"其实是一条可行的道路。以大陆来说，如果农产品能够保证质量，我相信一定不会愁没有销路。但其中的关键是农业的企业化运作。

我举个例子，台湾的斗南镇农会非常有名，很多大陆的农业从业者或管理者都经常前来考察，这个农会的运作就完全是企业化的。它的产品是一流的，比如"美牛风波"让人们开始怀疑"进口"牛肉的质量，那么它就开始做"台湾牛肉"。目前，台湾牛肉的95%都是"进口"，他们则非常有企图心，希望拿下剩下的5%的市场。他们告诉消费者，自己的牛肉不喂饲料，只喂马铃薯和胡萝卜。目前，斗南镇农会还采取外面租地的形式，比如它已经在嘉义等地开始租地耕种。

台湾茶叶产业为何不成功？

Q：台湾的茶叶很有名，这个行业的"农企业"成功吗？

徐：坦白讲，在茶叶这个行业，台湾的"农企业"较为失败。这个行业的问题是太分散。之前，台湾的茶农没有资格制茶，只能送到特许的几家制茶厂制作，茶农本人制作的茶叶是没有销售资格的。后来，台湾放开了这种"特许经营"，结果导致茶农都自己做茶，但质量参差不齐，大厂前来收购，竟然找不到合格的茶源。这就是台湾茶叶产业的最大问题，没有规模，全靠小农生产和销售，这个行业的潜力和价值都没能发挥出来。

"农企业"的规模很重要，大陆曾经抱怨的猪肉涨价问题其实也是因为生产分散的原因。在台湾，大型的猪肉通路商和大型养猪"农企业"直接对接，双方各自管理好自己的环节，前者根据市场需求给后者下订单，后者则负责产品的质量。有时候，养猪企业的饲料都来自通路商，因此养猪者不会因饲料价格变动而影响养猪的热情。规模化能够分散风险，对于农业更是如此。

Q：教科书上总说我们地大物博，其实中国帝制时代的很多动荡都是人口压力和粮食问题引起的，农业其实是根本。国际贸易让你可以从美国进口大豆，但是如果没有进口呢？

徐：你说得对，我们的确不能忽视粮食危机爆发的可能性。2008年海地的动荡就是因为粮食问题，在非洲地区，国家之间的战争和部族屠杀，难道不是因为生存问题、吃饭问题吗？台湾目前的粮食自给率很低，如果按照卡路里来计算，台湾人32%的卡

路里是"进口"的粮食提供的。大陆的情况会比台湾好一些，但大陆部分粮食种类对进口的依存度一直在上升，比如大豆。

美国和澳大利亚是全球非常著名的粮食净出口国，但它们未必永远都是足够的粮食供应者。美国用玉米提炼乙醇作为新能源，让全球玉米价格直线上升，而澳大利亚的水灾也让世界肉类市场出现很大的波动。很多风险都必须考虑，否则风险变成现实，则会引发社会问题。日本和韩国一直在粮食领域非常有危机感，它们已经在乌克兰、非洲或者拉美租地耕种，这种在粮食安全上"未雨绸缪"的态度值得大陆和台湾学习。

对于大陆的农业和粮食问题，我认为首先是要保护农民的利益，让足够的劳动力愿意从事农业生产，把粮食自给率稳定在合理的水平。东亚地区主要都是小农经济，对农民利益的保护非常重要，这是解决粮食问题的根本。

两岸在审视农业问题的时候，一定不要忘记全球人口的压力。现在，全球人口是70亿，2050年，这个数字将会是90亿。我们都在谈"绿色革命"，但这场革命能完全解决人类的吃饭问题吗？我相信谁都没有百分之百的答案。

台湾农民为什么比大陆有钱

> 瘦肉精，这不仅是道德问题，而且也是农业衰落造成的问题。
>
> 在东方小农形态的农业之中，农民是必须保护的对象，农民增收也是农业保持稳定，农产品保持高品质的前提。改革开放初期，农民收入增加速度快于非农人口，而最近十几年来，农民收入却增长乏力，尽管他们辛苦地在外打工，过年也不回家。
>
> 不论是大陆还是台湾，增加农业产量解决"吃饭"问题已成为历史。农业不应继续充当工业化廉价物资供应者的角色，而应该转变为提供社会优质消费品的朝阳产业。那么农业怎么办呢？

——台湾省农会总干事

张永成

◆ 嘉宾简介 ◆

张永成，台湾省农会总干事。台湾省农会是具有经济性、教育性、社会性、政治性四大功能的非盈利社团法人组织，从1900年日据时代成立第一个农会以来，至今已有112年历史。会员以每户1人为限，由于成为会员才可以在农民强制保险等方面享受"优惠"，因此台湾绝大多数农民都是农会会员。

农会和村委会有什么区别？

Q：台湾的农会对保护农民的利益起到什么作用？如果没有这个组织，那他们的什么权益有可能受到伤害呢？

张：在一个社会工业化的过程中，农民作为个体肯定是弱势的。一方面，在农业生产过程里，单个农户在技术、资金上都不够强，缺乏抵御风险的能力；另一方面，在农产品销售中，单个小农经济缺乏议价能力和销售通路的渗透力，如果有一个组织，那么单个小农的地位就会改变。

目前，全台农会一共有302家，276家是乡镇一级农会。台湾的农村社会其实可以看做"两套系统"在平行运行，最基层的"权力单位"叫乡镇公所，没有村委会，与此平行，每个乡镇都会有一个农会。后者和农民的联系比前者密切很多倍，因为它们会真正介入农民的生活和生产经营。

Q：台湾的中小企业有"产、销、人、发、财"五个方面的成长环境，那么我们也从这几个方面来讨论台湾农业。先说资金，农民致富必然需要发展小微企业，在南亚地区会有很多小额贷款公司，比如尤努斯博士的"穷人银行"。台湾呢？

张：台湾的银行类金融体系里面有三种金融机构：一个就是一般的商业银行，扶持的单位是工商业。另外一种是信用合作社，服务的是会员，但这种形式在台湾已经越来越少。最后一种，也是目前台湾农村最普遍的金融形式——农会信用部。台湾的银行业网点很密集，但在农村则不然，全台至少1/3的乡镇没有银行网点，那么农业的融资就必须依靠农会信用部。农会信用部第一是做会员的存放款，第二是做非会员一般存放业务，和银行区别并不大。可以告诉你一个数据，台湾整个农会信用部系统的存款约1.5兆新台币，这个数字占全台银行存款约8%。

对农民的贷款，台湾是有利息补贴的。一般来说，台湾农会给农民贷款的利率是1.5%，如果和市场存在一个差额，那么这个差额会有补贴。现在银行的贷款利率约为2%，那么大约0.5%的利率会由当局来补贴。农会的存款利息和一般银行差不多，目前约为1%。信用部门应该是台湾农会系统里最重要的部门，这从人数上可以看出，台湾农会系统约有员工2万名，其中有56%的员工是在信用部。

Q：在很多发展中地区，都会存在农村资金不足的问题，资金流向城市。台湾会存在这个问题吗？

张：应该不存在。目前，台湾农会系统的存放比例约为45%，也就是说放款不到存款的一半。台湾农业的发展缺乏的不是资金，而是别的东西。

台湾农会何以能年赚50亿？

Q：大陆的农村存在两个"流失"：一是劳动力，都外出打工了；二是资金外流，农民都存款，但农民基本上不会创业，也没有借款需求，所以最后资金等于还是流向城市。

张：你说的情况我有了解。大陆有很多所谓的"农村商业银行"，但它们的体系未必适应农村经济发展的需要，它们和大银行的体系没有本质区别。台湾的农会信用部很不一样，是一个综合性的系统，除了融资，还有供销和推广，最后还有针对农业的保险业务。台湾为农民提供的是"组合式"的服务，农会信贷部和农会内部其他部门和农民有很好的互动。

这种"组合式"服务为什么比一般的银行更适用于农村呢？举个例子，比如农户买一台农机要300万，农会是一定很清楚他到底是去做什么的，因为他之前和农会有很多的业务往来，他的农产品每年会进入农会系统做共同行销，农会也有他的各种数据。信息不对称是银行坏账产生的根源，但农会因为和农民的"亲密关系"可以很好地解决这个问题。比如，农民除了信贷部门，还有专门的保险部门，会给农民提供保险。实际上，农民某种程度上已经离不开农会。台湾农村所需要的几乎所有的金融服务，农会都可以提供。

Q：农会信贷部门盈利状况怎么样？

张：以2011年为例，全台农会信贷部门盈利50亿新台币。台湾农民都有很好的储蓄习惯，和大陆一样，所以农会信贷部的贷款总额一般都不到存款总额的一半。

大陆"农超对接"错在哪里？

Q：这是金融方面。再说销售，大陆曾热炒过"农超对接"，即缩小中间物流成本，农民和消费者双双得到"好处"。但这种模式后来逐渐冷清，台湾有没有这样做？

张：台湾这样做的也很少。很简单，为什么之前会有中间环节，因为有"需求"。农民所种出来的东西跟工业生产出来的东西不一样，没有统一的规格，超市怎么上？农民所生产的东西可能特级品只有20%，优良品60%，这个水平肯定是不行的。社会是有分工的，你不能省去中间环节，你只能说要提高农民收入，可以让农民做产品加工，把整个农产品的价值链吃得多一点。

Q：第三是人的问题。大陆有2亿多农民工在沿海工厂做工，内地农村缺少劳动力的问题很突出。台湾也一度发展轻工业，大量农民离开土地，外出打工。有发生过缺乏劳动力的情况吗？

张：台湾没有大陆大，农忙的时候回家没问题，所以外出打工不影响农业生产，还会给农民增加"非农收入"。台湾农业的问题是劳动人口的老龄化。目前，台湾农业劳动人口约 300 万，占台湾总人口的零头，约为总人口数量的 8%。关键是平均年龄已经是 63 岁，相当老化。但台湾农业的耕种模式已经完全机械化，机械化率约为 80%，所以农业的缺工问题尚不明显。

为什么台湾猪肉不乱涨价？

Q：我们再聊聊猪肉。猪肉是大陆价格波动最大的农产品之一，对农民来说，饲料价格和猪肉价格波动让养猪户摸不着头脑，最后整个猪肉生产的环节变得混乱，倒霉的还是养猪户和消费者。台湾怎么解决这个问题？

张：在台湾，养猪这个产业比较特殊，全台的养猪头数我们可以精确控制。全台一天差不多消耗生猪 23000 头。台湾所有养成猪一定要经过肉品批发市场拍卖，每天拍卖头数都会有精确记录，所以只要参考这个数据，农业部门就能决定到底要养多少猪，也没有过剩或者不足的问题。

大陆为什么不行呢？因为大陆根本无法控制这个数量。首先，大陆地域太广，批发市场分散，同时拍卖也没有公开化，每天的消费数量跟拍卖的数量没有精确的统计。其次，大陆生猪市场的市场主体都没有规模化。台湾的猪肉销售商和猪肉养殖商规模很大，各地都有养猪协会，全台也有养猪协会，这就有利于对产量的控制。再者，台湾的猪肉基本上是自产，没有"进口"，一个封闭的市场更加容易对生产和销售进行调控。大陆的猪肉进口数量则一直呈现出增长态势。

Q：生猪的养殖成本主要是饲料，大陆经常发生饲料涨价，人家一算，养猪要亏，干嘛还养？

张：台湾饲料原料 99% 是"进口"的，包括玉米、大豆、米粉。近 20 年以来，我们发现饲料的国际价格其实并没有很大变化。

不过，早期的台湾也经常出现这个"饲料成本"波动太厉害的问题，主要是还是散户养殖的形态导致了这个问题。台湾目前的养猪户平均一户养殖头数约为 1200 至 1500 头，其实等于一个农企业。具有一定规模之后，他和饲料公司之间就会形成一个稳定的供应机制，这个机制可以对抗饲料价格在市场上的波动。我在大陆发现，很多人也逐渐开始认识到这一点。实际上，大陆以后的生猪养殖也会朝着规模化发展，其中很重要的原因还包括环境问题。

Q：台湾有没有发生过瘦肉精风波？

张：以前有，现在没有了。台湾对毛猪的品种进行了改良，养猪户已经没有用瘦肉精的动力了，改良猪的品种和饲料供应模式的改进，不用瘦肉精也可以把猪养得很好。台湾的每一头生猪都可以通过系统溯源到养殖户，而养殖户都是规模化经营的农企业，没人会愿意冒这个风险。

日本农民收入为何比台湾地区高？

Q：和你聊这么多，看来台湾农业的发展非常不错。台湾农业有过困难的时候吗？

张：台湾的农业从以前到现在一直都很困难，主要表现就是农民所得很低。因为台湾地区是小农经济，和日本一样，东亚地区和美国农场主动辄200亩、500亩土地的情况是没有办法相提并论的。

但有个很有意思的问题：就农业的生产效率来讲，日本输给台湾地区，台湾地区单位土地的收成超过日本1倍，但台湾地区农民的收入却比日本低很多。为什么？

关键在于日本农产品价位比台湾地区至少高1倍。从日本政府到国民，都是发自内心地支持农业的，所以日本人都会以更高价位来购买本国产品。在日本有个消费习惯，用本国产的农产品才是"奢侈品"，台湾地区正好相反，我们这里反而是洋水果贵，大陆不是一样吗？我告诉你一个例子，台湾农民所得在6000块／年的时候，和现在已经3万块／年的时候，稻米价格竟然还是一样的，其他蔬菜也差不多。这就是台湾地区农民没有日本农民富裕的原因。

以芒果来讲，韩国芒果到日本差不多1000日币一颗，台湾地区的差不多800至1000日币。但日本冲绳的芒果可以卖到8000日币，你认为冲绳种出来的芒果就比台湾的好吃吗？不是的。

Q：大陆的教科书会说，一个地方工业化，必须要用"剪刀差"从农村获得资源，即必须亏农业，来补贴工业。

张：当经济发展到某个程度，农业所得相对于人均所得是会降低的。只有一个办法，政府或当局要用政策来做"补贴"，这个"补贴"不一定就是发现金，而是通过一揽子的政策避免农民收入降低。比如不要让农产品价格一直处于低位，给农民提供更多的非农就业机会，用关税加强对本国或本地区农民的保护等等。

为什么减少产量对农民有利？

Q：要解决农产品价格低、农民收入低的问题，你会拿出什么建议来？

张：农业生产模式必须走向"精致化"。说得明白些，就是要提高质量，减少产量。

台湾和大陆的农业发展有很相似的地方。早期，由于人口的压力，我们主要是进行农业产量的推动。但到了这个年代，如果继续重"量"，已经没有办法打平农业生产成本的上升了。所以必须减少产量，提高品质，让消费者支付更高价格，但也获得更好的农产品。

目前，台湾的农业生产有少部分品种是会过剩的。世界上很多学者研究发现，农产品的价格形成中有一个特点，生产过剩的5%，会影响这种产品价格的30%。意思就是菠萝比市场需求多生产了5%，菠萝价格就会降低30%，而不是5%。同样，减少产量5%，价格就会提高30%。

Q：大陆的改革开放，让苏南产生了华西村这样的名村，这被称为苏南模式，乡镇企业十分发达，农民脱离土地，最后全村致富。台湾当年是"四小龙"，有过这种乡镇企业的模式吗？

张：台湾肯定没有。为什么？台湾的土地都私有，乡公所说了不算，农会说了也不算，农民自己说了算。所以很难这样大面积地获得土地，然后集中管理，作为工业化的资本。

中国式小额贷款为何"挂羊头卖狗肉"

> 小额贷款公司听起来很美好，不过在中国却变了"味"。很多小额贷款公司的负责人时常诉苦，认为无法吸储或者不能升级为银行是小额贷款公司的软肋。但实际上这些"苦衷"都是伪命题，因为真正的小额贷款公司贷出的资金都非常少，超过5万元的都很少。国际上的小额贷款公司也很少有"吸储"的功能。为何中国的小额贷款公司有"苦衷"，因为他们其实早已违背小额贷款公司的本质，都变成了"大额"贷款公司，贷款对象早已和银行无区别。

——中国社科院小额信贷研究室主任
孙同全

◆ 嘉宾简介 ◆

孙同全，中国社科院小额信贷研究室主任。孙同全博士为中国小额贷款领域著名学者，曾长期从事国际多边发展援助工作，近年来专注于中国扶贫小额信贷和中小企业信用担保的实践、研究和培训工作。

民间资本如何扭曲小额贷款行业？

Q：小额贷款是个金融领域的大热门，全国各地小额贷款公司纷纷上马，这个行业好像热过了头？

孙：是的，近些年小额贷款这个领域如此之热，以至于连什么是小额贷款都模糊不清了。如果按目前世界银行有关观点，小额贷款的单笔额度应不高于本国或本地区人均GDP的2.5倍。按照杜晓山教授的观点，如果我们考虑到我国现实而再放宽标准，可以不超过人均GDP的5倍为限。2011年我国人均GDP为35083元，如果以不超过人均GDP为标准，则平均而言，我国小额信贷的单笔发放额度就不能超过36000元；如果按照世界银行的标准，以2.5倍计，则不超过9万元；如果以5倍计，则不超过18万。

2008年，银监会颁布的《小额贷款公司的试点指导意见》（以下简称《意见》）没有明确对小额贷款下定义，但要求同一借款人的贷款余额不得超过小额贷款公司资本净额的5%。现在，沿海地区的民间资本非常发达，一般的小额贷款公司注册资本就上亿，那么就可以向单个贷款人借出500万，即便只有1000万的注册资本，单笔贷款额度也可以达到50万。

50万贷款是个什么概念？根据社科院在北方农村的调研，穷人真正需要借贷的单笔资金有时也就是500至5000元，最多可能不超过5万，这与世界银行提出的标准非常接近，也说明这个标准具有一定的合理性。那么50万和500万的单笔贷款贷给谁了呢？显然，在我国小额贷款已经发生"变异"，而且这并不是少数现象。

在印度、孟加拉国这样的国家，小额贷款主要是贷给穷人的，这些人无法从银行体系获得资金，而在国内，许多小额贷款公司的贷款对象和中小银行没有区别。《意见》要求，小额贷款公司在坚持为农民、农业和农村经济发展服务的原则下自主选择贷款对象，但实际情况是很多小额贷款公司的客户对象是城市中小企业。可以这么说，小额贷款到了国内就变成了一个"筐"，什么都能往里面装。

Q：当时制度设计的前瞻性似乎太差了一点？

孙：中国地区间的贫富差距太大，民间资本的积累程度差距更大，西部很多公司可能就500万的注册资本，但在东部江浙、广东沿海，5000万注册资本的小额贷款公司遍地都是。有个有趣的现象，在小额贷款公司的注册资本要求公布后，地方还不断抬高"门槛"，比如国家规定，小额贷款以有限责任公司设立的注册资本不得低于500万元，股份有限公司设立的注册资本不得低于1000万元。在沿海省份，这个标准一高再高,到了温州、深圳这样的地区,标准可能再次抬高。

这样一来,小额贷款公司实际上成为了民间资本的一个"泄洪口",民间资本不能进入银行体系对工商业进行放贷,但却可以"曲线救国",通过纳入注册资本的方式进入小额贷款公司,最后也是达到了对工商业进行放贷的目的。

"小额贷款"为何热衷"吃大户"?

Q:可以这么说,就在小额贷款公司抱怨无法吸收存款,光靠资本金无法支撑贷款业务扩张的时候,它们却已违背了国家当初力推小额贷款公司的政策意图。这种局面能扭转吗?

孙:现有规定对小额贷款公司的融资有一定的约束作用。但是,资金短缺的另一面是需要考虑资金的使用,即单笔单款额度和客户数量的问题。有的小额贷款公司注册资金500万,只有两三个客户,十个工作人员都嫌多,只需要两三个人,到时候收钱就行了。我去调查还看到,有的小额贷款公司的营业办公室整天都关着门,反正就那么几个大客户,根本不用营业。这个能不能算是小额贷款呢?就很成问题了。同时,还不能忽略另外一方面,贷款过分集中于几个客户,也客观上加大了小额贷款公司的风险。

所以,国家财税部门在2009年出台了税收方面的相关文件,旨在矫正这种吃大户的情况。文件规定,单笔额度在1万以内,并且在农村地区的贷款可以得到税收上的优惠。这个政策导向是正确的,但"矫正"效果如何,还需拭目以待。

Q:一些小额贷款公司抱怨资金不足,说每一笔贷款就好几百万,最后1个亿的资本金都不够用,认为政府在资金来源上限制过多。实际上,这种抱怨根本没有道理,它们根本就不是在做小额贷款。

孙:是这样的。如果从金融市场发展来看,这样做无可厚非,但没有做政策指引之下真正的小额贷款,那么很多政策的优惠你就不应该享有。如果你拿着小额贷款找一些刚毕业的年轻人给他们创业贷款,给一些工商个体户为了发展壮大而贷款,向失业人员提供贷款,这种贷款肯定属于政府支持的范围,这就是政策的初衷。但问题在于民间资本大量涌入,没有实现这个政策的初衷。有多少小额贷款公司在贷款给农户,你调查一下,一些小额贷款公司可能还不如中小银行那样积极。

为何中国基层金融不发达?

Q:有个现象很有意思,国内媒体上提到的小额贷款公司不少发起者其实都是外国人，这就比较奇怪了，为什么外国人反而来中国开风气之先呢？

孙：小额信贷在国外特别是新兴市场的发展比国内更成熟，像南亚、拉美、东南亚一带的小额信贷都比国内发达，菲律宾、泰国、印度、尼加拉瓜、巴基斯坦、非洲很多国家的小额信贷行业都发展得不错。对于一个还有大量中西部贫困地区的发展中国家而言，中国的小额信贷应该说是还不够发达。

多年以来，在世界上很多发展中国家，政府在金融领域的供给能力、服务能力太差，政府在农村地区的介入程度很低，因此民间组织更为发达，而小额信贷正是起源于民间组织中的扶贫组织，最初是作为一种扶贫手段出现的。有一些国家，像柬埔寨，国家的金融资源太缺乏，每一分钱都极其珍贵，政府就需要动员所有的力量来提供融资服务。所以，它们把小额信贷行业从非政府组织纳入了和银行类似的监管之中，让小额信贷行业获得了和银行同样重要的地位。

Q：在中国，政府对金融资源的供给能力相对更强，同时，政府对互助式金融似乎并不支持和热衷，因此小额信贷这种形式其实空间有限。你怎么看？

孙：20世纪90年代，国内不少地区都爆发了农村合作基金会的兑付危机，最后国家统一取缔了这一形式。实际上，这种形式在中国很容易演变为"非法集资"。当时，很多基层政府实际上因为资金运转困难，进而推动来做，就像近年的地方政府热衷于建设地方融资平台一样。之后，农村金融便进入了更为严格的监管阶段。

农村的金融资源说到底是很少的。举个例子，21世纪最初几年，伴随银行业改革之前，农村金融"三驾马车"之一的农行直接从农村地区撤离，仅剩下农业发展银行和农村信用社，但实际上，前者主要做水利、基建、统购统销这样的大项目，后者实际上也主要是在吸收存款，真正对农户的金融资源供给数量并不大。

目前的情况是，农村的金融服务供给不充分，同时政府又抑制地方自发的金融活动。国家一直有扶贫开发计划和政府贴息贷款，但很多没有真正到户，容易被基层有权势的少数人占用。国家力推小额贷款的政策目的之一就是要解决扶贫贷款无法到户的问题。

小额贷款行业如何走回"正途"？

Q：尤努斯博士近年不断遭受质疑，被认为小额贷款贷出去的利率过高，世界上其他地方也发生过类似的辩论，你怎么看？

孙：我国目前现行的普遍标准是，超过基准的4倍就属于高利贷范围，但对小额信贷来说需要具体情况具体分析。信贷商品定价一是成本定价，一是市场定价，即供求定价。从我了解的公益性的小额信贷来看，它们要经常和民间借贷进行对比，然后确定利率，这样可以让利率反映当地市场的资金需求状况和资金价格。实际上，公益性小额信贷的利率最终都是低于民间借贷的，同时又可以覆盖信贷机构运行成本，还有适当的利润。但也不能简单地说4倍合适不合适，而是要看当地的资金价格。

近年来，有媒体报道说孟加拉乡村银行的利率是25%，太高了。实际上，这个利率并不高，因为孟加拉通货膨胀率很高，加之资金稀缺度也很高。以尤努斯为代表的"穷人小额信贷"的实践和倡导者是坚决反对高利贷的。他认为，小额信贷应关注贫困，无需抵押，利率不应太高。

利率可以分为绿、黄、红三个区，收入覆盖了所有成本之后加10个百分点以内的利润率是在绿区内，是合理可行的；从10个百分点加到15个百分点以内，在黄区内，尚可容忍；加了超过15个以上的百分点，就进入了红区，是不可接受的。孟加拉乡村银行贷款的名义年利率10%，实际年利率约20%（尚未扣除成本），是在绿区之内。

总的来说，小额信贷是劳动密集型的产业，因为你要盯着人，如果是银行，100万贷款是一个客户，但小额贷款公司的100万可能是20个甚至100个客户，机构需要付出的劳动量增加了，成本相应就会很高，所以利率高一些是合理的，但是要有限度。

我们在和国际同行的讨论中发现，关于尤努斯的利率问题其实存在很多争议，也有政治打压的因素存在。当然，还有一个因素就和国内一样，就是行业较为混乱，当地的小额信贷机构发展太快，比如说一个农民可能从几家机构同时借钱，而机构却对农民的负债情况不闻不问。一个人的还贷能力是有限的，比如你只能还5000块钱，你这家借5000，那家借5000，那最后只能崩盘。目前，南亚的小额信贷行业开始出现了过度负债问题，这是行业发展一个急需解决的问题。

中国人的商业文化应从家庭餐桌开始

——台湾《商业周刊》创办者
金惟纯

> 提到商业文化的传承，所有人都会首先想到犹太人。
>
> 事实上，中国人的商业文化同样博大精深。和犹太人浪迹欧美成就不可一世的金融世家相比，中国商人背靠政治或族群，缔造了更多"断代式"的商业传奇。
>
> "金融海啸"后，人类越发认识到，获得财富的本质方式是企业发展和技术革新，而非"钱生钱"的虚拟经济。因此到了21世纪，"创业"这个主题词，再次成为人类经济活动的最大命题。
>
> 中国人爱当官，而不爱创业，这是外界长期的印象。但事实上，20世纪后半叶两岸企业家的创业历程早已推翻了这个成见。

◆ 嘉宾简介 ◆

金惟纯，台湾传媒业领袖，著名时事评论家，享有台湾新闻界"第一才子"美誉。35岁时，创办台湾当今发行量最大的杂志《商业周刊》，曾任台湾《中国时报》主笔、专栏组主任，《天下》杂志主编及商周媒体集团执行长。57岁时，再次创业，担任好果子智业股份有限公司董事长。

选择太多是创业的最大障碍

Q：台湾的"海归"在新竹工业园的创业热潮，曾是台湾经济腾飞不可或缺的因素。有穷人创业，也有富人创业，但后者成功的几率似乎更大，比如大陆网络"一哥"马化腾，当年就是他父亲开着宝马给他的公司送盒饭。具体谈谈这种外部诱因怎么样？

金：我们先说"穷人"创业。我祖籍是温州，温商创业有成的人绝大部分最开始都属于"穷人"的范畴，他们多数家境不好，但有企图心去改变。20世纪90年代，温州的商贸刚起步，那时候有很多给商店拉板车送货的人，后来都成为了超市老板。同时期，很多家境较好，或者家里"有关系"的人会选择进入银行或者去做公务员，20年之后，他们的职位变动并不大。艰苦的环境会让人的性格更适合创业，台湾的第一代创业者，当年基本上都没有很好的经济条件，很多人是小学毕业，走家串户地卖布卖米，王永庆的商业传奇就是从卖米开始的。

接下来谈"富人"创业。他们的成功故事多半发生在特殊的产业，拿台湾来说，主要集中在科技类产业。第一批在新竹科技园创业的年轻人都有很好的背景，从小学开始便一直是好学校，然后去美国念技术和工程，再进入好公司，不断汲取经验和积累资源，然后才回到台湾开始创业。在这个行业如果不是有一定的知识基础，是不可能创业成功的，就好比大陆的互联网精英。我认为，与其说是富人创业，倒不妨理解为知识和经验的"富人"。

Q：两岸都在鼓励年轻人创业，但这刚好说明，年轻人的创业热情和社会的期待有差距。支持大学生创业，听起来很美好，你支持吗？

金：为什么创业的人越来越少？选择太多是创业的最大障碍。温商的第二代被称为"富二代"，他们都在国外受到教育，家里完成了资本积累，同时也有政商两界社会资源，这看来"万事俱备"了，但实际情况是没几个人会出来开创新的事业板块。不用说创业，愿意守业的"富二代"也正在减少。

在我看来，如果是属于被迫创业的一类，创业应该在你的生命力最旺盛的时候全力以赴，甚至不用念大学，既然起步很低，那么为什么不越早越好呢？但如果属于第二类，我认为在职业生涯中积累一定的知识和资源，能够有效降低风险。比如你做服务，你会知道完整的流程是什么，一流的产品怎么做，最有效的客户群在哪里，这些都不是新毕业的大学生具备的，30至40岁那些处于职业中期的人士成功几率更大。当你有了积累，你可能会发现新的商业蓝海，而不是在旧有的领域鏖战，那么你创业成功的速度会加倍。

公营"止步"何以点燃创业激情？

Q：走在台北街头，会看到相当多中小企业的招牌和广告，特别是一些创意类、设计类企业，而在大陆，这两类小企业几乎无法生存，除非规模足够大。台湾人为什么这么喜欢开办中小企业？

金：这种创业习惯有很多分析的维度。

首先，尽管台湾曾是蒋家的集权统治，但台湾的公营事业一直被节制，给民营企业留出了很大的空间。公营事业主要都集中在电力、基建、港口这些当时的民企无力涉足的行业，其他行业的空间则尽可能主动留给民营企业。公营部门自己赚钱难道不好吗？为什么要把利益留给民间？很简单，国民党在台湾的统治算是"少数统治"，所以一直存在信心不足的问题。

蒋家也明白一个道理，集权统治不可能是铁板一块，既然在政治上管制严格，那么你就应该在经济领域给民间自由。不让人说话，那么你必须让人吃饭和赚钱。与此同时，台湾的经济发展策略是"出口导向"，这种模式必然离不开中小企业的繁荣，这是台湾中小企业发达很重要的历史背景。

世界上很多地区的经济成功都是这个模式：政治上制约很多，但必须在商业上松绑。那些在政治上和商业上都充满约束的地方，不但商业无法进步，政权也很容易崩溃，苏联就是一个例子。

其次，台湾社会文化水准的提高也是重要因素。文盲是很难创业成功的，至少要看得懂账本，这是最基本的条件。台湾完成了土改，这对社会文化水准的提高很重要。在很多人看来，国民党是不可能在大陆完成土改的，因为他们和地主在出身上是"挂钩"的。但他们在台湾是外来者，和当地的地主阶层没有利益关系，所以很容易实现中国农民一直以来"耕者有其田"的梦想。农村经济的发展，让台湾的民众教育在50年前就得到了普及。

再者，千万不能忽略台湾人的性格因素。谈到商业的传统，不能忽略地理对人性格的影响，靠山的人和靠海的人性格一定会有很大差异。早期来台的大陆人多半从沿海地区渡海而来，台湾海峡是吞没生命的"黑水沟"，渡海的人多半具有冒险性格，这是一种遗传的因子。这一点，台湾地区和美国早年有点类似。

最后，还有一个因素，日据时代后期，日本在台湾推行了所谓"皇民化运动"，客观上让台湾社会的总体文化水准和商业意识比其他列强的很多殖民地都要高。当一个地区有了初步的近代化之后，社会和商业时代接轨的很多障碍就会被移除。

看待富人的观念转变催生"正面报道"

Q：经济发展和政治变革都需要记录和观察，这也意味着传媒业有创业机会。台湾的《商业周刊》是一个奇迹，台湾市场很小，却有如此高的发行量和影响力，作为创办者，你讲讲创业成功的经验？

金：从世界范围来看，在某个地区发行量最大的杂志一定会是大众类或者综合类，但在台湾是商业类的《商业周刊》，这让很多人吃惊，但这是一个事实，算是一个"世界纪录"。为什么会有这个"世界纪录"，这和台湾的读者市场有很大关系。当时，在决定办一本商业杂志的时候，我们也想过是不是要参考国外的商业类杂志，但后来我们发现一个巨大的"问题"。

在美国、祖国大陆这样的地方，只要金字塔5%的人群是你的读者，你就会有一个很大的规模，但台湾的市场太小，这种方式行不通。因此我们必须把读者限定在更为广的范围内，让它成为一本大家都能看的杂志。高中刚毕业的推销员，他有着商业的兴趣和雄心，他就是我们的读者。如果是高端人群，我们要让王永庆也是读者。

在文章的风格上，如果你仔细读《商业周刊》，你会发现文章主要都以人物和人物的故事为主线，每个读者都能从中受到启发，并且有一种"与我有关"的感觉，甚至从中看到自身的影子。

总的来说，《商业周刊》成功的关键说到底是对读者的尊重，而非"作之君，作之师"那种"居高临下"的姿态。后者是中国传统知识分子的情怀，但作为商业时代的媒体人，需要重新思考这个问题。

Q：《商业周刊》的"解释性报道"让人印象深刻，比如《100分的输家》就获得亚洲出版人大奖。但大陆财经媒体则更注重"调查性报道"，"揭黑"和对"内幕"的关注是主要风格。两岸的财经媒体为何会有这种不同？

金：首先，我们没有把独家的、负面的报道作为第一选择，这是因为要遵循一个服务读者的原则。在社会的转型期，会有很多黑暗的事情，但不断的改革和进步之后，读者就会对正面的、能够提高自身知识或者说帮助自己的财经报道需求更大。《商业周刊》的这种风格，和台湾人社会心理的转变有很大关系，简而言之，就是台湾人对"富人"的看法发生了变化。台湾大批中小企业发展起来，越来越多的人在商业上崭露头角，越来越多的台湾人变得富裕，大家对商业成功人士的印象就有了转变。以前，大家会认为富人都不是好人，但现在大家会接受，原来他们商业上的成功都是靠自己的艰苦创业。

举个例子，那时候台湾也有很多科技精英成为富人，但台湾的年青一代一点都不会妒忌。年轻人会认为："哦，你看他们本来就比我厉害，在学校的功课就比我好。见贤思齐嘛，干吗妒忌人家呢？"这样的例子就是你所说的"正面报道"的吸引力所在。

我可以告诉你，有的读者订《商业周刊》一下子就订了20年，他应该不是为了看每期都有"揭黑"的报道，而是相信通过未来上千本《商业周刊》的阅读，会对他的职业和人生都有帮助。"揭黑"类的负面报道体现了媒体的社会责任，也可能会满足人群一时的心理需求，但这类极道的风格很容易过时，读者人群可能是不稳定的。媒体的土壤在改变，媒体也需要改变。

我和很多大陆媒体同仁都有接触，大陆财经媒体的"揭黑"对象大部分都来自资本市场，台湾资本市场发展早期也有这个问题，内幕交易严重，大家对市场的看法非常负面，《商业周刊》那时候也做了很多"揭黑"报道。但台湾的资本市场后来经过几个阶段的调整后，局面已在慢慢改观。

其次，《商业周刊》并非不做这种"揭黑"报道。早期，台湾也有特权横行的时候，那时候的媒体就必然要"铁肩担道义"。《商业周刊》曾经直接挑战李登辉和陈水扁，负面报道的力度非常大，并且直指高官本人和其亲属。我本人就因为李登辉女婿赖国洲的人事弊案，打了六年的官司。古话说"刑不上大夫"，现在很多时候可能"刑不上前朝亲信"，如果真的有这种特权事件发生，媒体就应"虽千万人吾往矣"，维护应有的社会公义。

媒体的老板是读者不是广告客户

Q：除了政府的监管之外，大陆财经媒体的压力还来自广告客户，你遇到过后面一种棘手问题没有？

金：你必须有个原则：读者才是你老板，广告客户不是。我可以举三个例子。第一个是航空公司，很多杂志都会看重它们的渠道，如果得罪它们，会导致你的杂志上千本下架，这对总编有很大压力。但我们不为所动，记者写了航空公司的负面报道照样发。第二个是我们《商业周刊》自己的股东，其中还有我们常务董事的公司，但报道不会考虑这一点。第三，我的很多朋友会经常打电话给我要"手下留情"，这样的电话太多了，如果都真的"手下留情"，这本杂志还有人看吗？有一次，《商业周刊》写了我一个好朋友公司的负面问题，在编辑会上，很多人认为我可能会提一下，但我对这个事一句话都没讲，我不想让编辑和记者有所顾忌。在《商业周刊》，一个稿子最终上不上版，只有三个原则：你写的是真的吗？是个人意识还是客观描述？是读者需要的吗？

其他因素都在考虑之外。

Q：有人说大陆财经媒体饱和，也有人说机会大把。比如有人想在媒体行业创业，要创办一本《商业周刊》这样的杂志，不重"揭黑"而重"读者需要"，会有市场吗？

金：不用说饱和，大陆商业杂志市场的1/10需求都没有得到满足。首先，以大陆这样的市场规模，如果是一个成熟的市场，一份领导性的商业类杂志必然有超过百万的发行量，但这样的发行量目前没有人做到，并且差得很远；其次，在大陆如果做商业杂志，我认为还没有到需要考虑竞争对手的阶段。为什么？因为市场还是一块处女地，所有竞争对手的杂志，你看都不用看。但台湾不一样，你必须和《商业周刊》这样的杂志作一个区分，否则你无法生存下来。

Q：尽管市场很大，但平面媒体正在走下坡路，营收减少，采编人员待遇降低正在变为现实。怎么办？

金：首先，平面媒体需要转型是不争的事实，但商业媒体还有时间去把握。以《商业周刊》为例，其读者年龄以40岁左右为中坚，所以我们必须看到30岁左右的人在10年后会有什么样的需求。如果你是针对30岁左右的读者，你就必须认真思考现在20岁的人未来10年的口味变化。如果你创办一本杂志，它的盈利周期至少在5年以上，所以你至少要考虑10年，20年，最好30年以后的变化。尽管没人能真正预见，但需要做好准备。

其次，从业人员的角色需要转变。"靠写作发薪水"这样的模式恐怕今后会改变，可能许多年以后不会有专业的记者职业。作为记者，你应该认识到你未来的竞争者不是你的同事，也不是竞争对手的同行，而是所有有志于写作的人。这个地球上任何一个会写作的人都是你的对手，这是未来的趋势。在大陆的互联网，已经有这种苗头，比如盛大文学，他就给那些有志于写作的人提供了平台。既然"业余作家"无界限，那么"专业作家"的饭碗就成问题了。

再者，媒体产业的界限会消除。媒体、娱乐、教育、服务等行业未来的界限会越发模糊。亚马逊公司的产品可以在几分钟内让读者获得上万本书、杂志和报纸的量，那么科技、教育、传媒这些行业还有什么区别呢？你认为乔布斯的敌人是谁？他的敌人并不只有诺基亚，还有实体书店、电子通路商以及很多其他领域内的"既得利益者"。我想，这才是传统媒体行业的最大挑战，媒体将可能淹没在这些行业的融合过程之中。

商业的最大挑战将是伦理问题

Q：你在美国顶尖商学院纽约大学斯特恩商学院念了MBA，这对你的职业生涯有何帮助？

金：我选择创业和念 MBA 的关系并不特别大。但我的性格和知识背景是创业的一个基础。我念了历史、政治和商业三个学科，这会给人一个看待社会和商业的不同视角。我去美国念 MBA 对我的知识结构有较大的提升，我之前是写社论的，和政治、文化、历史相关，但缺乏商业类的背景，所以有一个正规的商学院学习对我转到财经媒体有帮助。毕业时候有看起来很不错的选择，但我觉得去大公司做一颗螺丝钉，倒不如追寻自己的心灵，出来创业会给自己的人生无限可能。我很多同学毕业都去了金融业，但金融业的无限度扩张，对世界经济的长远发展和社会文明的进步来说，未必真正就是好事情。

Q：那我们回到实业问题。"金融海啸"让人们重新提起"商业伦理"的问题，商业全球化是不是到了需要反省的时候？政府是否应该更多地"监管"企业，不要让它们太"唯利是图"？

金：西方政治文明的进步，本质上是商业文明演进的过程。我认为，未来的大趋势是政治在商业中所扮演的作用会越来越小，相反，商业会越来越影响到政治。在美国这样的国家，我们已经看到商业已在"左右"政治，在后发国家，我们看到商业正在改变生活，而改变政治同样是未来的大趋势。比如很多消费品的广告，可以改变一代年轻人的生活方式，这在人类历史上从未出现过。很多的商业巨型组织，犹如横跨产业和政府的"怪兽"，其影响力已经超越传统国家的概念。因此，我们对商业的定义应该改变。既然你在社会影响方面的深度和广度都前所未有，那么你所担当的责任和伦理标准应该提高。

社会对企业的评判，将有越来越重伦理因素，而不单单是盈利。之前，大陆的富士康曾频频发生跳楼悲剧，那些"90 后"的员工，他们曾经只需要面对父母，但当他成为富士康这个巨型企业的一部分时，他的死亡就成为了对富士康商业伦理的考验。富士康这样的商业组织，拥有近百万员工，影响力很大。它的股价下降，可能并非因为良品率变低，而是市场对它的伦理评判。作为年轻人最爱的苹果，它的生产却以大陆年轻人的生命为代价，这是很严重的伦理考验。如果苹果威胁说要分散采购，富士康的股价怎么不下降？其实就百万员工而言，员工的自杀率并不算高，富士康也并非传统意义的"血汗工厂"，但这个企业必须改变之前对商业伦理的看法，因为大家对它的要求变高了。

我们中国人的伦理观，本来是以家庭关系为载体的，但商业社会正改变这个局面。我们讲"齐家、治国、平天下"，但家庭作为一个经济单位，早已发生变化，三口之家的价值观和农耕社会大家庭价值观一定会有所不同。

从人类社会的发展看，政府曾是最强大的组织，所以现代文明一直在约束政府，于是有了商业的繁荣。企业是商业繁荣催生的"怪兽"，它们越来越强，强大程度正在超越政府，所以我们也必须用东西去约束它。否则，和政府权力的过度扩张一样，必然伤及个人。

餐桌文化便是商业文化

Q：温州人是中国现代最具商人气息的人群。中国不同地方的人有不同的"习性"。有个有意思的现象：动乱年代，浙江很多地方地理条件不好，很穷，但做土匪的很少，他们宁愿外出经商，而在另外一些地区，穷可能意味着做绿林好汉。作为温州人，你如何看待这个现象，这是地域差异还是文化差异？

金：有必要先和你讲一个概念。从政治学的角度看，"赤贫阶层"是最为保守的，他们更畏惧风险，"新贫阶层"才是最不稳定，最激进的。对于穷人来说，本来每天只吃两顿饭，如果变成一顿饭，他们都可以忍受，即便是粗糠杂粮也没有问题。但那些每天吃三顿饭的则无法忍受生活品质的下降。中国历史上的农民起义，其领导者多半不是赤贫阶层，而是"破落户"，就是"曾经阔过"的那个群体。

不论是对于古代，还是现代的统治者而言，"新贫阶层"才真正是"社会不安定因素"。

再回到你的问题。温州人为什么有从商的传统，这和地理环境有很深的关系。第一，温州的地理特征是多山，平地少，绝对不是江南那种鱼米之乡的印象，在农耕时代，生活艰苦，这让温州人性格变得坚韧，这是创业的重要素质。第二，地理特征造成交通不便，那么很容易形成独特的语言，于是更容易形成独立的社群，温州人内聚力很强，大家容易互相帮助，能一定程度对抗创业风险。第三，靠海的环境让温州人富于冒险犯难的精神，有向外发展的原动力，商业扩张就需要这种企图心。

需要强调的是第二点。大陆人绝大多数听不懂温州话，但这是温州人维护紧密社群的"工具"。紧密的社群意味着什么？意味着商业最重要的信用基础，也就是资金。温州人内部都有极好的信用，因为每个温州人都知道，如果有一次"信用不良"，那么整个群体就会排斥你，所以温州的民间信用体系非常发达。即便温州人外出经商，这个信用体系也会被"携带"，所以每个地方的温州商会一定非常团结。你知道，在后进国家或者地区，金融市场的配置功能都是极其有限的，如果没有民间信用，商业的繁荣便无从谈起，这是温州很大的优势。

Q：温州的这种"独特性"造就了商业氛围，其他地区就没有吗？

金：我的父亲是温州人，母亲是湖南人，这两个地方我都去过很多次，并有深刻印象。我举一个小例子：在温州，一家人围坐聊天，必然聊的是谁出去做了生意赚了大钱，然后父母和孩子开始谈自己家庭的经济计划。在湖南，大家聊的可能是国家大事，简而言之是聊别人的事情，而温州人的"围炉夜话"则必然是聊自己的事，这是个小细节，但却是商业文化的重要截面。

在我们中国人的传统观念中，如果生在一个太平时代，那么大家都会坚信"万般皆下品，惟有读书高"，也就是说知识改变命运。但在一个商业社会之中，"知识"的概念已经不是传统的考大学、念好书，而是一个更加综合和动态的概念。我们中国人对孩子充满期待，"知识改变命运"代表了我们中国人的进取心，但大家对孩子的教育何尝不应该从餐桌开始呢？很多现实的经验已经告诉我们，"餐桌文化改变命运"比"知识改变命运"来得更加现实。